Beck'sche Reihe
BsR 325

In den sechziger Jahren läßt sich in Frankreich eine Abkehr vom hegelianischen, marxistischen und existentialistischen Denken erkennen hin zu einem unkonventionellen, „nomadischen" Denken, das in vielem an Nietzsche erinnert. Foucault, Barthes, Deleuze und Guattari, Baudrillard, Lyotard oder Derrida – um nur die wichtigsten Namen zu nennen – werden auch im deutschsprachigen Raum lebhaft diskutiert: teils enthusiastisch begrüßt, teils heftig angegriffen. Die Autoren, in der französischen Szene bestens bewandert, porträtieren zwanzig Vertreter des französischen Denkens – als Information und Provokation für jeden, dem Denken ein Vergnügen ist.

Jürg Altwegg, geboren 1951, studierte in Zürich und Genf Romanistik, Germanistik und Geschichte. Viele Jahre Mitarbeiter der „ZEIT" und anderer Zeitungen, ist er heute Redakteur der „Frankfurter Allgemeinen Zeitung" (mit Sitz in Genf). Veröffentlichungen u. a.: „Leben und Schreiben im Welschland", zuletzt „Die Republik des Geistes" (1986).

Aurel Schmidt, geboren 1935 in Berlin, in Basel aufgewachsen. Redakteur der „Basler Zeitung" (Literatur, Ethnologie, Philosophie). Veröffentlichungen: „Der Fremde bin ich selber. Auf der Suche nach der verschütteten Utopie" (1982); „Perspektive Schweiz. Gespräche mit Zeitgenossen" (1986, zusammen mit Jürg Altwegg); „Die Rückreise von Tominian" (1986).

JÜRG ALTWEGG / AUREL SCHMIDT

Französische Denker der Gegenwart

Zwanzig Porträts

VERLAG C.H.BECK MÜNCHEN

Umschlagbild: Friedrich Nietzsche und Gilles Deleuze.
Nach einer Graphik von Berndt Höppner.

CIP-Titelaufnahme der Deutschen Bibliothek

Altwegg, Jürg:
Französische Denker der Gegenwart : 20 Portr. /
Jürg Altwegg ; Aurel Schmidt. – Orig.-Ausg.,
2. Aufl. – München : Beck, 1988
  (Beck'sche Reihe ; 325)
  ISBN 3-406-31992-0
NE: Schmidt, Aurel:; GT

Originalausgabe
ISBN 3 406 31992 0

Zweite Auflage. 1988
Einbandentwurf von Uwe Göbel, München
© C. H. Beck'sche Verlagsbuchhandlung (Oscar Beck), München 1987
Gesamtherstellung: Georg Appl, Wemding
Printed in Germany

Inhalt

Vorwort 7

Einleitung: Die große Zäsur. Philosophie in Frankreich
    nach 1945 9

Jacques Attali oder Die Nachkrise 30

Roland Barthes oder Die Lust am Zeichen 36

Jean Baudrillard oder Das Denken der Verführung 48

Pierre Bourdieu oder Die Schule der Soziologen 56

Gilles Deleuze und Félix Guattari oder Der Anti-Ödipus
    und die molekulare Revolution 62

Jacques Derrida oder Die Pädagogik der Philosophie . . . 71

Michel Foucault oder Die Archäologie des Wissens 78

René Girard oder Die kulturelle Anthropologie einer
    Ethik des Evangeliums 89

André Glucksmann oder Der Intellektuelle als
    anti-ideologischer Brandstifter 98

André Gorz oder Der Abschied des Verräters 105

Jacques Lacan oder Die fröhliche Psychoanalyse 116

Michel Leiris oder Die Ethnologe als Künstler 125

Claude Lévi-Strauss oder Die strukturale Anthropologie . 131

Jean-François Lyotard oder Die Postmoderne 142

Edgar Morin oder Die Komplexität des Denkens 151

Michel Serres oder Der enzyklopädische Ozean 157

Philippe Sollers oder Die wechselnden Horizonte der
    Avantgarde 166
Alain Touraine oder Die Soziologie des Subjekts 172
Paul Virilio oder Geschwindigkeit und Ästhetik des
    Verschwindens 178

Nachwort: Die Rückkehr des Ichs 183

Bibliographie 194

Vorwort

Seit einigen Jahren kann man in Deutschland beobachten, wie die französische Philosophie seit 1945 zunehmend zur Kenntnis genommen wird, aber zugleich auch beträchtliche Irritation auslöst, wenn nicht gar auf Skepsis oder Ablehnung stößt. Sie ist nicht geheuer, das ist das Mindeste, was man von ihr sagen kann. Der Graben zwischen Deutschland und Frankreich ist tief – tiefer als in der umgekehrten Richtung, wenn man berücksichtigt, welches Interesse die Franzosen für Deutschland aufbringen.

Woher kommt diese Irritation? Sicher zu einem bestimmten Teil von der ganz und gar unkonventionellen Art, wie die Franzosen philosophieren. Vielleicht auch von der Art, wie sie mit den Resultaten des Denkens umgehen. In den sechziger Jahren läßt sich in Frankreich eine radikale Abkehr vom klassischen Denken ebenso marxistischer wie hegelianischer Prägung erkennen und eine Hinwendung zu einem experimentellen oder „nomadischen" Denken. Der Ausdruck „Nomadismus" wurde von Gilles Deleuze und Félix Guattari geprägt, um ein „systemloses", aber an allen Fronten operierendes Denken zu bezeichnen, das im Werk Batailles angelegt war und für das die Gestalten Nietzsches einerseits und Heideggers andererseits zu den wichtigsten Referenzen geworden sind. Mit beiden deutschen Denkern pflegen die französischen Philosophen einen völlig unbefangenen (aber nicht unbekümmerten) Umgang.

Foucaults Archäologie der Diskurse, Derridas Aufgabe des Logozentrismus, Barthes' radikale Theorie der Zeichen, Baudrillards Katastrophentheorie und Denken der Verführung, Deleuzes und Guattaris fulminante Deterritorialisierungen, Lyotards Denken der Intensitäten und sein Übergang von den großen Erzählungen (oder Ideologien) zu den kleinen Erzählungen, die sich verknüpfen und unterirdisch weiterwirken, zum postmodernen Experimentieren, Serres' „Nord-West-Pas-sage" des wissenschaftlichen und philosophischen Denkens er-geben am Ende kein einheitliches Bild, wie wäre das auch mög-lich, aber sie bilden wichtige Positionen innerhalb einer neuen Art, das Denken auf abenteuerliche und ausschweifende Er-kundungszüge auszusenden, ohne Sicherheit, ohne Ziel, allein mit der Lust, den Prozeß weit genug voranzutreiben und sei-nen Verlauf zu beobachten.

Diese Positionen sind nicht ohne weiteres verständlich. Sie müssen im Einzelnen, aber ebenso auch im Zusammenhang ge-sehen und verstanden werden. Das ist die Aufgabe, die wir uns in diesem Buch gestellt haben. Wir wollten einerseits den Zu-gang erleichtern und andererseits die je besonderen Vorausset-zungen dieses Denkens hervorheben und es in der Zeit situie-ren. Wir leben und arbeiten in der Schweiz; das erleichtert vielleicht unsere Vermittlerrolle. Aus vielen persönlichen Be-gegnungen mit verschiedenen der in diesem Buch versammel-ten Denker und Philosophen (von denen viele die Bezeichnung „Philosoph" entschieden ablehnen) sind unzählige Diskursmo-leküle in unsere Arbeit eingegangen. An dieser Stelle danken wir unseren vielen Gesprächspartnern für ihre teilnehmende Mitarbeit an diesem Buch.

Durch den Einbezug auch von weniger bekannten, aber nicht minder originellen Denkern wie Attali, Bourdieu, Sollers, Touraine, Virilio und Autoren wie Leiris hoffen wir, das Feld weit genug abgesteckt zu haben, um dem französischen Den-ken der Gegenwart in seiner ganzen Heterogenität und (eben auch) Radikalität zum Ausdruck zu verhelfen.

Genf/Basel, November 1986   *Jürg Altwegg/Aurel Schmidt*

Einleitung
Die große Zäsur
Philosophie in Frankreich nach 1945

Ein Panorama des französischen Gegenwartsdenkens kommt aus zweierlei Gründen nicht um den Marxismus herum: Er hat die geistigen und politischen Debatten der Nachkriegszeit, als Jean-Paul Sartre ihn zum „unüberschreitbaren Horizont" erklärte, in einem Maße geprägt, das in der Heftigkeit, mit der sich die Generation danach von ihm lossagte, seine Entsprechung fand. Der Marxismus steht gerade in dem, was die französische Zivilisation von anderen Ländern – auch „Kulturnationen" – unterscheidet, nämlich das enge Wechselspiel von Kultur und Politik, am Anfang und Ende der Epoche, die er stärker geprägt hat als alle anderen Einflüsse.

Nach dem Zweiten Weltkrieg entdeckte Frankreich, wo die Rezeption von Marx wie Hegel der historischen Konjunktur unterlag und entsprechend unglücklich verlief, in einem relativen Vakuum die frühen Schriften des Philosophen. „Für eine Reihe von Jahren", schreibt Bruno Schoch in seiner Darstellung „Marxismus in Frankreich seit 1945", „hat dabei die französische Diskussion über den Marxismus, seine Bedeutung, Aktualität und seine Entwicklungsmöglichkeiten ihren festen Bezugspunkt in den Schriften des jungen Marx gefunden. Auf ihn konzentrierte das französische Denken nach dem Zweiten Weltkrieg in seinen wichtigsten Strömungen – Existentialismus, Phänomenologie, Personalismus, Katholizismus, unabhängiger Marxismus und Hegelianismus – seine Aufmerksamkeit in einem Maße, das ihm Aktualität und internationale Resonanz erst verlieh. Das Urteil eines hervorragenden Kenners des internationalen marxistischen Denkens schlechthin scheint deshalb kaum übertrieben: während in Deutschland in

9

den fünfzig Jahren nach Marx' Tod die Diskussion über die marxistische Ökonomie dominierte, sei die Diskussion über den Marxismus als materialistische Geschichtsauffassung und philosophische Theorie vor allem von Frankreich nachhaltig geprägt worden; zugespitzt gesagt, hat die französische ‚philosophische Kultur den jungen Marx zum Teil kreiert und für seine Verbreitung gesorgt'", hält Schoch unter Berufung auf Aldo Zanardo fest.

Diese Leistung und die Intensität der Debatten, die stets eine politische Dimension hatten und einen Bezug zur Kommunistischen Partei Frankreichs, der prominente Intellektuelle – der letzte war Aragon – angehörten, dürfen nicht darüber hinwegtäuschen, daß der französische Marxismus geistig relativ dürftig blieb – und eben extrem dogmatisch. Der 1913 geborene Roger Garaudy war einer der wenigen, die auch im Apparat der KPF eine gewisse Rolle spielten – zumindest so lange, als er ihren Kurs, den er zur Zeit des Stalinismus entscheidend prägte, mitmachte. Garaudy versuchte den Dialog von Marxismus und Christentum – eine Leistung, die ihm auch im nichtkommunistischen Lager ein hohes Prestige eintrug. Später kritisierte er, daß sich die Partei an die Stelle der Klasse gesetzt habe und in ihrem Namen alles entscheide. 1970 wurde er ausgeschlossen – nachdem er zu innen- wie außenpolitischen Vorfällen nicht mehr geschwiegen hatte.

Garaudy versuchte, Marx mit Rimbaud in Verbindung zu bringen („Die Welt verändern und das Leben verändern") und schloß sich verschiedenen politisch engagierten Gruppierungen an – mal den Umweltschützern, mal den Frauen. Er kämpfte fortan gleichermaßen gegen Kommunismus und Kapitalismus und predigte im Hinblick auf eine Zukunft, die von allen Gutwilligen gestaltet werden müsse: von Christen, Grünen, Ex-Kommunisten, von Künstlern, Arbeitern, Wissenschaftlern. Aber auch dieser großen Koalition westlicher Traditionen und Tendenzen hat er inzwischen abgeschworen: Roger Garaudy konvertierte zum Islam und tritt nun in den arabischen Ländern, die ihn mit höchsten Ehrungen umgeben, als Propagandist gegen die abendländische Zivilisation auf.

Als marxistischer Philosoph sehr viel bedeutender ist Henri Lefebvre. Er schrieb in den dreißiger Jahren ein Buch mit dem Titel „ La conscience mystifiée", in dem er darlegt, daß weder das individuelle noch das kollektive Gewissen als Kriterium der Wahrheit anerkannt werden können: beide seien manipulierbar, denn die moderne Gesellschaft basiere auf der Unkenntnis ihrer selbst. Das Werk wurde von den Kommunisten sehr schlecht aufgenommen und später von den Nazis verboten. Lefebvre hat ein imposantes Gesamtwerk vorgelegt, das Marx kommentiert und weiterführt. Zentral ist bei Lefebvre die Theorie der Entfremdung und die Kritik am Staat. Um die urbane Problematik im Rahmen des historischen Materialismus geht es in „Le Pensée marxiste et la Ville", „Le droit à la ville", „Du rural à l'urbain" und „Révolution urbaine". Für Lefebvre ist die Stadt, „Sitz und Instrument des Neokapitalismus", der Ort der Arbeitsteilung und des Klassenkampfes. Im Sammelband „L'Idéologie structuraliste" wendet er sich gegen den Glauben, der Strukturalismus könne – und sei es in einer marxistischen Version – eine subversive Wirkung haben.

Zwei schmale Bändchen – „Für Marx" und „Das Kapital lesen" – haben Louis Althusser im Jahre 1965 bekannt gemacht. Er „revidiert" die Vision des Marxismus als Philosophie der Geschichte. Für Althusser, den viele für den bedeutendsten französischen Theoretiker des Marxismus halten, impliziert das Bekenntnis zu ihm vorerst nicht eine philosophische, sondern politische und intellektuelle Haltung. Sie steht für den Versuch, Theorie und Praxis in Übereinstimmung zu bringen. Althusser denkt, wie er einst sagte, „aus linker, das heißt aus der Sicht der Arbeiterklasse" gegen die „bourgeoise Logik" – und gegen den Stalinismus, den er als Trugbild des Sozialismus denunziert (und analog dazu die Wahlen, die Demokratie als Trugbild des Kapitalismus). Dazwischen sucht Althusser nach einem revolutionären Weg – nach einem Weg, der die Macht verändern könnte: die Macht als ihre Ausübung, aber mehr noch ihr Wesen, ihre imaginären Dimensionen. Louis Althussers „theoretischer Neuansatz" ist für Bruno Schoch „von allem Anfang an gezeichnet vom energisch geltend gemachten Interesse an der Restitution des Marxismus als Wissenschaft, ja als einer ‚wissenschaftlichen Forschungsdisziplin'. Dieses Interesse ist bloß vordergründig theorieimmanent, in Wirklichkeit erwächst ihm aus der konkreten Geschichte des französischen Marxismus eine eminent politische Bedeutung".

An eine derartige Bedeutung des französischen Marxismus mag heute außerhalb der Partei, die auf einem historischen Tiefststand angekommen ist, niemand mehr so recht glauben – vor allem nicht die Intellektuellen, die den Stalinismus mit tragischer Verspätung als ihren „epochalen Irrtum" erkannt haben und ihre Blindheit teuer bezahlen. Erstaunlich ist dabei die Tatsache, daß viele der brillantesten zeitgenössischen Antimarxisten durch Louis Althussers Seminare der Machtanalyse gegangen sind.

Zu den Denkern, die im Frankreich der Nachkriegszeit und bis in die Gegenwart hinein einen sehr tiefen Einfluß ausüben, gehört erstaunlicherweise Martin Heidegger, dessen Bedeutung kaum hoch genug veranschlagt werden kann. Philippe Sollers hat von Marx und Heidegger als den zwei „wichtigsten philosophischen Kirchen" gesprochen und Heidegger als „Fahne gegen den marxistischen Dogmatismus" bezeichnet. Allerdings war Heidegger nie der mehr oder weniger offizielle Gegenpol zu Marx, an dem sich das politische Denken orientierte; seine Wirkung war – und ist – eine unterirdische – unergründliche.

Martin Heideggers wichtigster französischer Interpret war Jean Beaufret, der im Krieg mit der Lektüre von „Sein und Zeit" begonnen hatte; ihm widmete der deutsche Philosoph auch seinen berühmten „Brief über den Humanismus". Sein Hauptwerk („Dialogue avec Heidegger", 1973/74) situiert Heidegger im Zentrum der philosophischen Modernität. Neben Jean Beaufret, der kürzlich verstarb, ist Henri Birault sein bekanntester Kommentator. Er hat in den Jahren nach 1951 den Gebrauch, den die Existentialisten von Heideggers Philosophie machten, scharf kritisiert. Sartre leitete von ihr sein existentialistisches Vokabular der Existenz und Essenz her. Aber auch Merleau-Ponty, Paul Ricoeur, Emmanuel Lévinas haben sich mit Heidegger auseinandersetzen müssen. Dessen Einfluß ist bei der nachfolgenden Generation noch größer geworden: Strukturalismus und Semiologie sind zumindest in wesentlichen Strängen von Heidegger geprägt – Jacques Lacan und Jacques Derrida deutlich, Michel Foucault zumindest indirekt. Kostas Axelos und Lucien Goldmann haben den Dialog zwischen Marx und Heidegger initiiert. Herausragendste Kritiker sind Pierre Bourdieu und Jean-Pierre Faye, die Heideggers Sprache als totalitär und dem Nazi-Jargon entsprechend analysiert haben. Doch ironischerweise ist Heideggers Denken, das in verschiedenste Richtungen weist, vor allem bei Philosophen progressiver Richtung am prägendsten geworden. „Vieles", schreibt Bernhard Waldenfels in „Phänomenologie in Frankreich", „ist auf Umwegen über die Literatur in die Philosophie zurückgeströmt, vermittelt durch Autoren wie Blanchot und Klossowski, aufgeladen mit der Sprengkraft Nietzscheanischer Ideen, aber auch belastet mit neuen und alten Mythologien und Ideologien. Schließlich hat Heideggers Destruktion der Metaphysik auch vor den klassischen phänomenologischen Texten nicht haltgemacht: die Interpretation Husserls verwandelt sich bei J. Derrida, G. Granel und ihren Nachfolgern in Destruktion und Diagnose. Was hier an exegetischer Akribie und textueller Fähigkeit gewonnen wird, ist die Kehrseite einer Bewegung, die das Motto ‚Zurück zu den Sachen' ersetzt durch die Parole ‚Zurück zu den Texten' – natürlich mit der Maßgabe, in den Texten die ‚Sachen selbst' wiederzufinden."

Kein anderes Schicksal als Marx hat in Frankreich auch Hegel erlitten. Die Verbreitung Hegels geht zu einem wesentlichen Teil auf den in Rußland geborenen Alexandre Kojève zurück, der von 1933 bis 1939 an der Ecole des Hautes-Etudes in Paris Vorlesungen über Hegel hielt. Zu seinen Zuhörern gehörten Aron, Bataille, Klossowski, Lacan, Merleau-Ponty, Queneau, Sartre und andere. Der zweite, der Hegel in Frankreich verbreiten half, war Jean Hippolyte; ausgerechnet Michel Foucault, dessen Schüler, erklärte 1970 in seiner Antrittsvorlesung am Collège de France, „daß unsere gesamte Epoche, sei es in der Logik, sei es in der Epistemologie, sei es mit Marx oder mit

Nietzsche, Hegel zu entkommen trachtet". Auf Hegel ist – zum Teil durch die bestimmte Vermittlung Kojèves – ebensosehr Sartres „Kritik der dialektischen Vernunft" zurückzuführen wie die Unmöglichkeit des Schreibens und die Sprache des Schweigens – wie etwa im Fall von Maurice Blanchot – oder der in Frankreich nach 1960 auftauchende Topos vom Verschwinden des Menschen. Auf die Tatsache, daß in Hegels Werk ein „Moment von Wahnsinn" enthalten sei, das die französischen Schriftsteller „tief beeindruckt" habe, weist Vincent Descombes hin, der in seinem Buch „Das Selbe und das Andere" – der Titel ist schon ein Hinweis auf Hegel – die „Wissenschaft der Logik" einen „unmenschlichen Text" nennt.

Die Absetzung Hegels geht mit einer Inthronisierung Nietzsches einher, die zweifellos das aufschlußreichste Ereignis der französischen Philosophie seit 1945 bildet. Der Übergang markiert den Auftakt zum philosophischen Aufbruch, der damals einzusetzen begann. Ohne Nietzsche wird kaum etwas verständlich. Er hat eine andere Art zu philosophieren – zu „diagnostizieren", wie Foucault sagte – eingeleitet. 1962 erschien Deleuzes Buch über „Nietzsche", wesentlich aufschlußreicher ist jedoch sein Referat über Nietzsche, das er am Nietzsche-Colloquium 1972 in Cerisy-la-Salle hielt. Er stellte darin die imperialen Bürokratien von Marx und Freud Nietzsche entgegen, den er als Begründer einer Gegenphilosophie preist: „etwas passieren lassen, das nicht codierbar ist, und alle Codes durcheinanderbringen", wogegen die großen Bürokratien alles zu recodieren versuchen; also das „Recht auf Sinnwidrigkeit", Denken, das in Relation zu einem Außen steht, „Denken in frischer Luft", woraus sich dann auch „Momente dionysischen Lachens" ergeben. Jetzt wird klar, woher das schallende Lachen des „Anti-Ödipus" kommt und wie sehr der Nomadismus nichts anderes als ein Ausdruck von Nietzsches Denken ist. Alles dies deutet auf eine Abkehr von den Großphilosophien, der Totalität, der Dialektik hin.

Der Einfluß Kants war gegenüber Marx, Heidegger, Hegel und Nietzsche bedeutend geringer, er ist aber deutlich im Zunehmen begriffen. 1983 hielt Foucault am Collège de France einen Cours über Kants „Was ist Aufklärung", in dem er ausführte, Kants Fragestellung könne sehr wohl die Philosophie als Diskurs der Moderne und über die Moderne charakterisieren. Foucault brachte „Was ist Aufklärung?" in Verbindung mit „Der Streit der Fakultäten", wo Kant die – französische – Revolution nicht als Umsturz, sondern als Bedingung des Fortschritts interpretierte. Aufklärung und Revolution bilden also ein Paar. „Kant scheint mir die zwei großen kritischen Traditionen begründet zu haben, in die sich die moderne Philosophie geteilt hat", sagte Foucault. Deleuze hatte schon 1963 „La philosophie de Kant" veröffentlicht. Interessanter ist es zu verfolgen, wie Kant auf das Denken von Lyotard eingewirkt hat (siehe dort), der die Bemerkung machte, man müsse in der Frage des Urteilens „wenigstens bis Kant zurückgehen". Anders als für Foucault sind Kants Kritiken für Lyotard Abgesänge auf die Moderne und Prologe der Postmoderne.

Daß die Spuren des deutschen Denkens im französischen hier aufgezeigt werden, ist nicht zufällig. In der Tat hat das deutsche Denken in Frankreich tiefere Auswirkungen gehabt, als es zunächst erscheinen will. Die Auseinandersetzung mit Deutschland hat die französische Philosophie seit dem Zweiten Weltkrieg geprägt und ihr ihre Größe gegeben, auch wenn sie dabei nicht selten höchst eigenwillig vorging; das Umgekehrte läßt sich dagegen – bis auf einige Ausnahmen – kaum sagen. Es fehlt hier ein letzter Denker, der, wenn er auch Österreicher war, noch erwähnt werden muß: Sigmund Freud. Seiner Verbreitung in Frankreich stellten sich lange Zeit große Hindernisse in den Weg. Es waren dann vor allem die Surrealisten, die für den Durchbruch sorgten und zugleich der Freud-Rezeption eine eigenwillige Richtung gaben. Freuds Lehre ist zunächst eine Theorie des Unbewußten und eine Therapie der Störungen, die im Unbewußten auftreten können, aber darüber hinaus ist der Freudianismus eine Revolution in den Humanwissenschaften und in der Konzeption des Menschen. Am wirksamsten vermag die Lehre sich dort zu entfalten, wo durch den Akt der Befreiung des Worts ein Beitrag zur Befreiung des Subjekts geleistet wird. An diesem Punkt setzte Jacques Lacan an, der aus dem

Kreis der Surrealisten hervorging. Indem er Freud und Saussure zusammenführte, vollbrachte er eine der bedeutendsten Leistungen des Strukturalismus. Das bleibt auch dann richtig, wenn Lacans Sprache – und Theorie – im Lauf der Zeit immer obskurer und hermetischer wurde. Im Gefolge seiner Entwicklung nahmen die psychoanalytischen Debatten und Richtungskämpfe zusehends groteskere Formen an. Es gibt in Frankreich heute vier psychoanalytische Vereinigungen: Die Société psychanalytique de Paris, die Association psychanalytique de France, deren Mitglieder Jean Laplanche und Jean-Baptiste Pontalis „Das Vokabular der Psychoanalyse" herausgegeben haben, die Ecole freudienne de Paris, die sich um Lacan gruppierte, und Le quatrième groupe. Als Lacan 1980 in seinen eigenen Reihen einen „Vatermord" witterte, löste er die Ecole freudienne auf und gründete die Ecole de la cause freudienne, die den früheren Mitgliedern offenstand, wenn es ihnen gelang, den Beweis ihrer Ergebenheit gegenüber dem Meister zu erbringen.

Wie den Marx-Apologeten ist es auch Lacan, dem „Impresario des Unbewußten" (Christian Delacampagne) ergangen: Die meisten seiner Kritiker – und Kritiker der psychoanalytischen Methode schlechthin – waren durch seine Seminare gegangen oder haben mindestens unter seiner Faszination, die unleugbar ist, gestanden. Nennen wir hier nur den „Anti-Ödipus" von Deleuze und Guattari, diese fulminante Abrechnung mit Freud und der psychoanalytischen Konzeption des Unbewußten. Andere Kritiker wie zum Beispiel Robert Castel in seinem Buch „Psychoanalyse" *(Le psychanalysme)* haben den Einwand vorgebracht, die Psychoanalyse sei „gleichzeitig Ergebnis und einer der Agenten des allgemeinen Prozesses der Apolitisierung, der die fortgeschrittenen Industriegesellschaften beherrscht"; sie stelle der Macht „eine geschmeidige, wirksame und moderne Technik" zur Verfügung, die erlaube, alle Probleme zu privatisieren und intrapersonal zu deuten, und trage auf diese Weise zur Ausbreitung einer psychiatrischen Ordnung bei, die sich kapillar in allen Bereichen der Gesellschaft festsetze. Für Deleuze und Guattari ist die Psychoanalyse „eine äußerst geisttötende Droge" geworden.

Diesen unterschiedlichen Denkströmungen ist ein Bezug zum Strukturalismus gemein. Er geht auf den Genfer Sprachforscher Ferdinand de Saussure zurück, der in der zweiten Hälfte des vergangenen Jahrhunderts lebte. Niemand hat Saussures Revolution der Sprachforschung erkannt – erst nach seinem Tode wurde sein „Cours de linguistique générale" aufgrund von Notizen dreier Studenten schriftlich fixiert. Saussure beschrieb als erster das Prinzip des „sowohl als auch", dem die Sprache unterliegt, und ihre dualistischen Oppositionen: Sprache/Rede, Laut/Bedeutung – Signifiant/Signifié. Seine Unterscheidung von Diachronie und Synchronie steht am Ausgangspunkt des Strukturalismus, der diese methodischen Ansätze aber erst in den fünfziger Jahren des 20. Jahrhunderts auszunützen beginnt: Neben der senkrechten Achse, welche die historische Entwicklung mit den sich sukzessive folgenden Ereignissen repräsentiert (Diachronie), führte Saussure die waagrechte Perspektive ein, auf der die simultanen Zusammenhänge analysiert werden (Synchronie).

Louis Althusser und Claude Lévi-Strauss, Jacques Lacan, Foucault, Roland Barthes, auch Derrida und viele andere haben sich der strukturalistischen Möglichkeiten auf fruchtbare Weise bedient. Die reinste Form des Strukturalismus findet sich beim Westschweizer Jean Piaget, der Saussures Methode auf die Epistemologie übertragen hat und ihr einen anschaulichen Einführungs-Essay widmete. Piaget verdeutlicht die folgenreiche Beobachtung des linguistischen Theoretikers mit einem Beispiel aus der Ökonomie: Der Tabakpreis des Jahres 1958 läßt sich nicht von jenem des Jahre 1948 (oder auch 1957) herleiten. Es sind vielmehr synchrone Gegebenheiten, die ihn bestimmen: das Wetter, die Ernte, die Marktlage. So ist die Sprache ein System von Elementen, welche nur in diesem System – in und durch die Beziehungen zu den übrigen Werten – eine Bedeutung haben. Auf Saussures strukturale Analyse, welche die Human- und Sozialwissenschaften der Gegenwart nachhaltig geprägt hat, auch wenn die epochalen Debatten über den Strukturalismus längst überwunden sind, gehen grundlegende Konzepte zurück: in der Linguistik, in der Semiologie bzw. Semiolik, der Anthropologie, auch in der Philosophie. Den weiten Bereich der Literaturkritik hat er ebenfalls entscheidend beeinflußt und weitergebracht – das gilt besonders für die renommierte Genfer Schule der Interpretation (Marcel Raymond, Jean Starobinski, Jean Rousset).

Für Jean Piaget ist der Strukturalismus sogar eine Möglichkeit, den Graben zwischen „humanen" und „exakten" Wissenschaften zu überbrücken. Er spricht von einem gemeinsamen Ideal der analytischen Durchschaubarkeit in den verschiedenen Bereichen. Damit begründet Piaget aber auch seine Forderung, der Philosophie ihre „angemaßten Vorrechte" als führende Disziplin streitig zu machen. Dieses Plädoyer für die Umorientierung der Geisteswissenschaften ist methodisch gerechtfertigt, stützt sich aber auch auf Piagets Menschenbild, das sich von jenem der meisten anderen Strukturalisten stark unterscheidet: Er hat die Einsicht, daß Bewußtsein und Handeln zwei voneinander untrennbare Teilaspekte einer einzigen Realität sind, wissenschaftlich begründet. Anders als bei Lévi-Strauß, der die Strukturen als „das Primäre" ansieht, wird der Mensch durch den Piagetschen Strukturalismus in seiner Autonomie keineswegs beschnitten. Der Homo sapiens bewegt sich nicht in ein für allemal gegebenen, engen Strukturen – er ist es, der diese erst schafft. Die Kritik an Lévi-Strauss ist allerdings seinem Strukturalismus nicht immer gerecht geworden, etwa dann, wenn Edmund Leach den Einwand machte, es scheine, als würden alle Menschen auf ein einziges Muster reduziert. Was Lévi-Strauss sagen wollte, war folgendes: nicht die Individuen sind schöpferisch, sondern die Kulturen sind es. Aus ihnen, das heißt aus einem idealen Bestand, schöpfen die Individuen, was sie brauchen, um in bewunderungswürdiger Weise immer neue Erfindungen und eigene Adaptionen hervorzubringen. Nicht weniger irrte sich auch Sartre, als er, Foucault und „Die Ordnung der Dinge" nennend, aber den Strukturalismus meinend, schrieb: „Es handelt sich darum, eine neue Ideologie zu schaffen, die letzte Barriere, die das Bürgertum noch gegen Marx errichten kann." Für Lévi-Strauss war der Strukturalismus, zu dem er sich selber gar nicht hinzugerechnet wissen wollte, sowohl eine Reaktion auf den Existentialismus, „die letzte Gestalt der großen Metaphysik", als auch ein Versuch, für die Anthropologie ein nützliches epistemologisches Modell zu entwickeln, mithin ein Versuch, dem wissenschaftlichen Denken wieder einen gebührenden Platz zuzuweisen, den es durch Mechanismus und Empirismus verloren hatte.

Wenn der Strukturalismus das eine Feld war, auf dem sich das französische Denken entfaltete, dann bildet Georges Batailles Heterologie den anderen, nicht minder bedeutsamen Bereich. Der Name Bataille steht für den Übergang des hegelianisch beeinflußten Denkens zu einem Denken der Abweichung, des „Abdriftens" (Lyotard), der Differenz, der Multiplizität. Bei Hegel ist die „Aufhebung" des absoluten Wissens zirkulär, sie geht nie über dessen Geschlossenheit hinaus. Bataille war stark von Hegel beeinflußt, und man muß zuerst „Bataille gegen Bataille interpretieren", wie es Derrida getan hat, um von der beschränkten Ökonomie der Hegelschen „Aufhebung" durch einen Akt der Transgression, der Überschreitung der geschlossenen, systematischen Denkart Hegels, zu einer allgemeinen Ökonomie zu gelangen, der Bataille eben die Bezeichnung Heterologie gegeben hat. Er meinte damit die Überschreitung, die Gabe, den Potlach, das Lachen, das Phantasma, die Blasphemie, die Travestie, die Obszönität, den Eros, die Orgie, die Extase, die Verschwendung, die Katastrophe, den Tod. Bataille wolle eben nicht das Denken *(penser, la pensée)*, sondern vielmehr die Überschreitung des Denkens, die Verausgabung *(dépenser, la dépense)*, wofür er einerseits den Begriff der allgemeinen und andererseits denjenigen der erweiterten Ökonomie setzte.

Der Gefahr, Sinn zu erzeugen, wie es Hegel getan hat, wollte Bataille nicht erliegen; Hegels Denkart, sagt er, habe sich „in Abhängigkeit von der knechtischen Arbeit entwickelt". Bataille durfte sich infolgedessen keinen „bedeutungsvollen Diskurs" erlauben: „Die heilige, poetische, auf der Ebene der ohnmächtigen Schönheit beschränkte Rede allein behielt die Fähigkeit, die volle Souveränität zu manifestieren" (Bataille), also die Rede der Überschreitung und Verschwendung (von Sinn).

Jacques Derrida, der diesen Satz von Bataille zitiert, steckt damit nicht nur den Weg ab, den Bataille selber zurückgelegt hat, sondern auch seinen eigenen, der an denjenigen Batailles unmittelbar anschließt, und deutet damit den Richtungswechsel an, der sich von Hegels Logos zu Derridas Zerstörung des Logozentrismus und zu seiner Dekonstruktion und Dezentrierung ereignet hat. Auch der Lyotard der „Ökonomie des Wunsches" wird hier sichtbar.

Erst durch Bataille, der die Funktion eines Drehpunkts einnimmt, wird es möglich, einige der zentralen Problemkomplexe des neueren französischen Denkens zu verstehen. Worum es geht, ist nichts weniger als das Ende des homogenisierten Denkens, der Dialektik, der Metaphysik, der Bedeutung, der Wahrheit, des absoluten Wissens, der Freiheit, des Subjekts. Fast alles, was während zwei, drei Jahrhunderten in der abendländischen Philosophie gegolten hat, ist heute nicht mehr aktuell. Der Übergang ist so einschneidend wie jener von der Newtonschen Physik zur Relativitätstheorie und Quantenmechanik der modernen Physik. Es wäre auch eigenartig gewesen, wenn nicht eine mit der naturwissenschaftlichen Revolution vergleichbare Entwicklung in der Philosophie stattgefunden hätte.

Abschied von der Dialektik: Für Deleuze war sie eine „Ideologie des Ressentiments", für Lyotard „die einzige mögliche Religion des modernen Staates – diese Reisetasche von Skeptizismen und Nihilismen, diese Konfektion der Melancholie". Die Dialektik nahm lange Zeit eine Stellung ein wie das Newtonsche physikalische Universum und das philosophische Universum von Descartes. Was seither an die Stelle der Dialektik getreten ist, kommt ungefähr den Erkenntnissen gleich, die in der subatomaren Physik gemacht worden sind. Dreierlei wäre zu nennen. *Erstens:* Intensität; sie meint das Andere der Dialektik, der Vernunft schlechthin, das Gegenteil von Methode; sie ist ein Ausdruck für kritische Affirmation, aber vielleicht geht das schon zuweit. Denn Lyotard sieht in der Kritik noch die Reste einer gläubigen (ideologischen) Haltung, die für ihn absolut unakzeptabel ist. Vielleicht sollte man einfach nur von einem Einstieg sprechen, von der Bereitschaft, auf eine Sache einzugehen. *Zweitens:* der Diskurs; zu verstehen ist darunter etwas, das nicht im dialektischen Zickzack fortschreitet, in einer systematisierten, vorgeschriebenen Weise, sondern das wie ein breiter Fluß alles sammelt, was gesagt worden ist, *le déjà dit,* wie Foucault sagte, also nicht 1, 2, 3 sondern 1 + 1 + 1, das Prinzip „und" von Deleuze; zum Gesagten kommt hinzu, was laufend neu gesagt wird. *Drittens:* der Wunsch, der in der französischen Philosophie einen breiten Raum einnimmt; der Wunsch als positive, initiative Kraft. Überhaupt muß der affirmative Zug, der so häufig anzutreffen ist, auffallen.

Abschied von Hegel heißt: Aufgabe des absoluten Wissens, des totalisierenden Denkens, was ein weiterer hervorstechender Zug ist. Was bei Derrida Zerstörung des Logozentrismus ist, ist bei Lyotard die Dekadenz und der aktive Nihilismus und bei Foucault die Zerstörung der Evidenzen und Universalien; wo Derrida die *écriture* als textuelles Ereignis einführt, spricht Foucault – ausdrücklich im Zusammenhang mit Bataille – von einer nicht-diskursiven Sprache, „die weder vollendet, noch Herr ihrer selbst ist, obwohl sie uns souverän überragt".

Hier finden wir auch den Ansatzpunkt für das Verschwinden des Menschen und die Kritik am Humanismus – zwei weitere bedeutende Topoi des französischen Denkens. Nicht nur Foucault hat vom Verschwinden des Menschen – als Diskursereignis – gesprochen, auch Lévi-Strauss hat die gleiche Aussage – in einem anthropologischen Kontext – gemacht, als er in „Traurige Tropen" zur Feststellung kam, daß die Welt ohne den Menschen begonnen habe und ohne ihn aufhören werde, und zwar, wie er meinte, aus eigener Schuld: durch seine Anmaßung. Bei Deleuze und Guattari tritt an die Stelle des Subjekts der Aussageakt und die Wunschproduktion, bei Derrida das kulturelle und linguistische Regelsystem. Es ist auch keine Überraschung, daß bei Derrida steht, das Selbstbewußtsein sei „knechtisch".

Foucault hat den Humanismus als Theorie kritisiert, in der die großen Einschließungs- und Disziplinierungspraktiken der letzten zwei, drei Jahrhunderte ihren krönenden Abschluß gefunden haben. „Die Folter, das ist die Vernunft", erklärte er und löste damit in Deutschland einen Sturm der Entrüstung aus; aber nicht weniger scharf hat der reserviertere Lévi-Strauss die absolutistisch-humanistische Haltung angegriffen, die zu einer übertriebenen Einschätzung des Menschen und zu seiner Selbstüberheblichkeit geführt habe, die ihn heute ernsthaft bedrohe, weil er sich „zum absoluten Herrn der Schöpfung gemacht hat". „Ich glaube, all die Tragödien, die wir erlebt haben, erst mit dem Kolonialismus, dann mit dem Faschismus und zuletzt mit den Vernichtungslagern, stehen nicht im Gegensatz oder Widerspruch zu dem angeblichen Humanismus in der Form, wie wir ihn seit mehreren Jahrhunderten praktizieren, sondern sie sind, möchte ich sagen, fast seine natürliche Folge" (in einem Gespräch mit Jean-Marie Benoist 1979 in „Le Monde").

Die Ablehnung des totalisierenden, hegelianischen Denkens tritt bei Lyotard als Ende der „großen Erzählungen" (Ideologien) und als Ausbreitung der „kleinen Erzählungen", das heißt der Sprachspiele, der kleinen Argumente und kleinen Strategien in Erscheinung. Auf der einen Seite die großen narrativen Apparate, auf der anderen Seite die kleinen Erzählungen, die sich dareinmischen. Dieser „minoritären Tätigkeit" Lyotards entspricht das Minoritär-Werden Deleuzes; auch Touraines soziale Bewegungen sind weniger oppositionelle denn Minderheitenformationen, die sich von den bürokratischen Massenbewegungen absetzen. Die Minoritäten sind jedoch nicht in einem appellativen moralischen Sinn gemeint („Nehmt Rücksicht auf die Minderheiten, respektiert ihre Rechte"), sondern sie schreiben sich ein in das breite Denken der Abweichung, der Differenz, des Nomadismus.

Was bleibt, ist am Ende, seltsam genug: die „Entdeckung der Möglichkeit einer nicht positiven Affirmation" (Foucault), Lyotards Dekadenz als Philosophie der Zustimmung genauso wie sein aktiver Nihilismus, der zwischen dem Nihilismus des Unglaubens und der Religion der Wahrheit seinen Lauf nimmt, Baudrillards Lust am katastrophischen Denken, das ihn vor der „Melancholie des Fertigen" (Nietzsche) bewahrt. Wer hätte es für möglich gehalten, in der französischen Philosophie von heute soviel subversive Affirmation zu finden?

Der Mai '68 erweist sich als Stichdatum des zeitgenössischen französischen Denkens; er ist als Resultat intellektueller Vorarbeit bezeichnet worden und hat alle wesentlichen Strömungen der Philosophie seither nachhaltig beeinflußt. Auf den Mai '68 gehen schließlich die erstaunlichen politischen Umorientierungen der jüngsten Zeit zurück.

Umgehend kamen die Machthaber bildungspolitischen Forderungen der Aufständischen entgegen. In Vincennes bewilligte der Unterrichtsminister Edgar Faure die Gründung einer abitur- und prüfungslosen Universität, die zum Symbol einer totalen Lehrfreiheit und Chancengleichheit wurde. Vincennes war während Jahren ein lebendiger Umschlagplatz zeitgenössischer Ideen – Leute wie Francois Chatelet, Deleuze, Lyotard, Julia Kristeva, Foucault hielten Seminare und Vorlesungen, die den traditionellen akademischen Rahmen sprengten.

Zumindest einige der jungen Denker und Publizisten, die in den siebziger Jahren als Neue Philosophen ins Bewußtsein einer breiten Öffentlichkeit eingingen, haben in Vincennes studiert. Ihre wichtigsten Vertreter gehörten bereits zu den Protagonisten des Mai – ihr plötzlicher Haß auf den Kommunismus und Marxismus kommt nur umso überraschender. Von den Einflüssen sind neben dem „Schock Solschenizyn" (der die verdrängte Existenz sowjetischer Lager enthüllte) der Strukturalismus (als Modell der Macht-Analyse) mit seinen Möglichkeiten der Ideologiekritik wie auch Jacques Lacan zu nennen: an seiner Hegel-Interpretation orientiert sich die neuphilosophische Ablehnung aller Trugbilder, wobei diejenigen politischer Art (Utopien im weitesten Sinn, die Hoffnung auf eine bessere Welt) direkt von Lacans sexuellen Trugbildern abgeleitet werden. Zusammen mit André Glucksmann und Bernard-Henri Lévy sind Jean-Marie Benoist, Jean-Paul Dollé, Michel Guérin, Christian Jambet, Guy Lardreau und Philippe Némo dem neuphilosophischen Kern zuzuordnen.

Der 1937 geborene Glucksmann hat verschiedene Werke vorgelegt, bevor er mit „Die Köchin und der Menschenfresser" einen Grundstein zur Neuen Philosophie legte. In „Die Meisterdenker" untersucht er, wie weit die deutschen Philosophen Fichte, Hegel, Marx und Nietzsche zum Totalitarismus des 20. Jahrhunderts angestiftet haben. Bevor Glucksmann mit „Die Philosophie der Abschreckung", einer Kritik der deutschen Friedensbewegung, die Ideologie der „grünen Pazifisten" mit der Vergangenheits-Verdrängung in Zusammenhang brachte, attackierte Lévy in „Idéologie française" den faschistischen Gehalt der französischen Kultur. Zuvor hatte er mit seinem ersten Essay einen unglaublichen Wirbel ausgelöst: In „La barbarie à visage humain" betreibt Lévy eine geharnischte Kritik an der Linken; „Der Sozialismus ist ein umgekehrtes Abbild der Macht und wie diese eine Lüge" – was bereits andeutet, daß Lévy politisch keineswegs auf der Rechten angesiedelt werden kann: „Der Kapitalismus lebt den Tod, ihn gleichzeitig negierend und sich weigernd, ihn darzustellen. Aus dem Tod, den er organisiert, aus der Zerstörung, die er praktiziert, macht er die Werkstatt seiner Pyramiden." Die Bourgeoisie ist letzten Endes marxistischer als die Marxisten: Sie glaubt einzig an das Gesetz der Ware und wendet dieses konstant an – aber eben ohne es wahrzuhaben. In unübertroffener Perfektion praktiziert sie den (dialektischen) Widerspruch in allen ihren Werken. Die dominierenden Blöcke, die beide materialistisch sind, unterscheiden sich für Lévy nur in Nuancen. Ihre Barbarei ist von Technik, Sexualität, Sozialismus geprägt – den Errungenschaften, die man seit der Aufklärung als Fortschritt verherrlicht. Gefährlich wird der Staat, wo er mehr als Verwalter der Gesellschaft sein will. Lévy ist der widersprüchlichste, pessimistischste der Neuen Philosophen. Für ihn ist die Macht in ihrem Wesen nichts Materielles, sie hat keine Essenz im philosophischen Sinne – „ein Sein von scheinbar unsagbarem Wesen". Nichts kann ihr entgehen, nicht die Revolution und nicht die Geschichte, ob sie nun im Namen des Volkes oder der Herrschenden ausgeübt werde.

Jean-Marie Benoist hat mit seinem Buch „Marx est mort" (1970) wichtige Elemente und Argumente der neuphilosophischen Macht- und Marxismuskritik vorweggenommen. Der

Schüler, später Assistent von Claude Lévi-Strauss (am Collège de France) arbeitet mit den Methoden des wissenschaftlichen Strukturalismus, dem er eine Schrift gewidmet hat ("La Révolution structurale"), gegen die dogmatischen Ideologien. Benoist versteht sich als Neo-Liberaler und plädiert für ein blockfreies Europa zwischen den Blöcken wie für den Dialog mit der Dritten Welt, nimmt aber zusehends konservative Positionen ein. Einem breiten Publikum wurde er bekannt, als er 1978 bei den Parlamentswahlen als Kandidat von Giscard d'Estaings UDF-Partei gegen den Kommunistenführer Georges Marchais zu einem ideologischen Schauwahlkampf in die Arena trat und damit eine allgemeine Mobilisierung der Rechtsintellektuellen bewirkte. Damals rechnete man allgemein mit einem Sieg der zur Union de la Gauche vereinigten Linksparteien.

Überraschend gingen die Wahlen für die Sozialisten und Kommunisten verloren. Tatsächlich hatten die Medien – nicht nur die öffentlich-rechtlichen TV-Programme und Rundfunkanstalten – die Neue Philosophie als Wahlkampfideologie des Liberalismus hochgespielt. Nie zuvor wurden philosophische Debatten derart direkt tagespolitisch ausgeschlachtet. Der Medienzirkus um die Neue Philosophie hat diesem Denken sehr geschadet, und er prägt auch die Kritik an ihm. Serge Quadruppani zählt in seinem "Catalogue du prêt-à-penser français depuis 1968" die intellektuellen Moden auf und konfroniert zahlreiche Publizisten mit ihren Widersprüchen. Die bislang intellektuell substanzreichste Kritik des zeitgenössischen Denkens formuliert Jacques Bouveresse in "Le Philosophe chez les Autophages" und "Rationalité et Cynisme". Seine bevorzugte Zielscheibe ist der neue Irrationalismus – und mit ihm Lyotard. Bouveresse beruft sich intensiv auf Peter Sloterdijk, generell auf Beispiele nichtfranzösischer Philosophien – um letztlich eine klassische französische Auffassung des Rationalismus, mit dem viele Moderne (und "Post-Moderne" wie Lyotard) gebrochen haben, zu vertreten.

Es wäre allerdings falsch, die Neue Philosophie – und mit ihr wesentliche Strömungen des zeitgenössischen Denkens – auf eine Modeerscheinung zu reduzieren. Man mag sie in ihrer intellektuellen Substanz gering einschätzen – Tatsache ist, daß sie Ausdruck politischer Veränderungen ist, welche für die französische Landschaft bestimmend bleiben. Das zeigte sich bei der Wahl François Mitterrands zum Staatspräsidenten, die ohne die Unterstützung der (ex-)linken Intellektuellen erfolgte. Als sich der Regierungssprecher Max Gallo, der sich als Schriftsteller und Historiker einen Namen gemacht hat, wenig später in einem Artikel in „Le Monde" über das „Schweigen" dieser Intellektuellen ausließ, machten die intensiven Reaktionen vor allem die endgültige Abkehr vom Marxismus, aber auch vom Sozialismus deutlich. Es waren vor allem einige bildungs- und kulturpolitische Initiativen der sozialistischen Regierung, welche die Intellektuellen interessieren konnten. Sie verdoppelte das Kulturbudget und wertete den gesellschaftlichen Stellenwert der Philosophie auf. Im März 1979 hatten 1200 Intellektuelle in der Sorbonne anläßlich der „Generalstände der Philosophie" unter der Leitung Jacques Derridas gegen ihren systematischen Abbau im Unterrichtswesen protestiert (in die gleiche Richtung wies die Verbannung der Universität von Vincennes nach St. Denis) – unter der linken Regierung wurde Derrida mit der Leitung des „Collège International de Philosophie" betraut. Seine Gründung war von prominenten Philosophen angeregt worden – neben Derrida gehören Jean-Pierre Faye und François Chatelet dem führenden Ausschuß an, der insgesamt fünfzehn Mitglieder umfaßt. Berufen werden sie ohne Rücksicht auf den akademischen Grad, und die Anstellung, mit der nur kleine Lehrverpflichtungen verbunden sind, soll ihnen die Möglichkeiten zum freien Forschen (und Publizieren) bieten. Das „Collège International de Philosophie", eine weltweite einzigartige Institution, erinnert in seinem Status an das – 1530 gegründete – „Collège de France", das zu den ruhmreichsten akademischen Institution des Landes gehört.

Als Roland Barthes 1977 auf den Lehrstuhl für literarische Semiologie am Collège de France berufen wurde, bezeichnete er in seiner Inauguralvorlesung die Literatur als ein Überlisten, ein Umgehen, ein großartiges Lockmittel, „das es möglich macht, die außerhalb der Macht stehende Sprache in dem

Glanz einer permanenten Revolution der Rede zu hören". Vorträge dieser Art werden in Deutschland kaum gehalten; sie werden aber, wenn sie in Frankreich gehalten werden, in Deutschland kritisiert. In einem Artikel mit dem Titel „Triumph der Leere" hat Walter van Rossum in einer Pauschalabrechnung der französischen Philosophie den Vorwurf gemacht, zu reden, ohne zu handeln. Das beteuerte politische Engagement werde nirgends gedeckt; auch von Barthes nicht. „Herdenhaftigkeit", „die laute Sanktion einer Leere", „Konvertitentum", „Schreibtischtäter", „intellektuelle Schrebergärtner", „schauderhafte Pamphleten", „libertäres Geschwätz": das ist die Höhe von van Rossums Argumentation, die weiter nicht der Rede wert wäre, gäbe sie nicht eine in Deutschland weitverbreitete Einstellung zur französischen Philosophie wieder.

Der Dezisionismus der politischen Bekenntnisse bildet einen Dauervorwurf. Im Zusammenhang mit dem „Anti-Ödipus" sprach Manfred Frank von einer „Moral des kontrafaktischen Engagements"; Foucaults moralisches Engagement schätzte Frank schon höher ein, aber in wessen Name spreche Foucault überhaupt? Über das Verhältnis von Philosophie (oder Literatur) und Politik gibt es nun allerdings einiges zu sagen. Es ist in Frankreich – aber z. B. auch in Italien – eine Selbstverständlichkeit, daß es zwischen dem einen und dem anderen eine deutliche Demarkationslinie gibt, daß jemand sowohl das eine als auch das andere betreiben kann, unabhängig voneinander. In Deutschland scheint es dagegen umgekehrt zu sein: entweder ist alles politisch oder nichts, und dann ist es apolitisch und reaktionär. Das ist ein unheilvolles Verharren im Ideologischen, das die überwiegende Mehrheit der Philosophen, Soziologen und Literaten in Frankreich zu vermeiden trachtet. Dies scheint aber keineswegs der einzige Grund zu sein, warum die Rezeption französischer Philosophie in Deutschland soviel Mühe bereitet. Man merkt dem Aufsatz von van Rossum an, wie enttäuscht, oder eigentlich: wie irritiert sein Autor ist, daß die französischen Philosophen sich nicht wie Musterschüler aufführen; sondern daß sie stattdessen z. B. den Marxismus, von dem einst viele ausgegangen sind, überwunden haben, auf jeden Fall über ihn hinaus- und weitergegangen sind; daß sie also einfach ihre eigenen, das heißt andere Wege als in Deutschland gegangen sind. Die Ratlosigkeit ist immer noch unbeschreiblich groß. Man erinnert sich, wie Jean Améry 1978 erklärte, Foucault sei in seinen Augen „der gefährlichste Gegenaufklärer, der seit den Tagen der ‚Lumières‘, der Aufklärung, die Bühne des französischen Geistes verdunkelt und in abgründige Wirrnis gestürzt hat"; er warf ihm ferner unter anderem „Obskurantismus" vor.

Die Verwirrung geht aber noch weiter und nimmt bisweilen groteske Züge an. Es muß doch eine Richtung geben, wendet Frank gegen den „Anti-Ödipus" ein, auch der Wunsch müsse sich differenzieren; der Kritik Foucaults an der Bestrafungspraxis stellte Habermas „die unverkennbaren Gewinne an Liberalität und Rechtssicherheit" entgegen, und Améry machte die Feststellung: es gab doch Fortschritte, und man muß die Übeltäter doch bestrafen. „Kritik ohne Alternative", entrüstete sich Améry, und Frank sprach im Hinblick auf den „Anti-Ödipus" von „semiotischem Anarchismus"; von einem „alternativen Theorie-Konzept" sei keine Lösung zu erwarten. Sogar Sartre habe gezeigt, „daß die Praxis sich permanent in materiellen Ordnungen verwirklichen muß".

Diese Ratlosigkeit – man kann es nicht anders bezeichnen – scheint mit der Überzeugung zu tun zu haben, die Philosophie habe eine bestimmte Ordnung zu erfüllen und zu garantieren, etwas, an das man sich halten kann. Der immer wieder gehörte Vorwurf des „Irrationalismus" – der zweite Angriffspunkt –, der auf die Saloppheit, die denkerischen Explorationen und die Entgrenzung zurückzuführen sind, scheint mit dem Verhältnis von Staat und Autorität einerseits und Philosophie andererseits zu tun zu haben. In Frankreich ist der Staat stark, zentralistisch, die Franzosen können sich damit identifizieren. Es ist ein Staat, der nicht genug kritisiert werden kann, aber nie prinzipiell in Frage gestellt wird. Diese starke Stellung erlaubt es der Philosophie, sich freier, unabhängiger zu entwickeln und immer wieder zu versuchen, „das Unmögliche zu denken". In Deutschland liegen die Dinge anders. Der Staat ist schwach, er war bis zu Bismarcks Zeit zerstückelt, und er ist heute geteilt. Umso strenger, geschlossener muß dafür die Philosophie ausfallen und die Autorität, die der Staat nicht besitzt, übernehmen. Immer wieder Hegel und die Folgen. Mit der philosophischen Autorität paart sich ein Universalismusanspruch, der in Frankreich undenkbar ist. Am Ursprung dieser Auffassung mag auch die Angst vor dem oder einem neuen Faschismus stehen, die in Deutschland historisch erklärbar ist und durch ein Denken mit irrationalen Zügen leicht ausgelöst werden kann.

Dies alles hat östlich des Rheins zu einer braven Schulphilosophie geführt, aber sogar Manfred Frank mußte eingestehen, „daß der Zeitgeist unserer Universitätsphilosophie den Wind aus den Segeln genommen hat" und daß es ein Dürsten „nach einem Wetterleuchten" gebe, „welches das Denken aufs neue möglich macht". Und Habermas, der der Überzeugung Ausdruck gab, daß der abendländische Logozentrismus sich „nicht einem Zuviel, sondern einem Zuwenig an Vernunft verdankt" – was eine begründete Fragestellung ist –, erklärte, es seien „von Paris mehr produktive Anstöße ausgegangen als von irgendeinem anderen Ort". Der „unruhige Gang" der französischen Philosophie, den die „Neue Zürcher Zeitung" feststellte, als sie Vincent Descombes' Buch „Das Selbe und das Andere" rezensierte, hat mit der alle Kategorien sprengenden Eigenwilligkeit und Unabhängigkeit dieses Denkens zu tun.　　*J. A. und A. S.*

Jacques Attali
oder
Die Nachkrise

Es läßt sich ziemlich genau beobachten, wie in Frankreich seit 1981 in den politischen Debatten neue Schwerpunkte aufgetaucht sind. Seit diesem Datum, das mit der Wahl von François Mitterrand zum Staatspräsidenten und dem sozialistischen Wahlsieg in der Nationalversammlung zusammenfällt, stehen mehr denn je zuvor Themen wie die Modernisierung der Industrie, der Einsatz von Computern in Betrieben und Schulen, die Roboterisierung im Vordergrund. Es vergeht kaum eine Nachrichtensendung, die nicht in irgendeiner Form darauf einginge. Die sozialistische Regierung von 1981 bis 1986 hat dem Land einen neuen Diskurs gebracht: die industrielle Entwicklung ist zu einem nationalen Thema geworden. Daß dies so gekommen ist, geht nicht zuletzt auf einen Mann zurück, den François Mitterrand nach seinem Wahlsieg als „Conseiller Spécial auprès du Président de la République" ins Elysée geholt hat und dem dieses Thema seit jeher als eines der vordringlichsten erschienen ist: Jacques Attali.

Attali hat nach dem Besuch der elitärsten Schulen des Landes einerseits Wirtschaftswissenschaft an der Universität Paris-Dauphiné gelehrt und andererseits in der Commission économique der Sozialistischen Partei entscheidende Impulse für eine wirtschaftliche Erneuerung des Landes gegeben – ein Postulat, das unter den vorausgegangenen bürgerlichen und liberalen Regierungen in geradezu unverständlicher Weise vernachlässigt worden ist. Er ist an der Vorbereitung und Herbeiführung des Computer-Zeitalters in Frankreich maßgeblich beteiligt gewesen und davon ebenso fasziniert, wie ihn manchmal die Folgen, die damit verbunden sind, zu erschrecken scheinen. Daß die Technologie in sich ein gefährliches totalitäres Potential birgt, weiß Attali selber natürlich sehr gut. Aber er ist sich auch im Klaren darüber, daß den Industrienationen – ob kapitalistisch oder sozialistisch – heute gar keine andere Wahl bleibt, als auf Elektronik und Informatik zu setzen. Entweder geht eine Nation auf die aus Japan kommende Herausforderung ein und meistert die Entwicklung, oder sie ist zum Untergang verurteilt – zum Schicksal eines „gigantischen Venedig". Bedenkt man die wirtschaftliche und kulturelle Dimension der Krise, bietet sich die elektronische Zukunft als einzige Möglichkeit an.

Über Attali schreiben heißt also zuerst einmal, die kulturellen Perspektiven der technologischen Revolution ins Auge fassen. Macht die Technologie aus den Menschen autonome Individuen oder Zuschauer (*acteurs* oder *spectateurs*)? Richtig verstanden, kann sie die Voraussetzung für eine blühende Zukunft bilden. Aber wie gesagt: die Gefahren bleiben bestehen, und sie müssen gemeistert werden. Für Attali sollte der sozialistischen Regierung, die 1981 an die Macht kam, die Aufgabe zufallen, den Übergang Frankreichs in die technologische Demokratie oder demokratische Technologie vorzubereiten und durchzuführen – was sie bis 1986 auch mit großer Hingabe getan hat. Attali, der linke Wirtschaftstheoretiker, hat damit das Bild eines modernen Linken, das heißt aufgeschlossenen und liberalen Intellektuellen geprägt, das sich deutlich vom archaischen Sozialismus der Vergangenheit abhebt.

Dieses Bild weist im Fall von Attali allerdings einige Flecken auf. Attali ist jemand, der täglich ein unglaubliches Arbeitsprogramm bewältigt. Er liest viel, notiert viel; seine Bücher sind alle in mehreren Fassungen hintereinander entstanden. Sein drittletztes – „Histoires du temps" – wurde noch vor seinem Einzug ins Elysée geschrieben und ist, als er dort schon im Amt war, Gegenstand einer peinlichen Plagiatsaffäre geworden. Zunächst wurden wortwörtliche Anleihen aus Ernst Jüngers „Sanduhrbuch" ruchbar und später immer neue Übernahmen bekannt, die nicht als Zitate ausgewiesen waren. Philippe Simonnot spielte die Affäre in der Wochenzeitung „TEL" als „exemplarischen Fall" genüßlich hoch. Schon vor dem Skandal, den der Verlag abzuschwächen suchte, indem er die Schuld auf sich nahm, höhnte Simonnot in einem Attali-Porträt in „L'Express": „Werke, die nicht gemacht werden, damit man sie liest, sondern damit die Medien von ihnen sprechen und sie verkauft werden. Ironie des Schicksals: dieser Großkritiker der Konsumgesellschaft ist selber eine Ware geworden." Attali hat freilich die Aufgabe des Intellektuellen stets in der „Produktion von Sinn", der universal und nicht personal ist, gesehen.

Bedenkenswerter als die Plagiatsaffäre ist indessen Attalis Methode, die manchmal etwas Stereotypes aufweist. Er bedient sich eines gleichbleibenden Rasters mit horizontalen und vertikalen Koordinaten (Grundbegriffe einerseits, historische Abfolgen andererseits), mittels dessen er die verschiedenen Themen – Ökonomie, Medizin, Musik, Zeit – darstellt. Meistens beginnen die Kapitel mit hochfliegenden Einleitungen, denen dann gedrängte Faktensammlungen und Materialübersichten folgen, so daß der Eindruck entsteht, als hätten irgendwelche Assistenten Attalis die Knochenarbeit geleistet.

Von Attalis Büchern liegen in deutscher Übersetzung bisher nur „Die kannibalische Ordnung. Von der Magie zur Computermedizin" sowie die Biographie „Siegmund G. Warburg" vor. Ersteres ist nicht nur ein Buch über die Medizin, sondern gleichnishaft über die Herrschaft des Menschen über den Menschen. In der Geschichte der Medizin erkennt Attali vier Ordnungen: Die der Götter, der Körper, der Maschinen und der Codes. In der Ordnung der Götter ist die Krankheit eine Besessenheit, die durch Ritual und Opfer abgesondert und verzehrt werden muß; es ist die Zeit der Religion, der Priester. In der Ordnung der Körper wird die Krankheit, beziehungsweise das Böse – das auch das soziale Böse ist –, durch Verwaltungsbeamte und Polizei eingedämmt. In der Ordnung der Maschinen werden die Menschen wie Maschinen repariert, zur Bekämpfung der Krankheit bieten sich Versicherung und Chirurgie an; es ist die Zeit der Medizin. In der Ordnung der Codes schließlich ist der Schritt von der Chirurgie zur Prothese vollzogen, heilen heißt nunmehr, die Teile auswechseln, die Funktionen des Körpers kopieren; es ist die Zeit der Genetik. Es hat sich ein „überwachungsbedürftiges Lebensprofil" herausgebildet. Gesund sein heißt, normal und rentabel sein. Diesem Normprofil wird das Leben nachgebildet: durch Herzschrittmacher, durch etwas weniger oder etwas mehr Kochsalz, durch *check-ups* und so weiter. Die „Gesundheitsgesellschaft" ist eingetreten. Das Gute ist nicht mehr die Harmonie mit den Göttern, sondern das normalisierte Verhalten, das Böse nicht mehr die Sünde, die Armut oder Mikrobe – wie in den vorangegangenen Ordnungen –, sondern das anormale Verhalten. Krankheit ist die Nichtübereinstimmung mit dem – genetischen – Code; Heilen heißt Beseitigung des Irrtums im Codierungsprogramm. „In diesem Leben ohne Geräusche sprechen allein die Waren; die Menschen schweigen und konsumieren. Die Industriegesellschaft geht ihrer Vollendung entgegen; die Begriffe von Leben und Objekt gehen ineinander über."

„Les trois mondes" ist eine Interpretation der Wirtschaftsgeschichte. Die drei Strukturbegriffe (oder drei „Welten") heißen hier: Regulation (rituelle Ordnung), Produktion (imperiale Ordnung) und Organisation (Wirtschaftsordnung, *ordre marchand*). Waren die zwei ersten Ordnungen (oder „Welten") noch relativ stabil, so setzt in der dritten eine starke Dynamik ein, die dazu führt, daß sich diese Ordnung laufend verändert; Attali spricht von einer Abfolge von Neufassungen *(réécritures)* der dritten Ordnung unter den jeweils veränderten ökonomischen und technologischen Voraussetzungen, durch die der Fortschritt erzielt wird. Diese Neufassungen waren bisher bedingt durch die Erfindung des Steuerruders (assoziiert mit der Stadt Brügge), der Karavelle (Venedig), des Buchdrucks (Antwerpen), der Buchhaltung (Genua), des Fleutschiffs (Amsterdam), der Dampfmaschine (London), des Autos (New York) und des Elektromotors (ebenfalls New York). Attali folgt hier – auf eine kenntlich gemachte Weise – dem französischen Historiker Fernand Braudel. „Die Welt entsteht wie ein Buch", schreibt Attali: Kapitel um Kapitel. Jedesmal, wenn die Organisationskosten *(coûts d'organisation)* gestiegen sind und der ökonomische Surplus gesunken ist, half nur ein qualitativer technischer oder organisatorischer Fortschritt weiter, wie er sich in den bisherigen acht Neufassungen ausdrückt. Heute stehen wir an der Schwelle zu einer neunten Neufassung: der elektronischen Revolution mit Computern, Informatik und Energie, die Attali – nicht überraschenderweise – mit Tokio in Verbindung bringt. Mit dieser neunten Neufassung allerdings treten wir zugleich auch in eine neue Ordnung oder Welt – die vierte – ein: die der Codes.

Konkret ausgedrückt heißt das: wir haben es heute nicht mit einer Krise im klassischen Sinn der Wirtschaftstheorie zu tun, mit Abschwung, Flaute und Aufschwung, sondern mit einem Einschnitt von größter historischer und sozialer Tragweite. Die vierte Welt, sagt Attali, „wird eine Welt der Vielfalt sein, der Tolerierung aller Welten, mit viel Freiheit und Raum für kreatives Schaffen, in der jeder das Modell des Erfolgs und die Kriterien der Ästhetik selber definiert". Diese vierte Welt, in der sich Elektronik und Informatik einerseits und Toleranz, Freiheit und Kreativität andererseits verbinden, bezeichnet Attali auch als „Nachkrise". Sie ist für ihn die einzige Chance, die Gewalt, die in allen seinen Büchern als spürbare Bedrohung erscheint, sowie die Unordnung und den Mißbrauch von Macht zu meistern. Wohlstand und Sozialismus dienen explizit diesem Ziel.

Das Ambivalente an Attalis Zukunftsvision liegt aber darin, daß in der Ordnung des Codes der Mensch zu verschwinden droht oder gar nicht vorkommt. In „Die kannibalische Ordnung" ist von „paramenschlichen Wesen" die Rede, die durch Kopien des Normprofils entstehen, in „Les trois mondes" von Maschinen, die in der Lage sind, selbständige Wesen als Kopien ihrer eigenen Art herzustellen. Es steckt eine gehörige Portion Faszination in dieser Vorstellung, aber der sich auflösende, verschwindende Mensch ist bei Attali kein Topos der Postmoderne – wie zum Beispiel an einem gewissen Punkt bei Foucault –, sondern eine Horrorvision, die in Beklemmung versetzen kann und soll. Attali gibt auch unumwunden zu, daß er in seinen Büchern damit „Angst machen" will. Der Mensch soll zum Widerstand aufgerufen werden; alles, was er unternimmt, kann sich ebensogut zum Guten wie zum Schlechten wenden.

Für Attali hat bisher im Zentrum der Geschichte bloß „das Funktionieren des Ensembles des gesellschaftlichen Prozesses" gestanden. Der Mensch war im besten Fall Opfer, Ausgestoßener, ausbeutbare Arbeitskraft, Kopie. Die Gefahr, daß der Mensch verschwindet, war noch nie so groß. Andererseits jedoch sah Attali mit dem französischen Sozialismus auch die Chance des Menschen, zum ersten Mal als Subjekt der Geschichte seinen Platz einzunehmen, in den Bereich des Möglichen gerückt. Nach dem 16. März 1986 ist nun alles wieder anders.   *A. S.*

Roland Barthes
oder
Die Lust am Zeichen

Roland Barthes, der 1980 nach einem Essen mit François Mitterrand, dem späteren Kulturminister Jack Lang und einigen Kulturschaffenden von einem Lieferwagen überfahren wurde und wenige Wochen danach im Spital verstarb, ist seit den sechziger Jahren im deutschen Sprachraum rezipiert worden. Praktisch alle wichtigen Texte existieren in hervorragenden Übersetzungen; es gibt auch bereits eine recht umfangreiche Sekundärliteratur über Barthes. Seine Bücher sind gewiß „schwierig", aber sie zeugen ausnahmslos von einem lustbetonten, phantasievollen Umgang mit der Kultur. Roland Barthes war ein „Leser" der Welt.

Seit den „Mythen des Alltags" (1957) betrachtete er die Gegenwart in ihren vielfältigsten Manifestationen. Die Tour de France war ihm ein ebenso ergiebiger Gegenstand wie Balzacs Novellen, das Fotografieren oder die Mode – ihnen allen hat er größere Schriften gewidmet. Diese Vielfalt an Themen war letztlich auch eine Folge seiner Methode, des Strukturalismus, und seiner Disziplin, der Semiologie, die er zur umfassenden kulturellen Wissenschaft machte. Er sah die Zeichen, hörte die Signale, befragte die Formen – und da, wo wir in Gewohnheiten erstarren, mit bedingten und unbedingten Reflexen reagieren, stellte er die Frage nach dem Sinn.

Roland Barthes kokettierte gerne mit dem Anekdotischen, verblüffte mit unerwarteten Effekten, die auch in seiner Sprache ihren Niederschlag fanden. Er gefiel sich in der Pose des aristokratischen Seiltänzers – Kunst, Ästhetik, Theorie waren für ihn Synonyme für das Leben, und er weigerte sich, einem Kulturbegriff zu huldigen, der in Opposition zur Natur stand.

Denken und Schreiben waren für ihn keineswegs Ersatzhandlungen, sondern Formen des Existierens – die einzigen für ihn akzeptierbaren.

Seiner Phantasie, seinem Ideen- und Assoziationsreichtum, seiner kreativen Lektüre (der Klassiker wie der alltäglichen Phänomene) stand eine eigentümliche Vorliebe für Systematik und Exaktheit gegenüber. Er schreckte nicht davor zurück, Zusammenhänge von fast philosophischer Kompliziertheit auf eine mathematische Formel zu bringen. Die Logik war ein bestimmendes Kriterium in seinem unermüdlichen, aber nie zufälligen Suchen nach formalen und inhaltlichen Zusammenhängen. In seinem köstlichen Brevier „Die Lust am Text" wollte er schließlich beweisen, daß sich Eros und Logos im Leben wie in der Literatur nicht widersprechen, sondern ergänzen. Diese Schrift ist auch eine hervorragende Anleitung zum Lesen – ein Hand-, eigentlich müßte man sagen: ein Kopfbuch für den Umgang mit Büchern, in dem sich Barthes, der große Kritiker, nicht scheut, dem Benützer zu empfehlen, radikal und ohne schlechtes Gewissen über Stellen, die er nicht versteht, hinwegzulesen.

„Die Lust am Text" leitete in den siebziger Jahren Roland Barthes' späte Entwicklung ein: weg von den großen Theorien, hin zur eigenen Literatur – vom „Kritiker" zum „Schriftsteller". Doch dieser Übergang war ein schmerzloser, logischer, unproblematischer, der sich eigentlich nur im veränderten Thema äußerte: von der „Lust am Text" als Summe zwanzigjähriger Arbeit an Literatur war er zur literarischen Lust am eigenen Ich gekommen: nur zwei Jahre liegen die in der Chronologie seiner Publikationen unmittelbar aufeinander folgenden Werke „Die Lust am Text" und „Über mich selbst" auseinander. Diese Autobiographie erschien 1975 in der Reihe „Ecrivains de toujours", für die Barthes bereits zwanzig Jahre zuvor eine Michelet-Biographie verfaßt hatte. Die Arroganz des Autors, der als erster seine Klassikerweihe mit der eigenen Feder vornahm, wird jedoch aufgefangen durch stilistische Vorsichtsmaßnahmen (er schreibt bevorzugt in der dritten Person) und auch durch die Einmaligkeit seines Störmanövers wider die guten akademischen Sitten. Zwischen dem „Michelet" und dem „Barthes", beide verfaßt von R. B., schließen sich mehrere Kreise. Erstmals war Barthes in seiner Studie über den Historiker des 19. Jahrhunderts der „ethnologischen Versuchung" erlegen, das heißt dem Willen und der Kunst, „historisch – d. h. relativ – die Gegenstände zu befragen, die für das Natürlichste gehalten werden: Gesicht, Nahrung, Kleidung, Veranlagung".

Während Barthes in den „Mythen des Alltags", in der Autobiographie und anderen Arbeiten der kurzen Abhandlung zu einem Thema oder gar dem – durchaus theoretischen – Aperçu huldigt und generell das Fragment pflegt, legte er 1967 zu einem seiner bevorzugten „ethnologischen" Sujets eine dicke, sehr systematisch gehaltene Studie vor, die erst knapp zwei Jahrzehnte danach als eine seiner letzten Übersetzungen in deutscher Sprache erschien: „Die Sprache der Mode". „Das Vorhaben" zu diesem Buch, schreibt Roland Barthes, „entstand unmittelbar im Anschluß an das Nachwort der ‚Mythen des Alltags', in dem ich die Möglichkeit einer immanenten Analyse anderer Zeichensysteme als der Sprache entdeckt habe – oder zu entdecken geglaubt hatte. Ich hatte von diesem Augenblick an den Wunsch, eines dieser Systeme, eine von allen gesprochene und zugleich allen unbekannte Sprache, Schritt für Schritt zu rekonstruieren. So habe ich die Kleidung gewählt. Schriftsteller wie Balzac, Proust oder Michelet hatten bereits die Existenz einer Art Sprache der Kleidung postuliert, doch galt es zu versuchen, dem, was man allzu leichthin ‚Sprachen' nennt (Sprache des Films, der Fotografie, der Malerei usw.), einen technischen und nicht mehr nur metaphorischen Inhalt zu geben. Unter diesem Gesichtspunkt ist die Kleidung, wie die Nahrung, wie die Gesten, die Verhaltensweisen und die Konversation, eines jener Kommunikationsobjekte, deren Befragung mir stets eine große Freude bereitet hat; weil sie einerseits ein alltägliches Dasein besitzen und für mich eine Möglichkeit der Selbsterkenntnis auf der unmittelbarsten Ebene darstellen, denn ich versetze mich in meinem eigenen Leben in sie hinein, und weil sie anderseits ein intellektuelles Dasein besitzen und sich einer systematischen Analyse durch formale Mittel anbieten".

1980 nahm sich Barthes in einem äußerst intelligenten Essay mit dem Titel „Die helle Kammer. Bemerkungen zur Photographie" eines weiteren Mediums zeitgenössischer Kultur an; die Schrift illustriert nach dem „plaisir du texte" die „Lust am Bild". Die ungemein anregende Arbeit ist von einem Beobachter geschrieben, der sich mitten in der Flut von Bildern noch überraschen, reizen läßt, der Wahrnehmungen formuliert, die von seinem Erstaunen herrühren. Dir Provokation, der er sich willentlich aussetzt, regt ihn zum Denken an. In der Masse der theoretischen Literatur zur Photographie kann man Barthes' Text weder als „soziologisch" noch als „ästhetisch" klassifizieren – er ist es natürlich auch, beides, aber er weist weiter: der Autor entwirft eine Phänomenologie des fotografischen Bildes. Barthes sucht nach Essenz und Wesen dieses Mediums, das in seiner 150jährigen Geschichte wohl noch nie so beschrieben worden war. Er versucht zu ergründen, worin sich das photographierte Bild von den anderen Bildern (Film, Malerei) unterscheidet. Die Instanz, die er dabei ohne großen theoretischen Ballast scheinbar naiv hinterfragt, ist sein Bewußtsein – aus dem sein intellektuelles Gewissen wird.

Deshalb ist der Band – wie alle seine „sachlichen" Schriften – überaus subjektiv. Barthes stellt – sich – die Frage: was erstaunt, was fasziniert beim Betrachten, was wird zurückbehalten? Die Betrachtung sogenannt „professioneller" Bilder inspiriert ihn kaum, doch beim Studium amateurhafter Privataufnahmen stößt er auf die Geheimnisse der Photographie, die er anthropologisch zu formulieren versucht. Es geht generell um den – unklassifizierbaren – Charakter der Bilder, welche die Welt festhalten: das Imaginäre des abgelichteten Subjekts, die mythischen Rechtfertigungen, mit denen die Berufsphotographen ihr Tun legitimieren, die Beziehung des Bilds zur Zeit, zur Geschichte, zum Tod und zum Wahnsinn. Ein Vergleich mit den bewegten Bildern des Films fehlt ebensowenig wie Seiten, die sich mit der Verarbeitung des Phänomens durch die Gesellschaft befassen.

Die Reflexionen sind in einen weitgehend persönlich gehaltenen Ablauf integriert. Nach einleitenden Bemerkungen, die auch die Lust des Voyeurs beschwören, geht Barthes dann von einem Trauerfall aus, um das Wesentliche – nämlich den Schock der Zeitebenen – auszuloten. Er spricht von der Gewalt „dessen, was war", und von einer „photographischen Ekstase": Gewisse Bilder bewirken, das der Betrachtende aus sich „herausgeht", wenn sie – die Bilder – mit einem Verlust, einem Mangel (manque) assoziiert werden. In diesem Sinne ist der Essay über „Die helle Kammer" eine Untersuchung des Blicks als Medium – des Mediums, das für seine Tätigkeit als Kulturkritiker derart wichtig geworden war. Es hat eine sehr sinnliche Dimension, welche wiederum ganz eng mit seinem Denken verknüpft ist.

Das Buch weist verschiedene Parallelen zu seinem anderen Spätwerk auf – „Fragmente einer Sprache der Liebe" –, in dem Barthes, dessen Schreiben keine Ersatzfunktion hat, das aber stets als Ausdruck eines Mangels erkenntlich war – und bleibt –, zum erstenmal auch von seinem persönlichen Lieben, von seinen Begierden sprach – allerdings wiederum auf dem Umweg über die Kultur. Diese „Fragments d'un discours amoureux", die 1977 in Paris erschienen, wurden zu seinem meistverkauften Buch. Es erreichte einen Leserkreis, der seinen anderen Arbeiten – auch den „populäreren" – nie beschieden war.

In den „Fragments" ist der Tod hinter der Lust omnipräsent: er lauert – überall. Die Abwesenheit des Geliebten wird als Verlassenheit gelebt. Warten bedeutet Angst. Die Trennung spielt sich ein Theater vor – sie ist eine Selbstinszenierung: der Geliebte läuft Gefahr, als „Sado-Narziß" sein eigener Dämon zu werden. Er (er)findet sich – verlassen, gedemütigt, eifersüchtig, ausgeschlossen: Barthes spürt allen Finten und Gefühlszuständen der Liebesstrategie und des Liebesschmerzes nach – bis zum Liebesselbsttod. Der Tod – der wirkliche – wäre der letzte Liebesschrei an das Leben, das extreme Abenteuer mit sich selbst als einzigem Partner. Es kann nicht auf den Schmerz reduziert werden – es ist für den Sterbenden der Moment, in dem ihm alles entgleitet, weil sich sein Wesen selbst entzieht. Deshalb ist er ganz eigentlich unsagbar. Oder allenfalls als Fragment umschreibbar. „Und eben das", notiert Roland Barthes in „Die Lust am Text", „ist der Inter-Text, die Unmöglichkeit, außerhalb des unendlichen Textes zu leben – ob dieser Text nun Proust oder die Tageszeitung oder der Fernsehschirm ist: das Buch macht den Sinn, der Sinn macht das Leben".

In Barthes' Semiologie überschneiden sich die verschiedensten Bereiche und Methoden. Ursprünglich war er Linguist; in seinem Denken stand der Text am Anfang – und im Zentrum. In seinem ersten großen Essay („Am Nullpunkt der Literatur", übersetzt – wie die „Mythen" – von Helmut Scheffel, dem Barthes seine frühe Entdeckung im deutschen Kulturraum, dessen Vorstellungen vom Schreiben er so wenig entspricht, verdankt) datiert er den Zeitpunkt, in dem der Schriftsteller aufhörte „Zeuge des Universellen" zu sein: um 1850. „Die einheitliche klassische Schreibweise (écriture) ist als zersplittert, und die gesamte Literatur von Flaubert bis heute ist damit zu einer Problematik der Sprache geworden" – eine Erfahrung und Einsicht, die Barthes selber in seiner Ästhetik reflektierte.

Sein kritisches Vorgehen wird am Beispiel der Michelet-Biographie besonders deutlich. In diesem Essay, der fast gleichzeitig mit „Le degré zéro de l'écriture" erschien, stellt Barthes keineswegs, wie es die Gattung traditionellerweise vorsieht, Michelets Leben und Werk vor – er versucht vielmehr, das herauszufiltern, was aus dem Ich des Autors in seine Schriften eingeflossen ist: er will, um es vereinfacht zu sagen, den Text auf seine psychische Grundlage und -substanz zurückführen. Michelets existentielles Ich drückt sich nach Barthes' methodischem Selbstverständnis weniger in seinen der Geschichte Frankreichs entlehnten Inhalten als in seiner persönlich-spezifischen Art, diese zu schreiben, aus. Barthes beobachtet und notiert die Abweichungen von Michelets Stil bezüglich der damals herrschenden Norm. Durch ständig wiederholtes Übereinanderlegen, Vergleichen, Filtern, Rastern erhält er, was er selber Michelets „Netz der Besessenheiten" nennt: Er interpretiert es als strukturales Bild von Michelets Ich. Diese erstmals angewendete Technik der Textanalyse, ebenso Freud wie Sartre verpflichtet, ist anläßlich der Publikation ihrer spektakulären Resultate auf Unverständnis und feindselige Kritik gestoßen, doch wurde diese thematische Untersuchung später durch die erstmalige Veröffentlichung von Michelets „Journal intime", das sein Biograph wohl gekannt hat, auf eigentümliche Art bestätigt.

Man kann diese im „Michelet" experimentierte Lektüre als existentielle Psychoanalyse bezeichnen. In „Sur Racine" – unter diesem Titel veröffentlichte er 1960 drei unabhängig voneinander entstandene Schriften – arbeitete Barthes den Ansatz aus: er geht struktural konsequenter vor, bleibt noch näher beim Text und ist bemüht, alle Schichten des untersuchten Werks zu erreichen. „Sur Racine" verdankt entscheidende Impulse Charles Maurons Psychokritik, doch bewegt sich der Autor in eine völlig andere Richtung. Mauron beschreibt die psychischen Mechanismen der Tragödie, des Tragischen – Barthes versetzt sich als Figur in Racines erstaunlich geschlossene Welt, die er zu beschreiben gewillt ist: „Was ich aufzustellen versucht habe, ist eine Art zugleich strukturaler und analytischer Anthropologie (des Helden) Racines: ihrem Inhalt nach struktural, denn die Tragödie wird hier als System von Einheiten („Figuren') und Funktionen behandelt; analytischer der Form nach, weil allein eine Sprache, die wie nach meiner Meinung die Psychoanalyse bereit ist, die Angst der Welt in sich aufzunehmen, mir befähigt schien, einem eingeschlossenen Menschen zu begegnen." Barthes untersucht die Figuren und Funktionen, schließlich den „lieu tragique": im Bühnenbild Racines widerspiegelt sich der Raum der Tragödie, dem in der Struktur eine entscheidende Bedeutung zukommt. Dieses Vorgehen erlaubt es Barthes schließlich, über die Analyse der Machtverhältnisse in der Tragödie den tragischen Helden zu definieren: „Er ist der Eingeschlossene, der nicht ohne zu sterben seinen Ort verlassen kann." Diese Aussage wird durch das Aufzeigen von Teilstrukturen ergänzt.

Die Aufteilung des Raums – die eine eigentliche Topologie der Tragödie erkennen läßt – widerspiegelt die tragische Struktur, stellt die soziale Spannung visuell her und läßt die Strukturen der Macht erkennen. Das, worauf die Tragödie in diesem

Verfahren reduziert wird, hat zumeist universellen Charakter; es sind Schemata, die man aus den großen Theorien kennt: die Vater-Sohn-Beziehung ist hier nur das spektakulärste Beispiel für eine archetypische Konfliktsituation.

Kritisch hat sich Manfred Titzmann in seinem Werk „Strukturale Textanalyse" mit Roland Barthes auseinandergesetzt: „Eine syntagmatische Satz-für-Satz- bzw. Segment-für-Segment-Lektüre des ‚Textes' dürfte erstmals von Barthes vorgeschlagen worden sein, der seinen Ansatz auch wiederholt selbst vorgeführt hat. Freilich verfährt er nicht nur noch selektiver gegenüber der Textoberfläche als wir, wertet nicht nur die gewonnenen Daten noch weniger aus, weist nicht nur erheblich geringere Genauigkeit, Explizitheit, Strenge des Verfahrens auf: er behandelt vor allem das, was ihm ein erster möglicher Analyseschritt scheint, schon als optimales mögliches Ergebnis strukturaler Textlektüre. Damit eng korreliert ist, daß er die These der notwendigen Pluralität möglicher Interpretationen vertritt. Diese verbreitete und beliebte These basiert allerdings, wie sich für jeden ihrer Vertreter leicht zeigen ließe, u. E. immer nur auf Wortspielen, Ungenauigkeiten, ungenügenden Unterscheidungen, Denkfehlern; sie zu akzeptieren, heißt auf die Möglichkeit einer Literaturwissenschaft zu verzichten. An Barthes' eigenen Ergebnissen könnte man bequem demonstrieren, daß sie erheblich weitergehende und nachweisbare Systematisierungen erlauben, als er selber vornimmt; übrigens hat Barthes, wie problematisch seine theoretischen Postulate bisweilen sein mögen, immer ausgezeichnete Einfälle zu dem ‚Text', der ihm jeweils als Beispiel dient – nur verhindert oft seine eigene Theorie, daß er aus diesen Einfällen optimalen Nutzen zieht. Jedenfalls folgt aus dem, was er, metaphorisch genug, den ‚pluriel du texte' nennt, keineswegs die notwendige Koexistenz divergenter Interpretationen, sondern nur die Notwendigkeit einer Interpretation, die diesen scheinbaren ‚pluriel' nicht als Ergebnis, sondern als Material interpretatorischer Folgerungen nimmt." In dieser Einschätzung, die auch Barthes' Vorgehen charakterisiert, widerspiegeln sich in erster Linie die hartnäckigen akademischen Vorurteile, unter denen er lange zu leiden hatte.

Erst relativ spät wurde Roland Barthes, der sich inzwischen längst als einer der neuen „Meisterdenker" durchgesetzt hatte, ans renommierte Collège de France gewählt. Seine Antrittsvorlesung, die er am 7. Januar 1977 hielt, provozierte ein weiteres Mal die Zuhörer und späteren Leser. In einem Vortrag, dem er den schlichten – und anmaßenden! – Titel „Leçons" (Lektion) gab, formulierte er die gewagte – und auf den ersten Blick auch mißverständliche – Behauptung, Sprache sei faschistisch, Literatur aber revolutionär.

Er begründet dies zunächst mit dem Systemcharakter der Sprache. Sie hält er nicht nur für ein Instrument der Machtausübung, in ihr machte er auch immanente Zwänge aus, die sie auf den Sprechenden ausübe (in einem ähnliche Sinne wie Lacan und Bourdieu): der Begriff „faschistisch" ist nicht historisch zu verstehen, er meint den strukturellen Zwang der Sprache. Es gibt nur eine Möglichkeit, ihm zu entkommen, ihn zu umgehen: den „subversiven" – eben „revolutionär" genannten – Umgang mit diesem System Sprache. Ihn bezeichnet er als Literatur, die Ausdruck einer persönlichen Sprache (des Dichters) ist. Für Barthes ist der wirkliche Dichter jener, der sich seine eigene Sprache schafft. Diese (literarische) Sprache führt er auf die „persönlichen Begierden" des Schreibenden, denen sie eine äußere Form gebe, zurück. Wenn man diesen Gedanken konsequent zu Ende denkt, bedeutet seine Aussage letztlich, daß jedes Individuum seine persönliche Sprache kreieren müßte. Erst dann wäre die Sprache nicht mehr „faschistisch" – eben kein System mehr. Ganz abgesehen von den entstehenden Verständigungsschwierigkeiten nennt Roland Barthes diese Forderung selbst einen „utopischen Vorschlag insofern, als noch keine Gesellschaft bereit ist zuzulassen, daß es mehrere Begierden gibt." Mit den gesellschaftlichen Zwängen, welche die Entfaltung der Begierden hemmen, meint Barthes den Systemcharakter der Sprache. Er weiß, daß dies in jeder Form von Gesellschaft unmöglich ist, aber dieser Zusammenhang macht seine „Utopie" von der „nicht-faschistischen Sprache" als Medium der „revolutionären" Literatur verständlich: „Möge eine Sprache, welche es auch sei, keine andere unterdrücken; möge das zukünftige Subjekt ohne Gewissensbisse, ohne Verdrängung die Lust kennenlernen, zwei sprachliche Instanzen zur Verfügung zu haben, diese oder jene den Perversionen, nicht dem Gesetz gemäß zu sprechen."

In seiner Auseinandersetzung mit dieser „Lektion" bekennt sich der italienische Semiologe Umberto Eco, der Barthes in vielem gleicht, ebenfalls zum Charakter der Sprache als Dispositiv der Macht und er vermag auch die Einschätzung der Literatur – der „écriture" – als Spiel mit den Wörtern einiges abzugewinnen, doch lehnt er die allzu kategorische Formel ab. Eco schreibt in seiner Besprechung, die deutsch in seinem Buch „Über Gott und die Welt" abgedruckt ist: „Ob und wie Literatur, so verstanden, eine Befreiung von der Macht der Sprache ist, hängt nun allerdings von der Natur dieser Macht ab, und in diesem Punkt ist Barthes, wie uns scheint, etwas vage geblieben. Anderseits hat er Foucault zitiert, nicht nur als Freund und direkt, sondern auch indirekt in einer Art Paraphrase, als er die wenigen Sätze über die ‚Pluralität' der Macht vortrug. Und der von Foucault entwickelte Machtbegriff ist vielleicht der überzeugendste unter den heute zirkulierenden, jedenfalls der provokanteste. Wir fanden ihn, Schritt für Schritt aufgebaut, in seinem ganzen Werk. Verfolgt man Foucaults von Buch zu Buch immer feinere Differenzierung der Verhältnisse zwischen Macht und Wissen, die diskursiven und nichtdiskursiven Praktiken, so zeichnen sich für seinen Machtbegriff zumindest zwei charakteristische Merkmale ab, die uns hier interessieren: Erstens ist Macht nicht nur Repression und Verbot, sondern auch Anstachelung zum Diskurs und Produktion von Wissen; und zweitens ist sie, wie auch Barthes andeutet, nicht einheitlich, nicht kompakt, kein bloß eingleisiger Prozeß zwischen einer Befehlsgewalt und ihren Untertanen."

In Gesprächen hat sich Roland Barthes immer wieder zu seinem Leben und Werk geäußert – ungern nur deshalb, weil ihm das Mündliche nicht besonders lag und er auf die „maîtrise" der geschriebenen Sprache fixiert war. Diese Interviews sind in verschiedenen Sammelbänden zusammengefaßt worden. In einem dieser Gespräche (abgedruckt in „Le Grain de la Voix") sagt

Barthes, daß das heute einzig mögliche Außenseitertum („marginalité"), das er in seiner privaten und intellektuellen Existenz zu leben bestrebt war, nicht die mehr oder weniger militante Anschließung an eine Minderheit sei, sondern der Individualismus: „Aber ich bin diesbezüglich nicht sehr optimistisch: jener, der seinen Individualismus radikal leben würde, hätte eine schwierige Existenz. Dennoch, es gibt Möglichkeiten der Renaissance für einen Individualismus, der nicht kleinbürgerlich wäre, sondern ein radikaler und rätselhafter – wäre es nur, meinen Körper zu denken bis zur Einsicht, daß sich mein Körper nur denken läßt als Haltung, die anstößt an der Wissenschaft, der Mode, der Moral – an allen Kollektivismen."

Gerade in diesem Sinne ist Roland Barthes' Werk undogmatisch und subversiv – eine radikale Kritik, kein Gesellschaftsentwurf. Von seiner Studie über Michelet führt eine nicht gerade, aber dennoch logische, konsequente Linie über die zahlreichen „Essais Critique" zur letzten „Lektion", welche seinen paradigmatischen Versuch, nach strukturalistischen Ansätzen und mit semiologischen Methoden die kulturellen Repräsentationen und gesellschaftlichen Phänomene der französischen Nachkriegsgesellschaft in Frage zu stellen, unvollendet abschließt. Seine sprachbezogene Analyse zielt auf die Machtstrukturen, Massenbewegungen, Mythen seiner Epoche.

Barthes' tiefe, unterirdische Wirkung und sein Einfluß sind zwar schwer – jedenfalls nicht in Quantitäten der Macht – meßbar, aber in verschiedenen Bereichen nachweisbar (und dies keineswegs in ausschließlich erfreulichen Formen). Der Begriff der „Lust", den Barthes in die Kultur einbrachte und der sich gegen ein verstaubtes Akademikertum richtete, ist zum Schlag- und Modewort geworden, mit dem heute gröbster Unfug getrieben wird: es muß nun sogar die Ideologie des Konsums auch im Bereich der Kultur legitimieren. Die semiologischen Methoden und ästhetischen Spielereien, die er entwickelte, sind ebenfalls längst vereinnahmt, zum Teil pervertiert worden – zum Beispiel von der französischen Werbung, deren gegenwärtige Qualität intellektuellen Pionieren wie Barthes einiges verdankt. Vorbehaltloser hätte er sich zweifellos über die jüngsten Ausgaben des Reiseführers „Guide bleu" gefreut. Ihm warf er in den „Mythen des Alltags" vor, im Stil des 19. Jahrhunderts „unbewohnte Denkmalländer" zu präsentieren. Seine messerscharfe Kritik erschütterte das Basisdokument der touristischen Bürger- und Bildungskultur – und hat bald einmal Folgen gezeitigt: die Bände sind weniger „kulturell", dafür mehr mensch- und weltbezogen, generell problembewußter geworden, darüber hinaus radikal regionalistisch, auch ökologisch und antifaschistisch orientiert, jener über das Pazifikparadies Tahiti hat sogar politisch Anstoß erregt.   *J. A.*

Jean Baudrillard
oder
Das Denken der Verführung

Am 26. Juli 1983 erkundigte sich der Sprecher der französischen Regierung, Max Gallo, in einem Artikel in der Zeitung „Le Monde" danach, warum die linke Intelligenz des Landes sich seit dem Mai 1981, als François Mitterrand zum sozialistischen Präsidenten Frankreichs gewählt wurde, in Schweigen hülle, während man gleichzeitig beobachten könne, wie die Rechte in Frankreich ihre Anhänger mobilisiere und zu einem Generalangriff auf die sozialistische Regierung angetreten sei. Der Artikel löste eine Debatte über das „Schweigen der Intellektuellen" aus, die sich mehrere Monate hinzog und in der sich verschiedene prominente linke Intellektuelle äußerten. So auch Jean Baudrillard, der in einem Artikel, der in zwei Teilen am 21. und 22. September erschien, mit der regierenden Linken, der *gauche divine,* der göttlichen, wohlmeinenden Linken, wie er sagte, scharf abrechnete.

Die Linke, so warf er ihr vor, habe jede historische Spannung erschöpft. Was sie allein gelten lasse, sei eine unbestimmte Moral der Partizipation und Teilhabe an den erworbenen Gütern. „Der Sozialismus mag die Zeichen und Simulakren [Trug-, Wahn-, Wunschbilder] nicht, er mag nur die Werte. Er gibt sich zutiefst moralisch, und die Simulakren und die Simulation können für ihn nur die einer vergangenen Zeit sein, die der Sozialismus im Begriff ist abzulösen (alle Revolutionen, auch die mißlungenen, teilen diesen Wunsch nach Reinigung der Zeichen, nach Desimulation und nach Moralisierung der historischen Inhalte). Die Aufgabe des Sozialismus besteht darin, die Simulakren auszulöschen, jede verfängliche Verführung auszulöschen und alle Dinge in der moralischen Pracht ihrer Geschichte wiederherzustellen. Das macht ihn zutiefst blind für jede aktuelle Realität die, Gott sei Dank, immer noch subtil und pervers ist." Eine bezeichnende Debatte und, inbezug auf Baudrillard, eine ebenso bezeichnende Reaktion.

Wir finden hier den ganzen Katalog der Einwände vereinigt, den Baudrillard nicht nur an die Linke gerichtet hat: Die Realität verschwindet, das heißt, sie wird zum Verschwinden gebracht, verflüssigt, banalisiert, totalisiert, alles wird in einem flauen, weichen – und sentimentalen, moralischen – Universum integriert. Es gehört zu den Peripetien des Mai 68, daß die Sozialistische Partei im Jahr 1981 genau in dem Augenblick – mit der Wahlparole „La force tranquille" (Die stille oder ruhige Kraft) – an die Macht gelangte, als die politischen Energien sich verflüchtigt hatten und die letzten utopischen Hoffnungen am Horizont verschwunden waren. Am 16. März 1986 eroberten die Bürgerlichen die Macht in Frankreich zurück – für Baudrillard kein Grund zum Frohlocken, er meinte nur, daß die Rechte ein zynischeres, das heißt ungebrocheneres Verhältnis zur Macht habe als die Linke.

Baudrillards Denken geht von folgender Annahme aus: Wir leben in einer Welt, die ihre Grenzen überschritten hat. Alles treibt seiner Vollendung entgegen, die Utopie ist realisiert, die Apokalypse liegt hinter uns, wir haben es geschafft. Wir sind angekommen. „Wir sind im Paradies. Die Illusion ist unmöglich geworden", heißt es in „Die fatalen Strategien". Das Reale, dem nichts mehr zugrunde liegt, was man noch befreien oder transzendieren könnte, liegt in der Agonie. Damit meint Baudrillard auch die Situation des Menschen: „Jeder ‚objektive' Fortschritt der Zivilisation hin zum Universellen entsprach einer immer stärkeren Diskriminierung, bis zu dem Punkt, daß man eine Zeit der endgültigen Universalität des Menschen vorhersehen kann, welche mit der Exkommunikation aller Menschen zusammenfallen wird – in der Leere erstrahlt dann nichts als die Reinheit des Begriffs."

Baudrillard schrieb dies 1976 in seinem Buch „Der symbolische Tausch und der Tod". Ein Jahr danach erschien das Pamphlet „Der Beaubourg-Effekt", in dem er am Beispiel des bekannten Bauwerks in Paris die Agonie und Implosion des Realen mit seinem ganzen Sarkasmus erläuterte. Das Beaubourg tauge zu nichts anderem, „als die humanistische Fiktion der Kultur zu retten", aber die Massen verabscheuten die Kultur, sie fielen über das Beaubourg her nicht aus Interesse an der Kultur, sondern um das Gebäude „zum Zusammenklappen zu bringen", um dem Spektakel der Liquidierung der Kultur beizuwohnen. Es ist die Masse selbst, die der Massenkultur ein Ende bereitet.

Baudrillard hat von der Masse eine andere Auffassung als die politische Klasse. „Die Masse", so sagt er, „ist ohne Attribut, ohne Prädikat, ohne Qualität, ohne Referenz. Das ist ihre Definition oder ihre radikale Undefinition." Sie ist das Schwarze Loch, in dem der Sinn, das Soziale verschwinden. Es ist keine Revolution von ihr zu erwarten, ihre Stärke besteht in ihrer „radikalen Indifferenz". Und genau diese Beharrlichkeit und Trägheit ist es, die sich am Ende gegen die politische Klasse richtet. Die Masse absorbiert alles, ohne je etwas zurückzugeben. Das ist ihre Form des historischen Widerstands, ihre Art, sich dem objektiven Imperativ des Bedürfnisses und der Ökonomie zu widersetzen. „Die Massen haben weder die zukünftige Revolution abgewartet noch die Theorien, die behaupten, sie durch eine ,dialektische' Bewegung vom Ökonomischen zu ,befreien'. Sie wissen, daß man sich von nichts befreit, daß man ein System nur vernichten kann, wenn man es in die Hyperlogik treibt, wenn man es zu einem exzessiven Gebrauch treibt, der einer brutalen Amortisierung gleichkommt." Fortschritt der Wissenschaft? „Objektive" Information? Kollektives Glück? Gerechte Bestrafung der Schuldigen? Nichts von alledem interessiert die Massen. Was sie wollen, ist das Spiel, das Spektakel. Das ist ihre Art, sich für die Erpressung zur Erziehung, für den falschen Idealismus zu rächen. Nach zweihundert Jahren Aufklärung und liberalem Denken müssen wir zur Kenntnis nehmen, daß nichts von dem eingetroffen ist, was wir dachten.

Vielleicht liegt das daran, daß wir, wie Baudrillard in „Der symbolische Tausch und der Tod" andeutet, vom „Prinzip Tausch" zum „Prinzip Produktion" übergegangen sind. Wir betrachten alles unter dem Blickwinkel der Produktion – Produktion von Sinn, Wert, Realem und so weiter – und sind daher zwangsläufig zu einer Ordnung der Hyperrealität, der Repetition und der Simulation gelangt. Auch das Unbewußte ist für Baudrillard eine Instanz, die Werte produziert. Statt Marx und Freud, statt der Maschinen der Produktion und des Unbewußten, postuliert Baudrillard ein System oder träumt er von einem System in der Vergangenheit, das auf Gabe und Gegengabe beruht, auf einem zeremoniellen und symbolischen Tausch, den er durch die Lektüre von Marcel Mauss' „Die Gabe" in den archaischen Gesellschaften findet. Weil in ihnen der Austausch, die Herausforderung und die Überbietung von Gabe und Gegengabe funktionierte, konnte sich die Macht nie festsetzen. Wir dagegen leben in einer Welt, die ihre Macht, ihre Wirksamkeit, ihre Unerschütterlichkeit gerade darauf errichtet, daß die Gegengabe unbekannt geworden ist, daß sich also die Macht das Monopol der Gabe ohne Reversion angeeignet hat, allerdings mit der Folge, daß die Gegengabe mit allen Mitteln wieder ins Spiel eingeführt wird. Oft unter den groteskesten Umständen: Die Verkehrstoten, sagt Baudrillard zum Beispiel, sind die beabsichtigte, künstliche Gegengabe auf die Straßenbaugabe des Staates – ein desperater Versuch, das Symbolische, das sich unter dem Druck des Realen verflüchtigt hat, wieder herzustellen.

Mit „Tod" meint Baudrillard nun allerdings nicht das Drama des Individuums, den individuellen Tod, sondern vielmehr eine Metapher der Auflösung und Reversibilität. Der Tausch stellte für ihn zunächst ein solches Mittel der Reversion dar, aber mit der Zeit schien ihm der Begriff zu sehr mit Sinn befrachtet. In neuester Zeit verwendet Baudrillard mit Vorzug den Begriff der Verführung. Unter Reversibilität will Baudrillard zweierlei verstanden wissen: einmal eine Antwort auf die Frontalstrategie der Kritik und Analyse, sodann eine Methode, um der Determinierung, dem Sinn, der Kausalität, der Finalität zu entkommen und sie aufzulösen in einem wechselnden Spiel der Verführung, der Herausforderung, der Illusion, der Ironie, der Zeremonie.

Also eine Umstellung, ein Übergang von der Produktion zur Verführung (im Französischen *production* und *séduction,* worunter Baudrillard aber auch nur einfach ein Wort*spiel* meinte, das nun einmal zur Verführung gehört, „diese belanglose, unnütze Verbindung von zwei Wörtern, die eben nicht mehr analytische Gegensatzpaare sind, sondern eine Kettenreaktion bilden").

Auch der Liebe – und Sexualität – stellt Baudrillard die Verführung entgegen. Die Liebe drängt zum Bekenntnis, daß heißt zur Transparenz, also zur Obszönität, die Verführung dagegen zum Geheimnis; die Liebe schwatzt, die Verführung schweigt (wie die Masse schweigt); die Liebe ist christlich und gehorcht dem Gesetz (Christus, Nächstenliebe und so weiter), die Verführung ist heidnisch und gehorcht der Regel (Spielregel); die Regel gibt man sich, um das Spiel spielen zu können, das Gesetz ist dazu da, um umgangen zu werden. Statt der Ökonomie des Wunsches und des Begehrens setzt Baudrillard auf die Verführung: Es geht darum zu spielen, nicht zu genießen *(jouer* und *jouir).* Der Genuß ist die Form der unmittelbaren Erfüllung des Wunsches, die Verführung dagegen eine Herausforderung, ein unbegrenztes Spiel, ein beständiger ritueller Austausch, eine geheime Komplizität bei maximalem Einsatz – sie ist künstlich, niemals natürlich oder universell. Die Verführung hat nicht Vertragscharakter wie die Liebe, sondern Duellcharakter, auf das Spiel der Verführung eintreten heißt, auf ein rituelles System gegenseitiger Verpflichtungen eingehen – daher Baudrillards Neigung zum Zeremoniellen, zum japanischen Theater und so weiter. Während in der Pornographie die Dinge der Herrschaft des Sinns unterworfen werden – die Pornographie ist eben „nur wahr" und sonst nichts, eine „Eskalation der Wahrheit" –, meidet die Verführung den Sinn, sie lebt von der Kunst des Auftauchens und Verschwindens der Erscheinungen, vom Imaginären. Wahrer als wahr, das ist die Pornographie. Falscher als falsch, das ist die Verführung.

Baudrillard hat dem Weiblichen das Privileg der Verführung zugewiesen. Es hat niemals den Zugang zur Wahrheit, zum Sinn gesucht und ist gerade deshalb absolute Meisterin der

Herrschaft der Erscheinungen geblieben, während das Männliche dem Trugschluß der Produktion, der Realität, der Wahrheit erlegen ist – der elenden Welt der Eindeutigkeit. Von feministischer Seite ist Baudrillard deswegen angegriffen worden, aber er meinte, daß die Frauen, wenn sie die Forderung nach weiblicher Autonomie stellen, nach Differenz und Spezifität des Wunsches und des Genusses, dann in das Schicksal der Anatomie eintreten, etwas, dem Baudrillard ja gerade entkommen möchte. Aus dem Geschlecht soll nach feministischer Auffassung wieder ein Realitätsprinzip gebildet und die Einsicht rückgängig gemacht werden, daß die Menschen seit Urzeiten auf künstlichen Wegen, über Zeichenspiele aller Art, viel größere differentielle Energien und Intensitäten hervorgebracht haben als über die Körper und die Biologie. Der einzige Weg besteht für Baudrillard darin, Spielbeziehungen herzustellen, ein Dispositiv der Verführung, um Zeichen und Erscheinungen hervorzubringen, die allein es ermöglichen, dem Schicksal, der Willkür, der Prädestination, der Finalität zu entkommen.

Es ergibt eine lange Liste, wenn man versuchen wollte aufzuzählen, was Baudrillard ablehnt: Die Produktion, die Wahrheit, den Sinn, das Soziale, die Moral, die Dialektik, die Transparenz, die Lesbarkeit der Welt, die Kommunikation, die Information, die Befreiung, die erzwungene Signifikation und die Übersignifikation, die Finalität, das Schicksal. Aber zugunsten wovon? Eine Antwort darauf könnte nur in einer neuerlichen Produktion von Sinn und Eindeutigkeit bestehen – es ist also nicht möglich, eine Antwort zu geben. Verführung ist das Gegenteil von Sinngebung. Mit dem Prinzip Verführung gehen die Möglichkeiten des Spiels, des Duells, der Energie und Intensität, der Verzauberung, des Geheimnisses und Rätsels, des Zufalls, der Ironie, der Zeremonie einher.

Man hat Baudrillards Denken Frivolität vorgeworfen, aber das ist ein Einwand, der daneben trifft. Was die Leute wohl vor allem skandalisiert, ist die Tatsache, daß Baudrillards Diskurs sich nicht verifizieren läßt und daher eine theoretische – und terroristische – Gewalt enthält. Wahr ist aber auch, daß Baudrillard die Polemik liebt – sie ist verführerisch –, und daß er mit dem Einsatz von Annahmen, mit künstlichen Hypothesen spielt. Am allerbesten ist es wohl, seinen Diskurs, in einem Akt der Reversibilität, auf ihn selber zu beziehen und zu sagen, daß es das Spiel der Verführung ist, das er mit seinem Diskurs anbietet, und daß wir darauf eingehen können, wenn wir wollen – oder aber, daß wir das Spiel verweigern müssen. Soviel ist gewiß: Auf Versöhnlichkeit, Ausgleich, Harmonie ist Baudrillard nicht aus. Das Universum beruht auf Extremen und Antagonismen. Das gehört zur Spielregel.

Die Frage, die sich der Philosoph heute stellen muß, ist für Baudrillard folgende: Was kann man heute noch sagen, in einer Welt, die den *vanishing point* überschritten hat, die im Begriff ist, ihre Utopien zu realisieren, in der jede kritische Radikalität lächerlich geworden ist? Darin, daß alles auf eine Akzelerierung, Potenzierung, Überschreitung hinausläuft, liegt die Fatalität dieser Welt, aber auch das Geheimnis der Subversion. Es lohnt sich nicht mehr zu träumen oder irgendwelche Utopien der Umwälzung und Revolution zu nähren, es ist alles bereits umgewälzt, die Ereignisse sind längst über ihr Ziel hinausgeschossen. Die einzige Revolution – wenn es noch möglich ist, eine Hoffnung in sie zu setzen – besteht darin, daß die Dinge, wenn sie an ihre äußerste Grenze getrieben werden, einem entweichen.

Baudrillard ist der Auffassung, daß man in einem Akt der Reversibilität und Simulation die Spielzüge des Systems mitspielen muß, in die gleiche Richtung gehen muß, aber schneller. Viel schneller. So schnell, daß das System nicht mehr folgen kann und an seiner eigenen Geschwindigkeit krepiert. Eine ironische Subversion anstelle der klassischen utopischen Revolution. Man muß die Dinge an den Punkt bringen, wo sie von allein explodieren. Das ist es, was Baudrillard „katastrophisches Denken" nennt, in jüngster Zeit auch „fatale Strategie". Keine religiöse Fatalität, sondern eine Katastrophe, und keine apokalyptische Katastrophe, sondern eine solche des Diskurses. Wieweit kann man die Dinge treiben, und was passiert dann? Daß er dabei – in einer an Nietzsche erinnernden Art – gern ein bißchen stößt, was schon im Fallen ist, gehört mit zum Spiel, zur katastrophischen Konstruktion des Diskurses, genauso wie sein machiavellistisches Vergnügen und seine Bösartigkeit. Man muß die moralischen Energien zerstören und die unmoralischen Energien befreien, wie das in der Mode oder in der Werbung geschieht, sagt er. Was Nietzsche in der „Fröhlichen Wissenschaft" ausdrückte, läßt sich auch auf Baudrillards Bücher übertragen: „Es ist Übermut, Unruhe, Widerspruch, Aprilwetter darin, so daß man beständig ebenso an die Nähe des Winters als an den Sieg über den Winter gemahnt wird." Baudrillard bezieht aus diesem „Aprilwetter" seine stärksten Energien – die er in der Welt des Realen und des Sinns so sehr vermißt.

A. S.

Pierre Bourdieu
oder
Die Schule der Soziologen

„Ich habe als Ethnologe angefangen, ursprünglich hatte ich philosophische Studien betrieben. Als Ethnologe habe ich über die Kabylen gearbeitet, über die Strukturen der mythischen Systeme und über die Riten. Danach sind soziologische Untersuchungen gefolgt, über die Klassenstrukturen in Algerien, über das Proletariat, das Subproletariat." Pierre Bourdieu, der in leitender Stellung im Pariser „Maison des Sciences de l'Homme" arbeitet, seit 1981 am „Collège de France" wirkt und die hervorragende Zeitschrift „Actes de la Recherche" herausgibt, gehört zu den führenden Vertretern des „Ecole française" der Soziologie, welche auf Durkheim zurückgeht. Die Disziplin zeichnet sich in Frankreich – ganz im Gegensatz zu anderen Wissenschaftsbereichen – durch einen radikalen Praxisbezug aus: die Erforschung der Realität wird gegenüber der theoretischen Legitimierung deutlich bevorzugt. Das gilt ganz besonders für Pierre Bourdieu und Jean-Claude Passeron, die in der zeitgenössischen Soziologie einen wichtigen Platz einnehmen.

Im Falle Bourdieu kommt ein intensiver politischer Bezug hinzu. Sein soziologisches Arbeiten begann im Kontext der Kolonialisierung – auf der Seite der Unterdrückten: „Ich bin einer der letzten Ethnologen gewesen, die ihren Kopf riskiert haben, um Ethnologie betreiben zu können, das kann man wirklich so sagen. Ich bin mit meinem Wagen aufgebrochen, ohne jede Garantie, und die Gefahren haben mir von der französischen Armee wie von der anderen Seite gedroht. Ich hatte als einzigen Passierschein meinen Kopf."

In Algerien arbeitete Bourdieu mit den „pères blancs", religiösen Führern in den kabylischen Dörfern, zusammen. Sie kannten ihr Milieu ausgezeichnet, waren bestens integriert, von ihrer Umgebung hoch geachtet und zudem intellektuell interessiert. „Auf diese Weise", blickt Bourdieu zurück, „konnte ich meine Studien betreiben, ohne von der französischen Armee belästigt zu werden, und Kontakte zur Nationalen Befreiungsbewegung FLN unterhalten. Die soziologischen Untersuchungen, die ich betrieben habe, galten dem Problem des Proletariats und des Subproletariats, das in der marxistischen Tradition niemals wirklich behandelt worden ist."

Aber auch den Befreiungsbewegungen in der Dritten Welt stand Bourdieu bereits damals kritisch gegenüber: „Es gab das Buch von Frantz Fanon mit seiner populistischen Mythologie, mit den Bauern und dem Subproletariat als revolutionärer Klasse – das alles ist mir ganz falsch vorgekommen, und ich habe zu zeigen versucht, daß die Verbindung von entwurzeltem Kleinbürgertum, das an der Spitze der Bewegung stand, und einem eher diffusen Subproletariat die Basis bildete für eine Regierung, die eher national-sozialistisch eingestellt war als sozialistisch. Die Intellektuellen in Algerien waren Träumer, die ihr eigenes Land sehr schlecht kannten und von den französischen Intellektuellen beeinflußt waren, die ihr schlechtes Gewissen beschwichtigen mußten und dadurch zur Verbreitung des algerischen Mythos beitrugen. Ich habe kurz vor der Unabhängigkeit an einer großen Versammlung algerischer Intellektueller in Paris all das gesagt. Daß Algerien nur dann eine Chance hat, der Falle zu entgehen, wenn es sieht, wie es von dieser falschen Haltung bedroht ist. Es gab damals einige Leute, die sehr hellsichtig waren, aber sie wurden sehr rasch ausgeschaltet. Ben Bella dagegen war die Inkarnation des kleinbürgerlichen Populismus. Es gibt einen Satz von Lenin, der sagt, daß das Kleinbürgertum, wenn es anfängt, seine Hoffnungen zu erträumen, sehr schnell in eine sozialistische Rhetorik verfällt. Ich habe mich damals so verhalten aus Gründen intellektueller Verantwortlichkeit, weil ich glaubte, daß das Problem von Proletariat und Subproletariat sehr wichtig ist, um die Mehrzahl der Revolutionen in den unterentwickelten Ländern zu verstehen, und gleichzeitig aus politischen Gründen. Das war der Zeitpunkt, zu dem ich angefangen habe, soziologisch zu arbeiten, weil ich nicht den Intellektuellen spielen, sondern einer Sache dienen wollte."

In diesem – engagierten – Sinne ist Bourdieu Soziologe geworden. Der Verfasser zahlreicher, zum Teil in deutscher Sprache erhältlicher Bücher beschäftigt sich – auch als Ethnologe und stets mit einem Blick auf die Philosophie, die er kritisch beurteilt – mit Gesellschaften, deren Zustand und Funktionieren er ergründet. Das ist eine Wissenschaft, und Bourdieu besteht energisch auf der Wissenschaftlichkeit – und handwerklich sauberen Arbeit – seiner Analysen und Untersuchungen, die er mit seiner Equipe durchführt. Dabei geht es ihm weniger um das „fait social" an sich; er befaßt sich – und in dieser Hinsicht ist er vom Strukturalismus beeinflußt – mit den Beziehungen: eine soziale Klasse zum Beispiel zeichnet sich durch ihr Verhalten aus, aber mehr noch durch ihre Beziehungen zur gesamten Gesellschaft und zu den anderen Klassen.

In den meisten Schriften und Forschungsprojekten Bourdieus geht es um die kulturellen Praktiken, hinter denen er die sozialen Realitäten sucht. Er zeigt, daß Produktion und Konsum von „Kultur" einer Logik gehorchen, die er mit dem Schema der Klassenbeziehungen zu ergründen bemüht ist. Dem Schulsystem, das in Frankreich besonders elitär und hierarchisch ist, kommt eine zentrale Stellung zu: es sorgt für die Vermittlung der Kultur zwischen der gesellschaftlichen Struktur und den Systemen von Sinn und Bedeutung, welche die Felder der künstlerischen Produktion und des Konkurrenzverhaltens abstecken. Aus der Lektüre des Buchs „Les Héritiers" (Die Erben), das Bourdieu mit Passeron zusammen geschrieben hat, wird ersichtlich, wie gerade das französische Schulsystem die sozialen Unterschiede perpetuiert.

Anhand zahlreicher Untersuchungen, Statistiken und monographischer Studien analysieren Passeron und Bourdieu das Phänomen des „kulturellen Privilegs". Die sozialen Klassen werden im Unterricht nicht gleich repräsentiert (quantiativ wie qualitativ), doch wird diese Feststellung den Eliminationsmechanismen noch nicht gerecht. Der schulische Erfolg, stellen die Autoren fest, hängt in Frankreich in einem absurden Maß von der Fähigkeit im Umgang mit einer spezifischen Unterrichtssprache zusammen. Ihre Gemeinplätze und „idées générales" bevorteilen die Absolventen klassischer Studien. Die beiden Soziologen veranschaulichen, wie Erfolg und Scheitern im Bildungswesen auf sehr frühe Orientierungen im familiären Milieu zurückgehen. Die Studenten der Oberschicht erlauben sich einen „Dilettantismus" und „Eklektizismus" (Bourdieu), die bei den mündlichen Prüfungen einen „Trumpf" darstellen, der sticht. Für die bürgerlichen Absolventen hat das Uni-Leben einen „spielerischen und irrealen Charakter", während es für die Studenten unterer Schichten eine „viel realistischere Erfahrung" darstellt: sie können sich nicht dem Luxus einer „culture désintéressée" hingeben, und das unterscheidet sie von den Söhnen des Bürgertums, die Bourdieu und Passeron „Die Erben" nennen. Sie beschreiben schließlich, wie das gesamte Schulsystem sich weigert, auf den unterschiedlichen Zugang zur Kultur einzugehen und „die sozialen Privilegien in Verdienste umwandelt". Die Autoren sprechen von einer „charismatischen Ideologie", welche die kulturellen Privilegien legitimiert und um so erfolgreicher wirkt, als sie den unterprivilegierten Schichten, welche ihre Nachteile als persönliches Schicksal erleben, ihre Vorstellung vom schulischen und sozialen Erfolg vermittelt und geradezu aufdrängt.

Den Gegenstand von „Les Héritiers" weitet Bourdieu im umfangreichen Werk „La Distinction", das unter dem Titel „Die feinen Unterschiede" deutsch vorliegt, entscheidend aus. Es befaßt sich im gleichen Sinne – nach analogen Ansätzen – mit dem Entstehen der „gesellschaftlichen Urteilskraft". Kernstücke sind wiederum die Analyse des „Sozialraums", alle Aspekte des „Bildungsadels" und – von da aus – die Wahrnehmung und ideologische Rechtfertigung der gesellschaftlichen Distinktion, die Bourdieu in Ausbildungen der „populären Ästhetik" und anderen Merkmalen des Überbaus herausarbeitet: „Auch kulturelle Güter unterliegen einer Ökonomie, doch verfügt diese über ihre eigene Logik. Die Soziologie sucht die Bedingungen zu rekonstruieren, deren Produkt die Konsumenten dieser Güter und ihr Geschmack gleichermaßen sind; zugleich ist sie bemüht, die unterschiedlichen Weisen der Aneignung der zu einem bestimmten Zeitpunkt als Kunst rezipierten Kulturgüter sowie die gesellschaftlichen Voraussetzungen der Herausbildung der als legitim anerkannten Aneignungsweise analytisch zu beschreiben. Ein umfassendes Verständnis des kulturellen Konsums ist freilich erst dann gewährleistet, wenn ‚Kultur‘ im eingeschränkten und normativen Sinn von ‚Bildung‘ dem globaleren ethnologischen Begriff von ‚Kultur‘ eingefügt und noch der raffinierteste Geschmack für erlesenste Objekte wieder mit dem elementaren Schmecken von Zunge und Gaumen verknüpft wird.

Wider die charismatische Ideologie, die Geschmack und Vorliebe für legitime Kultur zu einer Naturgabe stilisiert, belegt die wissenschaftliche Analyse den sozialisationsbedingten Charakter kultureller Bedürfnisse: Nicht nur jede kulturelle Praxis (der Besuch von Museen, Ausstellungen, Konzerten, die Lektüre usw.), auch die Präferenz für eine bestimmte Literatur, ein bestimmtes Theater, eine bestimmte Musik erweisen ihren engen Zusammenhang primär mit dem Ausbildungsgrad, sekundär mit der sozialen Herkunft. (...) Der gesellschaftlich anerkannten Hierarchie der Künste und, innerhalb derselben, der Gattungen, Schulen und Epochen korrespondiert die gesellschaftliche Hierarchie der Konsumenten. Deshalb auch bietet sich Geschmack als bevorzugtes Merkmal von ‚Klasse‘ an.“

Nach der Bildung („Les Héritiers“, „La Reproduction“) und dem Kulturkonsum („L'Amour de l'art“, „Un art moyen“) sowie den Bedingungen der Geschmacksbildung („La Distinction“) kommt Bourdieu in einem grundlegenden Werk auf die Sprache zu sprechen: „Ce que parler veut dire“ – was Sprechen heißt und sagen will. Er analysiert die Mechanismen der Macht und des Markts in der linguistischen Ökonomie. Sein Buch ist vor allem eine Anklageschrift gegen die Human- und Sozialwissenschaften, welche die Wörter allzu vereinfachend in ihrer internen Struktur analysiert haben: die Sprache ist zum Gegenstand einer intellektuellen Philosophie geworden – für Bourdieu jedoch handelt es sich um ein Instrument des Handelns und der Macht(ausübung). In diesem Sinne beschreibt er die normative Wirkung der Grammatik, die Funktion des Stils und die Unterdrückung der Idiome, Dialekte und der Patois-Formen im Prozeß der französischen Zentralisierung. „Es gibt keine neutralen Werte", schreibt er – die am gewöhnlichsten gebrauchten Adjektive haben oftmals einen verschiedenen, manchmal gegenteiligen Sinn je nach der Klasse, die sie benützt. Mit Bachtin weiß er: „In revolutionären Situationen bekommen die gewöhnlichsten Worte einen gegensätzlichen Sinn." Die Verwendung der „neutralisierten Sprache" sei da festzustellen, wo es darum geht, einen Konsens herzustellen.

In Bourdieus Buch finden sich intelligente Bemerkungen über die Literatur und ihre Funktion zwischen Legitimation und Distinktion: auch das eine Antwort auf die Verwässerung des Begriffs des Texts – und den willkürlichen Umgang mit ihm – durch die Literaturtheorie der beiden letzten Jahrzehnte. Ganz besonders deutlich wird diese Analyse im Bereich der Linguistik: von einem „rein linguistischen Standpunkt" aus kann jeder Soldat seinem Vorgesetzten Befehle erteilen ... kann irgendeiner öffentlich die Generalmobilmachung ausrufen. Für Pierre Bourdieu geht es darum, die Soziologie (wieder) in die Linguistik einzubringen – um sie verbindlicher zu machen. Er kämpft gegen die „Psychologisierung der sozialen Klassen", welche sich an die Stelle der soziologischen Untersuchung gesetzt und die Disziplin verwaschen – eben: unverbindlich gemacht – habe. Bourdieus Methode, die jede Subjektivität, alles Intuitionsmäßige ablehnt, ist weniger marxistisch als in einem sehr französischen Sinne rationalistisch. Und so epistemologisch, wie es die Soziologie bislang kaum je war. *J.A.*

Gilles Deleuze und Félix Guattari
oder
Der Anti-Ödipus und die molekulare Revolution

Im Jahr 1972 erschien in Frankreich ein Buch, das wie kaum ein anderes Furore machte und ebenso Anstoß wie Aufmerksamkeit erregte: „Anti-Ödipus. Kapitalismus und Schizophrenie I" von Gilles Deleuze und Félix Guattari. Es setzt mit vollem Fortissimo so ein:

„Es funktioniert überall, bald rastlos, dann wieder mit Unterbrechungen. Es atmet, wärmt, ißt. Es scheißt, es fickt. Das Es ... Überall sind es Maschinen im wahrsten Sinn des Wortes: Maschinen von Maschinen, mit ihren Kupplungen und Schaltungen. Angeschlossen eine Organmaschine an eine Quellenmaschine: der Strom, von dieser hervorgebracht, wird von jener unterbrochen. Die Brust ist eine Maschine zur Herstellung von Milch, und mit ihr verkoppelt die Mundmaschine. Der Mund des Appetitlosen hält die Schwebe zwischen einer Eßmaschine, einer Analmaschine, einer Sprechmaschine, einer Atmungsmaschine (Asthma-Anfall). In diesem Sinn ist jeder Bastler; einem jeden seine kleinen Maschinen. Eine Organmaschine für eine Energiemaschine, fortwährend Ströme und Einschnitte. Präsident Schreber hat die Himmelsstrahlen im Arsch. *Himmelsarsch.* Und seid ohne Sorge, es funktioniert; Präsident Schreber spürt etwas, produziert etwas, und vermag darüber hinaus dessen Theorie zu entwickeln. Was eintritt sind Maschineneffekte, nicht Wirkungen von Metaphern. Das Umherschweifen des Schizophrenen gibt gewiß ein besseres Vorbild ab als der auf der Couch hingestreckte Neurotiker. Ein wenig freie Luft, Bezug zur Außenwelt. Beispielsweise die Wanderung von Büchners Lenz ..."

Und etwas weiter:

„Die Wunschmaschinen bilden binäre, auf binärer Regel und assoziativer Ordnung beruhende Maschinen. Stets ist eine Maschine einer anderen angekoppelt. Die produktive Synthese, Produktion der Produktion, besitzt konnektive Form: ‚und‘, ‚und dann‘ . . . Weil nämlich immer eine den Strom erzeugende Maschine und jene ihr angeschlossene, einen Einschnitt, eine Stromentnahme (prélèvement de flux) ausführende Maschine vorhanden ist (Brust-Mund). Und da jene erste Maschine ihrerseits einer weiteren angeschlossen ist, der gegenüber sie Einschnitt und Entnahme ausführt, ist die binäre Serie in alle Richtungen hin linear. Unaufhörlich bewirkt der Wunsch die Verkopplung der stetigen Ströme mit den wesentlich fragmentarischen und fragmentierten Partialobjekten. Der Wunsch läßt fließen, fließt und trennt.“

Manfred Frank hat die Sprache des „Anti-Ödipus“ als „delirantes Gelaber“ bezeichnet und später, in abgemilderter Form, als „trunkenes Schwanken der Argumentation“. Die Schwierigkeit rührt daher, daß die beiden Autoren eine eigene Sprache und einen eigenen Begriffsapparat einführen, den sie unbefangen anwenden; andererseits schlagen sie vor, das Buch wie ein Gedicht zu lesen. Immer wieder haben sie auch zu verstehen gegeben: Wenn euch unsere Sprache nicht paßt, dann verwendet eben eine andere, uns ist das egal. Macht was ihr wollt. „Manche Leute grinsen hämisch“, heißt es in „Rhizom“, „ihr sitzt doch im Elfenbeinturm; merkt ihr nicht, was für Wörter ihr benutzt; und euer Bildungszwang? Darauf antworten wir nicht. Wir stellen uns unter einem Buch etwas anderes vor; wir haben uns nie selbst zitiert, wir haben nie das Lied der Avantgarde angestimmt. Wie herrlich, wenn gesagt wird: da haben sie uns aber enttäuscht, oder: jetzt sind sie verrückt geworden, oder: denen fällt auch nichts neues mehr ein. Umso besser. Wir sind ganz anderswo. Was haben denn die Nomaden gemacht? Gegen den Staatsapparat haben sie die Kriegsmaschine erfunden, die etwas ganz anderes ist als der Staatsapparat. Kriegsmaschinenrhizom gegen Staatsbaum.“ Wichtig ist auch folgende Aussage: „In einem Buch gibt's nichts zu verstehen, aber viel, dessen man sich bedienen kann. Nichts zu interpretieren und zu bedeuten, aber viel, womit man experimentieren kann." Soll jeder mit dem Buch anfangen, wozu er in der Lage ist. Das aber deckt sich bereits weitgehend mit seinem Inhalt. Deleuze und Guattari stellen dem ödipalisierten Typ den Schizo – wie sie ihn nennen – gegenüber, das heißt dem abhängigen, innerlich kolonialisierten, zwanghaften Menschen denjenigen, der seine Befreiung durchsetzt und die Wunschströme fließen läßt, der tut, was er will.

Vor dem Erscheinen des „Anti-Ödipus" hatte Deleuze, der Philosophie-Professor an der Pariser Reform-Universität Vincennes war, Bücher über Nietzsche, Kant, Spinoza, Proust, Bergson veröffentlicht. Guattari stand lange der Kommunistischen Partei nahe; er war Psychoanalytiker und arbeitete seit der Gründung im Jahr 1953 in der Reform-Klinik De la Borde in Cour-Cheverny. Beide lernten sich 1970 kennen. Guattari, der die Seminare Lacans besucht hatte, wurde – wie viele andere auch – unter dem Eindruck der Ereignisse des Mai 1968 von seinen eigenen Ideen überrannt. Er machte zum Beispiel die Entdeckung, daß sich das Unbewußte im gesellschaftlichen Feld viel besser beobachten und analysieren läßt als in der künstlichen Situation auf der Couch. Was zur Kritik stand, war also die Psychoanalyse und der Freudianismus schlechthin. In ihrer Kritik, die ausdrücklich vor dem Hintergrund des Mai 68 zu verstehen ist, gehen Deleuze und Guattari in der ihnen eigenen Art ziemlich respektlos vor: „Zudem nehmen wir das Recht radikaler Gelöstheit und Inkompetenz dazu in Anspruch, in das Zimmer des Analytikers zu treten und zu sagen: es riecht übel bei Ihnen. Es riecht nach großem Tod und kleinem Ich."

Was wird der Psychoanalyse konkret unterworfen? Daß sie das Reden verhindert, obwohl sie doch gerade das Gegenteil behauptet; daß sie das Fließen der Wunschströme aufhält. Die psychoanalytische Maschine, sagt Deleuze, sei dazu da, „die Bedingungen eines echten Aussagens zu unterdrücken. Was du auch immer sagst, wird in eine Art Mühle, eine Art Interpretationsmaschine gezogen, und der Patient kann nie zu dem kommen, was er wirklich zu sagen hat." Die analytische Methode verfügt über einen im Vorhinein gegebenen Code – Ödipus, Kastration, Familialismus – und hilft mit zu verhindern, daß eine Wahnaussage durchkommen kann. Die Ödipalisierung wird erfolgreich durchgesetzt. „General Freud" wacht.

Der antike Ödipus ist in der freudianischen Konzeption zu folgendem Schema entwickelt worden:

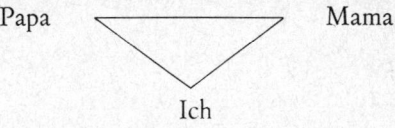

Deleuze und Guattari gehen in der Interpretation ihre eigenen Wege und sprechen vom familialistischen Dreieck (*triangulation familiale*, was an Strangulation erinnert) und vom kleinen, schmutzigen Familienroman. Es ist ein Schema, innerhalb dessen keine Produktion möglich ist. Wo es aber keine Produktion gibt, da bleibt nur noch die Repräsentation: Theater, Bild, Inszenierung – anstatt Werkstatt und Fabrik. Ödipus heißt also: Einsperrung in das familialistische Theater, Unterbrechung der Wunschströme, Beendigung der Produktion. Das Unbewußte, das ein Prozeß ist, wird auf eine Struktur reduziert. Ödipus ist für Deleuze und Guattari deshalb eine „Lektion in Resignation", er ist die „mit anderen Mitteln fortgeführte Kolonisation, die innere Kolonie".

Das deleuzianisch-guattarische Ödipus-Konzept wird nicht verständlich ohne Erklärung dessen, was der Begriff Wunsch meint. Bei Plato ist der Wunsch in der Unvollkommenheit des Menschen, in der Leere des Seins situiert, als Mangel, der ausgeglichen werden muß. Freud übernimmt das platonische Dispositiv in seine psychoanalytische Lehre und ergänzt sie: 1. Der Schauplatz des Wunsches wird ins Unbewußte verlegt, dem es nicht gelingt, die frühkindliche – vorödipale – Befriedigung herzustellen. Ödipus verkörpert das Bewußtwerden des Mangels. 2. Aus Furcht, den Wunsch verbotenerweise zu realisieren, weicht das Unbewußte in phantasmatische Formen aus; wir bekommen es mit der Verdrängung und Sublimierung zu tun. 3. Das Unbewußte kennt keine Moral. Der Wunsch kann entweder positiv (Leben, Lebenswunsch) oder negativ sein (Todeswunsch, Destruktivität und so weiter). Wir können das psychoanalytische Dreieck somit wie folgt ergänzen:

Mord am   Vater   Mutter   Inzestverbot
Vater   Liebeswunsch
Todeswunsch

                              Ich

                  Kastrationsangst
                  (Bestrafungsangst)
                    Sublimierung

Das ist die Situation, die Deleuze und Guattari antreffen, und mit der ihnen eigenen Unvoreingenommenheit fragen sie: Was soll der Unsinn? Was hat der Wunsch mit dem Mangel zu tun. Das Neue bei Deleuze und Guattari besteht darin, daß bei ihnen der Wunsch zu einer selbständigen, schöpferischen, produktiven Kraft wird, die in ihrer Werkstatt oder Fabrik – dem Unbewußten – hantiert, arbeitet, montiert und – vor allem – Reales produziert: Gesellschaftliche Realität, Geld, Revolution, aber nichts Imaginäres oder Symbolisches. Produzieren, so kann man im „Anti-Ödipus" lesen, heißt, „die realen Operationen des Wunsches ausführen".

Wenn Deleuze und Guattari in ihrer Terminologie von Wunschströmen sprechen, dann bedeutet Strom *(flux)* soviel wie Prozeß oder Tätigkeit der Wünsche, eben deren reale Operationen. Die Ströme weisen zwei fundamentale Eigenschaften auf: Sie haben die Neigung, erstens abzuweichen und zweitens sich zu verketten. Die Wunschströme wollen nicht nur fließen, sie wollen mehr, nämlich überfließen. Es ist ein ständiger Entgrenzungs-, Deterritorialisierungs- und Decodierungsprozeß, das heißt, die Ströme weisen die Tendenz auf, über Fluchtlinien wegzufließen. Mit einem Wort: Befreiung. Nun stehen aber die Wunschmaschinen mit den Gesellschaftsmaschinen – den gesellschaftlichen Systemen – in einem dauernden antagonistischen und komplementären Verhältnis. Die Gesellschaftsmaschinen haben die Neigung, die Ströme, die zum Anschwellen und Wegfließen drängen, zu reterritorialisieren und recodieren. Man bezeichnet das gewöhnlich als Unterdrückung, Zwang, Repression. Deterritorialisierung ist die Bewegung des Schizos, Reterritorialisierung diejenige des Ödipus.

Die zweite Eigenschaft der Wünsche und Wunschströme: Sie wollen sich mit anderen Wünschen und Wunschströmen verbinden und so Wunschmaschinen bilden. Maschinen sind bei Deleuze und Guattari daher keine Fabrikationseinrichtungen, sondern der Ausdruck für Verkettung, Verbindung – im Gegensatz zu Signifikation. Wegen der Neigung, sich immer neu zu verketten, ist für Deleuze und Guattari der Wunsch revolutionär. Während einiger Zeit haben sie dafür auch den Begriff Rhizom gebraucht, der in der Szene als Zauberwort, das alles erklärt, in Umlauf war (das Büchlein „Rhizom" war das vorweg veröffentlichte Vorwort von „Mille plateaux", dem Folgeband des „Anti-Ödipus"). Macht Rhizome. Verbindet euch. Wehrt euch gegen die Atomisierung. Rhizom heißt Verkettung *(connexion)*, Vielheit *(multiplicité, polycentrisme)*, Mikrologie, „und" (Schizo) – im Gegensatz zur Linearität, Dualität, Totalität, 1, 2, 3 (Ödipus). Mit dem Schizo wird der Nomadismus in Verbindung gebracht, worunter Deleuze und Guattari eine nichtzentrierte, bewegliche Struktur meinen, Verbindungen, Umleitungen, Minorität, Heterogenität: Die bewegliche Kriegskunst der Nomaden gegen die despotischen Staatsmaschinen (siehe das Zitat weiter oben).

Wir können uns jetzt der Theorie des Unbewußten und des Subjekts zuwenden, wie die beiden „Anti-Ödipus"-Autoren sie verstehen. Es gibt eine Politik auf der Ebene der großen sozialen Formationen, die sich nicht trennen läßt von den Mikro-Politiken auf der Ebene des Unbewußten – eben der Wunschproduktion in der Terminologie des „Anti-Ödipus". Wichtiger als das, was sich im familialistischen Dreieck abspielt, kann für das Kind zum Beispiel sein, wie die Agenten der Gesellschaft auf es einwirken (der Einfluß des Vorgesetzten oder Arbeitgebers auf den Vater und dessen Einfluß, der alle anderen Einflüsse einschließt, auf das Kind). In der „deliranten" Sprache des „Anti-Ödipus" heißt das dann folgendermaßen: „Wie sonderbar, daß es der Träume der Kolonisierten bedurfte, um zu bemerken, daß auf den Spitzen des Pseudo-Dreiecks Mama mit dem Missionar tanzte, Papa vom Steuereintreiber sich in den Arsch vögeln und das Ich sich von einem Weißen schlagen ließ". Wir können nunmehr das familialistische – ödipale – Schema korrigieren und an seine Stelle eine materialistischere – an den Schizo angelehnte – Konzeption des Unbewußten setzen:

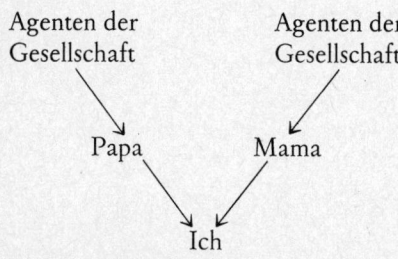

Je offener das Feld des Unbewußten, desto besser, weil dann die Wunschströme umso freier zirkulieren – und entweichen – können. Wichtig ist dabei bloß, daß eine deutliche Unterscheidung gemacht wird zwischen Individuen im Sinn der Konjugation: Ich, du, er, sie ... und dem Subjekt, das eine theoretische Konzeption ist – eine konzeptuelle Maschine, wie Guattari vielleicht sagen würde. Unverständlicherweise hat Manfred Frank diese Unterscheidung nicht zur Kenntnis genommen, daher bricht seine Kritik am „Anti-Ödipus", die sich am Nichtvorhandensein von Subjekten festmacht, in sich zusammen. Das Subjekt ist keine wohldefinierte Persönlichkeit, sondern es wird „erschlossen aus den Zuständen, die es durchläuft". Es ist jener Ort, jene Instanz, wo die Wunschströme fließen, zusammentreffen, sich verketten, also rhizomatisch agieren und operieren – von innen nach außen (Schizo), von außen nach innen (Ödipus). Das Subjekt ist also ein Problem des Diskurses, wie Frank im Fall von Foucault klar erkannt hat. Am liebsten spricht Guattari auch, statt von Subjekt, von *agencements collectifs d'énonciation,* von kollektiven Aussageverkettungen.

Es können jetzt, im Sinn einer provisorischen Zusammenfassung, drei Bemerkungen gemacht werden: 1. Die Wunschmaschinen, die Wünsche, die Reales produzieren, die den Wunsch mit der Realität maschinisieren, bilden „das nicht-ödipalisierte Leben des Unbewußten". 2. Die Ordnung der Wunschmaschinen besteht „in produktiver, endlich glücklich gewordener allgemeiner Schizophrenie"; Deleuze und Guattari weisen in diesem Zusammenhang auf Jean Tinguelys Maschinen hin. Schizophrenie meint also nicht die Krankheit, deren Opfer einer wird, sondern das revolutionäre Potential. 3. Weil beim Schizo die Wunschmaschinen erfolgreich operieren, ist er der „universelle Produzent".

Ödipus, das ist der Kapitalismus, aber auch der sozialistische Bürokratismus. Für den einen wie für den anderen gilt: Er fürchtet den Wunsch, „weil jede Wunschproduktion, wie winzig auch immer sie sei, etwas an sich hat, das die herrschende Ordnung einer Gesellschaft infrage stellt: nicht daß der Wunsch nicht gesellschaftlich sei, im Gegenteil. Aber er ist umstürzlerisch; keine Wunschmaschine, die nicht ganze gesellschaftliche Sektoren in die Luft jagte." Was ohne weiteres klar ist, und weshalb die Wunschströme ständig reterritorialisiert, recodiert werden müssen. Nun ist aber dem „Anti-Ödipus" vorgeworfen worden: Aufgepaßt, der Wunsch ist irrational. Er kann revolutionär sein, aber er kann ebenso gut Faschistisches produzieren. Das ist richtig, aber Deleuze und Guattari haben das auch nie abgestritten. Sie haben nur gesagt: Davon muß man ausgehen. Der Wunsch ist revolutionär, weil er produktiv ist, egal, was er produziert. Ödipus dagegen produziert gar nichts. Das ist schlimmer.

Allerdings haben Deleuze und Guattari auch deutlich gemacht, daß es eine dem Wunsch inhärente Vielheit gibt, einen molekularen Charakter des Wunschs, der verhindert, daß die Produktion – die revolutionäre Aktivität – von obenher vereinheitlicht und von den bürokratischen Apparaten des Interesses – das dem Wunsch entgegengestellt ist – zentralisiert wird. Entscheidend sind die mikropolitischen Transformationen auf der Ebene des Unbewußten und des täglichen Lebens, der sozialen Organisation. Das ist die molekulare Revolution. Sie erzeugt Verschiebung, Abweichung, Pluralität, Diversität, Deterritorialisierung, Nomadismus, sie ist ein Prozeß des Minoritär-Werdens, der – im gesellschaftlichen Bereich – unweigerlich zu den Minderheiten führt: Kinder, Farbige, Unangepaßte, Homos, Aussteiger, Flipper, Verweigerer, Frauen, Atomgegner, Dissidente, Verrückte, die bewegte Jugend, Menschen, die sich zu einer politischen Aktion zusammenschließen – immer sofern sie sich nicht totalisieren oder totalisieren lassen, sondern dafür sorgen, daß die Revolution überall durchgeführt wird und – im Unbewußten – die Ströme fließen, weiterfließen, Verkettungen und immer neue Verkettungen suchen und der Fluß nie unterbrochen wird. Wir werden nie weit genug gehen können ...

A. S.

Jacques Derrida
oder
Die Pädagogik der Philosophie

„Dieser Augenblick erinnert an das Zweite Kaiserreich und an die Okkupation", an ganz finstere – und reaktionäre – Zeiten also. Jacques Derrida, alles andere als ein Mann vorlauter Rede, formulierte den Vergleich im März 1979 anläßlich der „Generalstände der Philosophie", als in der Pariser Sorbonne 1200 Intellektuelle gegen den systematischen Abbau des Fachs an Mittel- und Hochschule protestierten: „Je mehr das Feld der philosophischen Bildung in diesem Land beschränkt wird, um so weniger kann es außerhalb der Schule kritische Kompetenz geben."

Doch der von Derrida und seinen Kollegen inszenierte Widerstand gegen die „Réforme Haby" (nach dem damaligen Unterrichtsminister) blieb fruchtlos, und im Sommer darauf holte Giscard d'Estaings streitbare Universitätsministerin Alice Saunier-Seïté zum letzten Schlag aus gegen alles, was vom Mai 68 und seinen Folgen in den Universitäten übrig geblieben war. Die Studenten der abitur- und prüfungsfreien „Université de Vincennes" wurden nach St. Denis vertrieben und allenthalben mißliebige Lehrveranstaltungen gestrichen. Der Grund war keinesfalls die Verknappung des Geldes, sondern der Wille zu einer programmatischen Reform, welche die Universitäten gegenüber den extrem elitären „Grandes Ecoles" weiter schwächte. Ihr fielen die Seminare der feministischen Schriftstellerinnen Hélène Cixous und Julia Kristeva, von Historikern wie François Furet und Jacques Le Goff zum Opfer – ja sogar eine Lehrveranstaltung mit Claude Lévi-Strauss wurde gestrichen. Betroffen waren generell die Ethnologie und Soziologie (besonders Pierre Bourdieu), aber auch die Literaturkritik (Henri

Meschonnic) – jene Gesellschaftswissenschaften, die während Giscards Amtszeit als subversiv eingestuft wurden und arg an Terrain verloren. Anläßlich des Kahlschlags vom Sommer 1980 sprachen nicht nur linke und liberale Kreise von einer Kulturkatastrophe.

Mit dem Wahlsieg Mitterrands wich die Resignation neuer Hoffnung. Der damalige Industrie- und Forschungsminister Jean-Pierre Chevénement leitete einige ehrgeizige Projekte in die Wege und versprach die grundsätzliche Gleichstellung der Sozial- und Humanwissenschaften mit den Naturwissenschaften. Dem Philosophen Jacques Derrida gab er den Auftrag zur Ausarbeitung einer Studie im Hinblick auf die Gründung eines „Collège International de Philosophie" in Paris.

Derrida hatte sich stets besonders mutig gegen Giscards Abbau der Programme und gegen die Verwässerung der Philosophie in den Massenmedien gewehrt; auf dem Höhepunkt der Polenkrise war er von der tschechoslowakischen Polizei in Prag, wo er Kontakte zu Mitgliedern der Charta 77 unterhielt, 48 Stunden in Haft gehalten worden. Zusammen mit weiteren Koryphäen des zeitgenössischen Denkens arbeitete er konkrete Vorschläge aus, und das „Collège International de Philosophie" konnte schon sehr bald seinen Betrieb aufnehmen: 1983.

Bemerkenswert ist das Unterfangen in vielerlei Hinsicht. Status und Funktionieren erinnern an das renommierte – 1530 gegründete – „Collège de France", an dem hervorragende Leute wirkten und wirken. Berufen werden sie ohne Rücksicht auf ihren akademischen Grad, und die Anstellung, mit der nur minimale Lehrverpflichtungen verbunden sind, soll ihnen die Möglichkeit zum freien Forschen bieten. Der Zutritt zu den Vorträgen der Lehrstuhlinhaber ist gratis und steht jedermann offen. Das „Collège International de Philosophie", genießt die gleiche Unabhängigkeit.

Neben Derrida spielten in den ersten Jahren Jean-Pierre Faye, Dominique Lecourt und der Anfang des Jahres 1986 verstorbene François Chatelet eine wichtige Rolle. In den leitenden Ausschuß, der sich wie die Direktion regelmäßig erneuern soll, wurden zwei Frauen (die Philosophin Christine Buci-

Glucksmann und die Diderot-Spezialistin Elisabeth de Fontenay) sowie Leute wie Jean-François Lyotard, Jean-Claude Milner und Emmanuel Lévinas berufen. Parallel dazu existiert ein „Conseil de Réflexion", dem nun nicht mehr ausschließlich Philosophen angehören, sondern auch Naturwissenschaftler (wie der Biologe Jean-Pierre Changeux und der Astrophysiker Jean-Claude Pecker), Schriftsteller (Michel Butor), Musiker (Iannis Xenakis), der Maler Soulages und ein Mathematiker (Christian Houzel) sowie schwer einzuordnende Denker wie Jean-Pierre Aron und Michel Serres. Das Übergehen aller, die in mehr oder weniger enger Beziehung zur Neuen Philosophie stehen, widerspiegelt Derridas Aversion gegen die „Philosophie als Medienspektakel".

Man muß das bedauern, denn die Neuen Philosophen haben durchaus Fragen aufgeworfen, denen sich das „Collège" widmet. Im Gegensatz zum „Collège de France" sollen seine Mitglieder nicht – jedenfalls nicht ausschließlich – ihre persönliche Reflexion vorantreiben, sondern in Begegnungen, Debatten und im freien Austausch der Ideen eine Philosophie pflegen, welche auf ihren traditionellen Thron unter den Wissenschaften verzichtet, sich selbst als autonome Disziplin von Belang aber durchaus bestätigen will – und sei es als Forum der zeitgenössischen Fragestellung wie als Kreuzung verschiedener Fachrichtungen. Die Entwicklung von Wissenschaft und Technik, ihr Platz in der Gesellschaft und ihr Einfluß auf Verhalten und Wertvorstellungen der Menschen, die verdrängten Beziehungen zu Krankheit und Tod, das neue Verhältnis zu Religion und Politik, der Totalitarismus wie die physische und psychische Folter gehören zum permanenten Programm des „Collège", das auch eine Neudefinition des Begriffs der Menschenrechte versprochen hat. Die Psychiatrisierung des Alltags und der Kultur, die militärische Strategie der Abschreckung, Information, Medien, Städteplanung sind weitere Themen, zu denen man von der Philosophie neue Antworten erwartet. Noch ist es zu früh, die Arbeit des „Collège International de Philosophie" zu beurteilen, aber es wird sich lohnen, sein weiteres Wirken mit Aufmerksamkeit zu verfolgen. Sein Existieren ist ein

Zeichen der Zeit, und wenn in der Mitte der achtziger Jahre unvermittelt von einer – spektakulären – Rückkehr der Philosophie die Rede sein konnte, so ist das „Collège" gleichzeitig ein Ausdruck dieser Renaissance und ein Instrument, das in diese Richtung wirkte. Eine weitere Entwicklung des Landes spiegelt es nicht weniger exemplarisch wider – nämlich die generelle Öffnung der französischen Kultur: seinem Attribut „international" ist es ebenso gerecht geworden wie dem Anspruch auf Interdisziplinarität.

Jacques Derrida war als erster Direktor des „Collège International de Philosophie" durchaus ein Symbol. Er steht für die Seriosität und kritische Ausrichtung der Philosophie, und für die Bemühung, sie in einem durchaus pädagogischen Sinne gegen alle Anfechtungen – vor allem gegen die grassierende Bequemlichkeit und Denkfaulheit – zu verteidigen. Seit 1962 hat der 1930 geborene Derrida mehr als zwanzig Bücher vorgelegt. Es handelt sich um Schriften, die den unterschiedlichsten Bereichen zuzuordnen sind. Derrida schreibt mit gleicher Kompetenz und Intelligenz über Literatur und Philosophie, über Anthropologie, Linguistik, über die Psychoanalyse, die Malerei wie über das Unterrichtswesen, dem seine besondere Aufmerksamkeit auch als Theoretiker gilt.

Diese Disziplinen führen in Derridas Werk einen permanenten Dialog. Sein Stil überschreitet ebenfalls die Grenzen und die Normen; er stellt an den Leser hohe Anforderungen und ist weder in einem klassischen Sinne philosophisch noch literarisch, sondern beides zugleich. In einem Interview äußerte sich Derrida über seine intellektuellen Anfänge: „Das Milieu, in dem ich zu schreiben begonnen habe, war sehr stark geprägt, um nicht zu sagen eingeschüchtert, von Marxismus und Psychoanalyse, deren wissenschaftlicher Anspruch um so gewaltiger war, als ihre Wissenschaftlichkeit ungewiß zu sein schien. Sie gaben sich ein wenig als Anti-Obskurantismus, als Aufklärung unseres Jahrhunderts aus. Ich bin niemals gegen die Aufklärung vorgegangen, aber ich habe, in sehr zurückhaltender Weise, versucht, mich vor einer Einschüchterung zu bewahren. Indem ich zum Beispiel die im Marxismus und in der Psychoanalyse wirksame Metaphysik entzifferte, eine Metaphysik, die nicht nur logisch oder diskursiv, sondern manchmal auch furchtbar institutionell und politisch sein konnte." Jacques Derridas philosophisches Unterfangen ist jenes der Dekonstruktion aller Systeme. An ihrem Ausgangspunkt steht die Auseinandersetzung mit der Schrift und dem Schreiben – mit der „écriture". In „De la Grammatologie" kritisiert er, daß im abendländischen Denken die „écriture" der „parole" untergeordnet sei: die geschriebene Sprache wird als Imitation der gesprochenen verstanden, als ihre Fixierung, ihr Ausdruck. Der Logozentrismus, von dem in Derridas Werk die Rede ist, meint die von ihm verworfene Präsenz des Sinns in der gesprochenen Sprache, in der „parole" (als ob die Stimme eine Beziehung zur Seele, zum tieferen Sein des Subjekts unterhalte). Ferdinand de Saussures Unterscheidung von „Signifiant" und „Signifié" entspricht in Derridas Auffassung dem Antagonismus von Sprechen und Schreiben – gleichsam einem Antagonismus von „Innen" und „Außen". Sprechen und Schreiben unterliegen keinesfalls den gleichen Mechanismen – wie auch Jacques Lacan gezeigt hat.

Das Wesentliche des Schreibens – und des Denkens – spielt sich im Bereich der „Differenz" ab, die für Derrida zum Schlüsselbegriff geworden ist. Es gibt für den Philosophen der geschriebenen Sprache keine Gegenwart, keine Geschichte, überhaupt keine Herkunft – der „Mythos des Ursprungs", dem er in der Produktion wissenschaftlicher wie philosophischer Schriften nachgeht, ist eine der wesentlichsten Zielscheiben von Derridas Dekonstruktion. Da die Herkunft eine Illusion ist, spielt sich alles in den „Bewegungen der Differenz" ab: sie – und nicht irgendwelche Kriterien oder Instanzen, die sich kaum oder überhaupt nicht verändern – bringt die Subjektivität wie die Objektivität hervor.

Dieser Sachverhalt werde, so Derrida, von der abendländischen Philosophie, die an die Autonomie des Subjekts glaubt und an die Vernunft, verkannt – deshalb hat er es unternommen, ihre zentralen Begriffe systematisch zu de-konstruieren. Dieses – stilistische, inhaltliche – Vorgehen hat ihn in Konflikt mit einer nach wie vor tonangebenden akademischen Tradition gebracht. Jacques Derrida äußert sich darüber in dem bereits zitierten Gespräch: „Wenn man die Normen und Anstandsregeln der universitären Schreibweise verletzt, hat man Chancen, ihre Finalität aufzudecken und zu erkennen, was sie schützen und was sie ausschließen. Daß die Sache schwerwiegend ist, erkennt man manchmal, wie Sie wissen, an dem Haß und den Ressentiments, über die eine gewisse universitäre Herrschaft dann die Kontrolle verliert. Daher ist es notwendig, das, was man fälschlicherweise die ‚Form‘ oder den Code nennt, zu verändern, man muß anders schreiben und dabei auf dem Weg des philosophischen Lesen-Könnens und der philosophischen Kompetenz unzugänglich bleiben, was weder die Anhänger der Analyse noch die Positiven in den Humanwissenschaften tun, auch wenn sie einander scheinbar widersprechen. Man könnte zeigen, daß sie sich bei der Aufteilung des akademischen Gebietes recht einig sind und daß sie dieselbe Sprache sprechen.

Sie haben *Glas* und *Die Postkarte* erwähnt. Man kann sie als Apparaturen betrachten, die dazu dienen, ihre eigene Lektüre oder Nicht-Lektüre ebenso wie die Beurteilungen und die entrüsteten Fehleinschätzungen, denen sie sich aussetzen, zu lesen, ohne sie zu beherrschen: Warum sollte es unbillig, unerlaubt sein (und wer würde darüber entscheiden?), verschiedene ‚Arten‘ zu kreuzen, zugleich über die Sexualität und über das Absolute Wissen und in ihm zu schreiben, Genet mit Hegel zu verbinden, die Legende einer Postkarte und eine Überlegung (in actu, wenn man so sagen kann) zur Bedeutung von ‚senden‘, zwischen Heidegger und Freud, und zu einem bestimmten Zeitpunkt der Geschichte des Postwesens, der Informatik und der Telekommunikation?"

Jacques Derrida hat einige der wichtigen Konzepte, welche die philosophische Forschung zusehends prägen, entworfen. Vor ihm haben Mallarmé, Joyce, Artaud, auch Brecht zentrale Begriffe einer traditionellen Literaturauffassung abgelehnt. In ihrer Linie bewegt sich Derrida, der dem Logozentrismus der westlichen Literatur den Kampf angesagt hat. Er geht allerdings sehr viel weiter als die genannten Erneuerer – bei Derrida steht der Status des Subjekts als Leser wie als Schreiber auf dem Spiel. Seine Strategie stützt sich dabei auf Heidegger, in letzter Zeit verstärkt auf Hegel. Sie bringt Jacques Derrida mit den fortgeschrittensten Theorien der Linguistik wie der Psychoanalyse, welche die Autonomie des Subjekts vollends zum Einstürzen gebracht haben, in Verbindung.   *J. A.*

Michel Foucault
oder
Die Archäologie des Wissens

Die tiefe Betroffenheit, die sein überraschender Tod am 25. Juni 1984 in Frankreich auslöste, hat mit aller Deutlichkeit gezeigt, welche geistige Bedeutung Michel Foucault als Denker zukam. Er war, zumal seit dem Tod von Jean-Paul Sartre im Jahr 1980, als intellektuelle Autorität, die die französische Philosophie entscheidend beeinflußt hatte, weiterum anerkannt und respektiert. Vielleicht war er sogar noch etwas mehr als das, nämlich jene Instanz, an der sich die Unbestechlichkeit jeden Denkens messen mußte. Die Nachrufe bei seinem Tod lassen eine solche Schlußfolgerung zu.

Foucault hat sich sehr früh mit Georges Bataille, dem Philosophen der Überschreitung, des Erotismus und des Heiligen, und mit Maurice Blanchot, dem Dichter an der Grenze des Unsagbaren und des Schweigens, auseinandergesetzt, außerdem mit den verrückten Schriftstellern Antonin Artaud und vor allem Raymond Roussel. Es kam daher keineswegs zufällig, daß Foucault sein erstes großes Werk „Gesellschaft und Wahnsinn. Eine Geschichte des Wahns im Zeitalter der Vernunft" an der fragwürdigen, kaum wahrnehmbaren Grenze von Normalität einerseits und Entgrenzung, Abweichung und Ausschließung andererseits situierte. Pierre Bourdieu hat in seinem Nachruf auf Foucault dessen Versuch, die Grenzen des Denkens zu überschreiten, hervorgehoben, das heißt, den Versuch, „das Ungedachte, das Undenkbare, das Tabu zu denken, also das, was das Denken begrenzt und das Außerhalb untersagt". Eine Anstrengung, die fast übermenschliche Kräfte erforderte. Auf jeden Fall hat kein anderer zeitgenössischer Philosoph den Radius seines Denkens weiter gezogen als er, nicht zu reden von der einzigartigen poetischen und meditativen Qualität seiner Sprache, die bisher noch gar nicht angemessen gewürdigt worden ist.

Übrigens hat sich Foucault nie als Philosoph bezeichnet – und schon gar nicht als Strukturalist, was er, der Definition nach, auch gar nicht war. Er sprach, bescheidener, von der „Ausübung einer Tätigkeit". „Ich bin", sagte er einmal, vielleicht ein wenig kokett, über sich selber, „ein Werkzeughändler, ein Rezeptaussteller, ein Richtungsanzeiger, ein Kartograph, ein Planzeichner, ein Waffenschmied". Seit Nietzsche hat die Philosophie ihren Universalcharakter, das heißt, die Fähigkeit und Berechtigung, absolute Wahrheiten auszusprechen, verloren und die Aufgabe des Diagnostizierens übernommen. „Ich versuche eben", so hatte Foucault dementsprechend seine „Tätigkeit" umschrieben, „zu diagnostizieren. Die Gegenwart zu diagnostizieren. Ich versuche zu sagen, was wir heute sind und was es jetzt bedeutet, das zu sagen, was wir sagen."

Philosophie hieß für Foucault folgendes: In welcher Form manifestieren sich *in der Sprache* die Ereignisse? Mit Sprache ist hier nicht die Befähigung gemeint, die es uns erlaubt, miteinander über das Wetter und Benzinpreise zu sprechen, sondern vielmehr ein Korpus, innerhalb dessen in bestimmten Situationen und unter bestimmten Bedingungen diese oder jene Aussagen gemacht worden sind und gemacht werden. Es ist das Problem des Diskurses, das sich hier stellt, das heißt, die Tatsache, daß Aussagen gemacht worden sind und daß diesen Aussagen weitere hinzugefügt worden sind, weshalb Foucault vom Diskurs auch als von *le déjà dit,* dem Schon-Gesagten, sprechen konnte. Die besondere Fragestellung lautete für Foucault, wie sich in den Diskursen das Subjekt als Gegenstand einer Erkenntnis oder Wissenschaft konstituieren konnte. Er ist dieser Frage als Historiker oder – besser gesagt – als Archäologe nachgegangen: Wie sind die Diskurse entstanden – was Foucault als Genealogie bezeichnete –, wovon reden und raunen sie, wie haben sich ihre Manifestationen gebildet, verstärkt, transformiert, wann und warum sind sie verstummt und verschwunden. „Mein Problem ist es nicht", erklärte er einmal,

„die Geschichte der Ideen in ihrer Evolution zu studieren, sondern vielmehr unterhalb der Ideen zu beobachten, wie diese oder jene Objekte als mögliche Objekte der Erkenntnis in Erscheinung treten konnten."

Foucaults archäologische Methode hat Nietzsches Genealogie viel zu verdanken. Die Analyse der Herkunft führe uns, so stellte Foucault fest, „zu den unzähligen Ereignissen zurück, durch die (dank denen und gegen die) sich ein Begriff oder ein Charakter gebildet hat. Die Genalogie geht nicht in die Vergangenheit zurück, um eine große Kontinuität jenseits der Zerstreuung des Vergessens zu errichten. Sie soll nicht zeigen, daß die Vergangenheit noch da ist, daß sie in der Gegenwart noch lebt und sie insgeheim belebt, nachdem sie allen Zeitläufen eine von Anfang an feststehende Form aufgedrückt hat. Nichts gleicht hier der Entwicklung einer Spezies oder dem Geschick eines Volkes. Dem komplexen Faden der Herkunft nachgehen heißt vielmehr, das festhalten, was sich in ihrer Zerstreuung ereignet hat: die Zwischenfälle, die winzigen Abweichungen oder auch die totalen Umschwünge, Irrtümer, die Schätzungsfehler, die falschen Rechnungen, die das entstehen ließen, was existiert und für uns Wert hat. Es gilt zu entdecken, daß an der Wurzel dessen, was wir erkennen und was wir sind, nicht die Wahrheit und das Sein steht, sondern die Äußerlichkeit des Zufälligen."

Theoretisch hat Foucault diese Fragestellung 1970 in seiner Inauguralvorlesung über „Die Ordnung des Diskurses" am Collège de France, als er auf dessen Lehrstuhl für Geschichte der Denksysteme berufen wurde, auf den Begriff gebracht, aber in einzelnen Bereichen des Wissens schon zuvor und später noch wiederholt behandelt. Wenn Foucault herausfinden wollte, wie sich der Mensch in den Diskursen der Delinquenz, der Bestrafung, des militärischen Drills, der Medizin, aber zum Beispiel auch der Sexualität und der Lust als Gegenstand des Wissens und als sich selbst erkennendes und über sich sprechendes Subjekt bilden konnte, dann mußte er zunächst, als Voraussetzung, untersuchen, welche Entwicklung die Diskurse selbst genommen haben. Das war die Aufgabe in „Die Ordnung der Dinge". Es gab eine Zeit, in der die Dinge mit ihren Erscheinungen voll übereinstimmten. Die Sprache, die Zeichen waren „in den Dingen selbst eingezeichnet". Mit der im 17. Jahrhundert entwickelten Fähigkeit zur Klassifizierung – wie etwa das Beispiel des schwedischen Naturforschers Carl von Linné zeigt – trat ein grundlegender Wandel ein. Die Dinge und die Zeichen schoben sich auseinander, und den Zeichen fiel nun die Funktion zu, die Dinge zu benennen. Eine künstliche Ordnung – Foucault spricht von Repräsentation – mußte hergestellt werden, um die Entwicklung jenseits des Verlusts der alten Einheit von Dingen und Zeichen fortsetzen zu können. Mit dem Repräsentationsmodell war aber auch die Voraussetzung gegeben, daß der Mensch fortan über sich selbst als Objekt des Wissens oder einfach bloß als Denkfigur Aussagen machen konnte.

In „Wahnsinn und Gesellschaft" untersuchte Foucault, wie sich im Verlauf von knapp 200 Jahren die Diskurse des Wahnsinns verändert haben. Wie der Wahnsinn am Ende der Renaissance und zu Beginn des klassischen Zeitalters, nachdem er zuvor noch als geheimnisvolle Botschaft des Heiligen kursieren konnte, mit einem Mal durch einen „eigenartigen Gewaltakt", wie Foucault sagt, zum Schweigen gebracht wurde. Mit anderen Worten: Wie es möglich war, daß der Wahnsinnige mit der Ausbreitung des Rationalismus zunächst durch Aussonderung zu einem Opfer der Internierung, der „großen Einschließung" in Asyle aller Art, und später zu einem Gegenstand der Beurteilung, der Expertise, der Überwachung und Reglementierung und schließlich der medizinischen Diagnose werden konnte. Es ist in diesem Zusammenhang übrigens interessant zu sehen, wie die alten, in der Praxis angewendeten Aussonderungsmechanismen und -maßnahmen in „Die Ordnung des Diskurses" als Ausschließungsfaktoren wiederkehren, durch die der Diskurs sich stützt, sich rechtfertigt, jede Abweichung zurückweist und sich so als vernünftig setzt.

Sowenig wie „Wahnsinn und Gesellschaft" war auch „Überwachen und Strafen" ein historisches Werk. Beides waren Bücher über die Transformation von Diskursen, über die Verlagerung ihrer Aussagen. Foucault hatte – abgestützt auf eine profunde Kenntnis der Literatur aus der jeweils untersuchten Zeit – die Tausende von kleinen Schritten verfolgt, in denen sich diese Veränderung vollzog, einmal am Beispiel des Wahnsinnigen und der Asyle, das andere Mal, in „Überwachen und Strafen", am Beispiel des Kriminellen und des Gefängnisses.

„Überwachen und Strafen" beginnt mit einer ausführlichen Beschreibung der Hinrichtung des Vatermörders Damien im Jahr 1757, der unter fürchterlichen Martern exekutiert wurde. Ihr stellte Foucault ein Reglement aus dem Jahr 1838 „für das Haus der jungen Gefangenen in Paris" gegenüber, aus dem hervorgeht, wie im Gefängnis der Tagesablauf bis ins kleinste Detail peinlich genau geregelt ist. In dieser Zeit, von 1757 bis 1838, findet also ein tiefgreifender Wandel in der Bestrafungspraxis statt, äußerlich manifest im Übergang vom schrecklichen und abschreckenden Schauspiel der Leibesmarter zur unauffälligen und schweigsamen, aber durchdringenden und überall gegenwärtigen Zeit- und Verhaltenskontrolle. Das sieht zunächst nach Humanisierung der Strafe aus, aber die Absicht, die sich dahinter verbirgt, ist eine andere. Der Straffällige muß gebessert werden, erklärt man, aber „was durch die Besserung schließlich wiederhergestellt werden soll, ist nicht so sehr das Rechtssubjekt, das in die fundamentalen Interessen des Gesellschaftsvertrags integriert ist, sondern das gehorchende Subjekt, das Individuum, das Gewohnheiten, Regeln, Ordnungen und einer Autorität unterworfen ist, die um es und über ihm stets ausgeübt wird, und die es automatisch in sich selber wirken lassen soll".

Das ist das Thema dieses Buchs: Die Strafrechtsreform zu Beginn des 19. Jahrhunderts, also des bürgerlichen Zeitalters, und die sich daraus ergebende „Formierung der Disziplinargesellschaft". Der ideale Ort für die Durchsetzung der strengsten Disziplin ist natürlich zuallererst das Gefängnis, aber die dort angewendete Technologie wird ebenso rigoros in den Kasernen angewendet, in den Spitälern, bald darauf auch in den Schulen und in den Fabriken (Taylorismus). Der „Kerker-Archipel" beginnt, sich auf die gesamte Gesellschaft zu erstrecken.

Das Buch war aus Foucaults aktivem Engagement für die Gefangenenbewegung zu Beginn der siebziger Jahre in Frankreich hervorgegangen. Verbunden damit war die Frage, die Foucault sich immer wieder gestellt hat, was Macht denn sei, wie sie sich äußere und wodurch sie ihre so unentrinnbare Wirksamkeit entfalte. In einem Interview hat er später das Geständnis gemacht, daß er, als er „Gesellschaft und Wahnsinn" schrieb, zu sehr von der Macht als einem komplexen System von Verweigerung, Internierung und Ausschließung beeindruckt gewesen sei. Der Mai 68 veranlaßte ihn, „von den täglichen Kämpfen an der Basis" auszugehen, „die mit denen geführt werden, die sich in den allerfeinsten Maschen des Machtnetzes verfangen hatten". Um zu erklären, was Macht sei, waren ökonomische Faktoren in einem marxistischen Sinn allein nicht ausreichend. Foucault erblickte in der Macht vielmehr zunehmend eine Technologieform: Ein Dispositiv von Techniken und Strategien der Körperbeherrschung, Disziplinierung und Normalisierung, die bis in die innersten Fasern des Individuums dringen, sich festsetzen und sich schließlich über den gesamten sozialen Körper erstrecken.

Gerade diese Entwicklung war im übrigen für Foucault ein Grund, den Humanwissenschaften die schlimmsten Auswirkungen zur Last zu legen und zwischen ihnen und dem Terror einen Zusammenhang herzustellen – eine Äußerung, für die Foucault bekanntlich besonders in Deutschland vehement angegriffen worden ist. Er wollte zeigen – und zeigte auch mit der für ihn bestechenden und zwingenden Argumentation –, wie noch die respektabelsten Reformbemühungen im Umgang mit den Wahnsinnigen sowie im Strafvollzug sich in ihr Gegenteil verkehrten. Die Wahnsinnigen wurden nicht mehr unter miserablen Bedingungen eingesperrt, sondern, seit Philippe Pinel ihre Ketten löste, einer medizinischen Behandlung übergeben, die sich als unentrinnbare und entmündigende Überwachungspraxis herausstellte; die Verbrecher wurden nicht mehr für ihre Vergehen unter fürchterlichen Qualen hingerichtet, sondern in der totalen Institution des Gefängnisses einer umfassenden Reglementierung unterworfen. Aus dem einmal als fortschrittlich gedachten Vorgehen der Menschenbetreuung entwickelten sich Wissenschaften, die aus den Menschen willenlose Objekte in der Hand von Experten machten, die über jene – in einem höheren, wohlgemeinten Interesse – widerspruchslos verfügen konnten. Die Anstalten – Asyle, Hospize, Krankenhäuser, Gefängnisse – entwickelten sich zu Zentren der Vervollkommnung von Machttechnologien, von denen aus sich der schon zitierte „Kerker-Archipel" ausbreiten konnte. Foucault konnte so zeigen, wie Vernunft und Fortschrittsglauben sich am Ende in ihre entgegengesetzten Absichten verstricken, wie die Utopie der reformerischen Befreiung des Menschen ungewollt ins Desaster der Unterdrückung und Versklavung des Menschen im Namen der Vernunft und der Wissenschaft führte. Seine Genealogie sollte den unvernünftigen Charakter der Humanwissenschaften aufdecken, sie war also – wie Jürgen Habermas scharfsichtig beobachtet hat – Foucaults Beitrag zu einer Kritik der Moderne.

Dennoch – oder ausgerechnet deshalb – engagierte und exponierte sich Foucault immer wieder in bedeutenden politischen Fragen. So zum Beispiel in der Gefangenenbewegung „Groupe Information Prison", außerdem 1972 gegen die Todesstrafe, als Präsident Georges Pompidou sich weigerte, zwei zum Tode Verurteilte zu begnadigen; damals schrieb Foucault: „Wir klagen das Gefängnis des Mordes an." Er verurteilte die Auslieferung von Klaus Croissant durch die französischen Behörden an Deutschland, er bezog Stellung gegen die Verfügung, daß zwei sogenannte Experten zugezogen werden müssen, wenn eine Frau in Frankreich eine Schwangerschaft abbrechen will, er war einer der Initianten, als französische Intellektuelle die Existenz des Gulags in der Sowjetunion anklagten, und er gehörte zu den Wortführern, die sich in Frankreich für die polnische Gewerkschaftsbewegung stark machten.

Diese klare und konsequente Haltung hat weiterhum Achtung abgenötigt, aber Foucaults Kritiker haben dessen ungeachtet beanstandet, daß sie sich nirgends systematisch aus seinem Werk ableiten lasse, also letztlich dezisionistisch sei. Jürgen Habermas warf Foucault vor, es gelinge ihm nicht, „die

hartnäckigen Probleme, die im Zusammenhang mit dem sinn-
verstehenden Zugang zum Objektbereich, der selbstreferentiel-
len Leugnung universaler Geltungsansprüche und der normativen Rechtfertigung von Kritik auftreten, zufriedenstellend zu
behandeln", räumte aber dennoch ein, daß Foucaults Denken
danach trachte, dem humanistischen Diskurs Fallen zu stellen.
Manfred Frank ist noch weitergegangen und hat Foucault
„theoretischen Antihumanismus" vorgeworfen, weil „der
menschliche Ursprung aller Institutionen, aller Wissensformen
und Praktiken" nicht ständig „angemahnt" würde. Nun ist es
richtig, daß Foucault sich zunehmend geweigert hat, Partei zu
ergreifen. Es gebe, sagte er, keine „richtige Seite" – allerdings
war das eine Aussage, die sich ausdrücklich auf Wissenschaft
und Erkenntnis bezog. Also wiederum ein Diskursproblem.
Foucault wollte es als ausgemacht ansehen, daß es „in der Erkenntnis kein Recht auf Wahrheit und keine Begründung des
Wahren gibt". Wenn er sich trotzdem engagierte – und zwar
radikal, wie wir gesehen haben –, dann führte er dabei im
Grund genommen eine Kantische Operation aus. Wenn in der
Wissenschaft und Erkenntnis keine Wahrheitsaussagen zulässig
sind, wenn sie überhaupt gar nicht möglich sind, dann muß der
Mensch im täglichen Handeln eben aufgrund der eigenen Vernunft, des sittlichen Gebots zur Tat schreiten. Das hat Foucault
in einer exemplarischen Art und Weise getan. Es wäre überdies
in der Tat Blindheit, würde man nicht einsehen, daß selbst noch
in Foucaults neutraler wissenschaftlicher Arbeit ein gehöriges
Potential an Subversion steckt, indem er nichts anderes unternahm, als unerbittlich aufzudecken, wie der Mechanismus der
Macht funktioniert.

Was sich in diesem Zusammenhang so widersprüchlich aus-
nimmt, hat auch damit zu tun, daß sein persönliches Engagement sich nicht vereinbaren lassen will mit seiner Aussage des
verschwindenden Menschen. In „Die Ordnung der Dinge" hatte er das Auftauchen des Menschen diagnostiziert, das heißt,
die Fähigkeit des Menschen, sich selbst zum Thema wissenschaftlicher Verlautbarungen zu machen, aber zugleich auch
die zwiespältige Feststellung getroffen, daß der Mensch nicht

das souveräne Subjekt dessen sei, was er denke, daß er nicht das älteste und konstanteste Problem sei, das sich dem menschlichen Wissen gestellt habe. Daraus hatte Foucault die Voraussage abgeleitet, „daß der Mensch verschwindet wie am Meeresufer ein Gesicht im Sand". Eine Aussage, die viele Mißverständnisse hervorgerufen hat. Um zu erklären, was Foucault damit sagen wollte, ist es angebracht, noch einmal auf Foucaults Auseinandersetzung mit Georges Bataille zurückzugreifen. In der „Vorrede zur Überschreitung" hatte Foucault, von Bataille ausgehend, die Frage nach dem Herkommen der nichtdiskursiven Sprache gestellt, „die weder vollendet noch Herr ihrer selbst ist, obwohl sie uns souverän überragt". „Die Auflösung der philosophischen Subjektivität, ihre Zerstreuung in einer Sprache, die sie entmächtigt und im Raum ihrer Leere vervielfältigt, ist wahrscheinlich eine der grundlegendsten Strukturen des zeitgenössischen Denkens."

Der Mensch verschwindet – jawohl: Im Raunen und Murmeln der Diskurse, als Denkfigur des Diskurses, in der Sprache, die ohne Subjekt spricht. Das heißt: Der Mensch verschwindet im philosophischen Maß dessen, was er als souveränes Subjekt über sich als Objekt der Erkenntnis sagen kann. „In dem Augenblick, in dem man sich darüber klar geworden ist, daß alle menschliche Erkenntnis, alle menschliche Existenz, alles menschliche Leben und vielleicht das ganze biologische Erbe des Menschen in Strukturen eingebettet ist, d. h. in eine formale Gesamtheit von Elementen, die beschreibbaren Relationen unterworfen sind, hört der Mensch sozusagen auf, das Subjekt seiner selbst zu sein. Man entdeckt, daß das, was den Menschen möglich macht, ein Ensemble von Strukturen ist, die er zwar denken und beschreiben kann, deren Subjekt, deren souveränes Bewußtsein er jedoch nicht ist." Vielleicht ist von daher der geheimnisvolle Satz Foucaults zu verstehen, „daß die Menschheit die Möglichkeit eines Funktionierens ohne Mythen zu entdecken beginnt".

Foucault hat die daraus gezogenen Schlußfolgerungen ohne zu zögern auf sich selbst übertragen, als er sagte, wir hätten uns zu rechtfertigen „für die ungeheure Anmaßung, irgendwann schließlich namenlos werden zu wollen; wir müssen die Anonymität erringen. Früher bestand das Problem für den Schreibenden darin, sich aus der Anonymität herauszureißen, heute besteht es darin, seine eigene Persönlichkeit auszulöschen und seine Stimme einzureihen in das große anonyme Murmeln der sich äußernden Diskurse". In „Die Archäologie des Wissens" kam Foucault zur Überzeugung: „Mehr als einer schreibt wahrscheinlich wie ich und hat schließlich kein Gesicht mehr. Man frage mich nicht, wer ich bin, und man sage mir nicht, ich solle der gleiche bleiben: ist eine Moral des Personenstandes; sie beherrscht unsere Papiere. Sie soll uns frei lassen, wenn es sich darum handelt, zu schreiben." 1980 veröffentlichte „Le Monde" ein Interview mit einem „maskierten Philosophen", der aus der Anonymität heraus das Recht auf das Anonymat forderte. Erst im Sommer 1984 wurde das Geheimnis gelüftet: Der Philosoph war Foucault gewesen, der „theoretische Antihumanist", der es unterlassen hatte, den menschlichen Ursprung in den Institutionen, Wissensformen und Praktiken anzumahnen...

Aber hier haben wir es mit einem Foucault zu tun, der schon fast wie aus einer anderen Zeit spricht. Im Juni 1984, wenige Tage vor seinem Tod, wurden die Bände 2 und 3 seiner „Geschichte der Sexualität", „L'usage des plaisirs" und „Le souci de soi", ausgeliefert, die augenblicklich das dominierende intellektuelle Gesprächsthema waren. 1976 war der erste Band, „Der Wille zum Wissen", erschienen, in dem Foucault die Selbstkonstitution des Subjekts im Diskurs der Sexualität verfolgt hatte. Danach war es jahrelang still um Foucault geworden, bis schließlich die zwei Folgebände herauskamen, in denen die Problematik von Grund auf neu gestellt wurde. In einem Interview hatte er dazu nur lapidar bemerkt: *J'ai changé d'avis,* ich habe meine Meinung geändert. Denken bedeute, etwas anderes zu denken als das, was man schon gedacht habe. Nach dem Erscheinen des ersten Bandes hatte Foucault sich während Jahren in die antike Philosophie vertieft und sein altes Thema der Diskursformationen und des Verhältnisses von Macht und Wissen beziehungsweise Wahrheit aufgegeben und ersetzt durch die

Themen der Moral und Ethik. Am Ende war ein vollkommen neuer Foucault zum Vorschein gekommen. Er sagte ungefähr folgendes: Was das Christentum an sexueller Repression angeblich verbreitet hatte, war nichts anderes als die Fortsetzung einer rigiden Auffassung in sexuellen und moralischen Belangen, die schon im antiken Griechenland und Rom angewendet wurde, dort jedoch vor allem in der Form einer Technik und einer Ethik des Selbst aufgetreten war, einer Ethik, die auch durchaus ästhetische Züge tragen konnte.

Diese Wende am Ende von Foucaults philosophischer Entwicklung ist noch eine der vielen Überraschungen seines Denkens. Der Mensch, dessen Verschwinden bereits verkündet worden war, taucht hier in seiner vollen Gestalt wieder auf, und nicht einmal oder nicht nur als Figur des Diskurses, sondern nunmehr als Problem der Technik des Selbst und der Lebensführung. Als Aufforderung, sich selbst als moralisches Subjekt zu konstituieren *(se transformer soi-même en sujet moral de sa conduite)*, was dann keine Einschränkung oder Unterdrückung des Subjekts mehr ist, sondern eine Möglichkeit, sich selbst zu subjektivieren: Die Erzeugung und Stilisierung des Selbst in der Erfahrung der eigenen Fähigkeit und der Ausübung der Freiheit. Das Sollen, das vor dem Sein kommt: Auch das ist – noch einmal – Kant, jedoch erweist sich das Sollen auch als eine Bedingung, die zum Sein hinführt. In diesem Zusammenhang hat Foucault auch die erstaunliche Feststellung gemacht, die aber den Wandel in seinem Denken vollkommen ausdrückt: „Wir müssen uns als Kunstwerke konstituieren, herstellen, bestimmen." Das Leben als ethisches und ästhetisches Problem. Es war nirgends angedeutet, daß Foucaults Denken einmal zu diesem Punkt hin führen würde.

Im Herbst erschien der „Foucault" von Gilles Deleuze, der mit dem Buch über seinen Philosophen-Kollegen die vorderste Position eines unglaublichen Rezeptionsschubs einnahm. Foucaults Aktualität hatte nicht nachgelassen, auch nicht ihren weiteren Verlauf genommen, sondern zu diesem Zeitpunkt vielleicht überhaupt erst eingesetzt.   *A. S.*

René Girard
oder
Die kulturelle Anthropologie
einer Ethik des Evangeliums

Als Kadmos, dem die Einführung der Schrift in Griechenland zugeschrieben wird, auf der Suche nach seiner Schwester Europa den Drachen besiegt hatte und ihm Pallas Athene riet, dessen Zähne in die Erde zu säen, sproß aus den Furchen eine fürchterliche Saat: Spitzen von Lanzen und Schwertern wuchsen aus dem Boden. Ihnen folgten gepanzerte Krieger. Sie schwangen die Waffen und stürzten, man weiß gar nicht wieso, aufeinander los – mit solcher Wut, daß sie sich bis auf fünf Männer gegenseitig vernichteten. Diese aber versöhnten sich und boten Kadmos ihre Hilfe an. – Im allgemeinen verschweigt die Überlieferung, wie es zur Krise und ihrer Überwindung im kollektiven Friedensschluß kam: Kadmos hatte zu einer List gegriffen und einen Kieselstein in die Menge der Krieger geworfen. Getroffen wurde keiner, doch in der hysterischen Masse fühlte sich jeder durch jeden bedroht. Das Geräusch des fliegenden Kiesels löste die wilde Selbstzerfleischung aus, welcher fast alle zum Opfer fielen – alle bis auf fünf, die überleben und Theben gründen.

Zumindest seit Rousseau, der im „Contrat social" den Übergang vom freien Naturmenschen zum politisch mündigen Bürger behandelt, interessiert sich die Philosophie für den Gründungsakt – den „acte fondateur" – der Gesellschaft. Während sich die marxistische Anthropologie auf den Klassenkampf und die materialistische Dialektik stützt, dominiert in den psychoanalytischen Modellen nach wie vor die von Freud entworfene Theorie des Vatermords durch die Horde der Söhne und die Einführung des Inzest-Tabus. Claude Lévi-Strauss, einer der führenden Vertreter der noch jüngeren Ethnologie, dessen Werk sich ebenfalls um die Unterschiede von „wildem" und „zivilisiertem" Denken dreht, hält das Konzept der Blutschande – und ihr Verbot – lediglich für ein sekundäres, den Austausch der Frauen zwischen den Familien regelndes Merkmal.

Mit einer radikal anderen Interpretation der Mythen und Riten betritt René Girard die intellektuelle Bühne der Welterklärung. Der 1935 in Avignon geborene Denker, der seit über dreißig Jahren an amerikanischen Universitäten vergleichende Literaturwissenschaft lehrt, entwirft in seinen Büchern, die zur Hauptsache im Pariser Verlag Grasset erscheinen, eine Deutung, die Freud, dem sie viel verdankt, „ver-fälscht" und Lévi-Strauss' Strukturalismus verwirft. Es ist eine komplette kulturelle Anthropologie, die ihr Begründer vom Prinzip der Mimesis und den ewig kaschierten Mechanismen der sakrifiziellen Gewalt herleitet. Sie mündet in eine überraschende Exegese des Evangeliums.

Im Anfang war eine wirkungsvolle Hypothese. Der Mensch, setzt Girard voraus, steht nicht am Ursprung seiner Wünsche. Diese sind vielmehr mimetisch – sie werden von außen beeinflußt und gesteuert: Das gewünschte Objekt ist weniger entscheidend für die Richtung des Verlangens als die Begierde des anderen, es ebenfalls zu haben. Damit wird dieser zum Mediator – Mittler – des Bedürfnisses, aber gleichzeitig zum Hindernis und Rivalen. Der Wunsch, folgert Girard, muß demnach wie ein Dreieck strukturiert sein. Mit dieser Besonderheit erklärt er die Entstehung des sexuellen Instinkts beim Menschen, welcher ihn neben anderen Eigenschaften von den Tieren, die Bedürfnisse haben, unterscheidet.

Auf dieses Modell kam René Girard, der seit seinem Studium abseits der Pariser Intellektuellen-Zirkel und ihrer wechselnden Modeströmungen lebt und liest, nicht dank Lacan oder Tarde, sondern durch die intensive – und vergleichende – Lektüre der Weltliteratur. Prousts Snobismus, Stendhals selbstgefällige Eitelkeit, Dostojewskis haßerfüllte Selbstvergötterung führt er ebenso konsequent wie den Heroismus bei Cervantes und den „Bovarysmus" von Flauberts Emma auf die „physische

Mimesis" zurück. Er behandelt sie als Phänomene der Nicht-authentizität und der Entfremdung, welche die literarischen Figuren oftmals offenbaren: Swann wünscht nichts anderes als den Wunsch des Prince de Galles, Don Quijote jenen von Amadis, dem er die Wahl des verlangten Objekts überläßt – und den er imitiert. Diese Einsichten formulierte Girard 1961 in seinem originellen Essay „Mensonge romantique et vérite remanesque", den man wohl mit dem Titel „Romantische Lüge und literarische Wahrheit" übersetzen müßte. Er machte den Verfasser zumindest bei einer kleinen Leserschaft, die ihm in der Folge treu blieb, bekannt.

Seither hat René Girard diesen Ansatz zu einer lückenlosen Theorie der menschlichen Kultur ausgebaut. So wie das Kleinkind durch Nachahmung lernt, ist die Kultur ein einziger Lernprozeß der mimetischen Übermittlung. Er betrifft sowohl die Sprache wie das Denken, ja sogar die Gesten: „Sieht nämlich ein Mensch, wie einer seiner Gleichartigen die Hand nach einem Gegenstand ausstreckt, ist er sogleich versucht, dessen Gestus nachzuahmen." Niemand kann, zumindest in den ersten Lebensjahren, etwas ohne Imitation erwerben.

Auch bei den Tieren ist die Geste der Aneignung Ursache des Konflikts, den Girard mimetisch nennt und dem bei der hierarchischen Organisierung eine zentrale Funktion zukommt. Doch in der menschlichen Gesellschaft gehen die Ungleichheiten und Privilegien, die Institutionen und Verbote, welche das Zusammenleben regeln, nicht auf die mimetische Rivalität zurück – es gibt kein Netz der rangmäßigen Abstufung, welches den intensiven Konflikt der Imitation mildern und auffangen könnte. Denn anders als im Tierreich verlagert sich das mimetische Streben vom Objekt als Ziel der Aneignung unweigerlich auf die Antagonisten. Nachahmer und Vorbild führen den gleichen Kampf, der ein gegenseitiger wird – die Unterschiede zwischen ihnen werden mehr und mehr verwischt: das aber ist unakzeptierbar. Girard spricht von der kulturgeschichtlich äußerst aufschlußreichen „Beziehung der Doppelgänger" (die er bei Dostojewski analysiert) und versteht mit ihr, warum in gewissen Kulturen einer von zwei Zwillingen getötet wurde: zur Verhinderung der ungezügelten Gewalt, die beim unvermeidbaren Übergang von der Nachahmung der Aneignung zur Mimesis der Rivalität entsteht. Der Konflikt ist derart mörderisch, daß er die Bildung einer Gesellschaft verunmöglicht – jedenfalls einer Gesellschaft, die nach dem relativ friedlichen Muster der tierischen Ordnung funktionieren könnte.

Es ist diese extreme Krise, welche Kadmos' Kieselstein auslöst. Voraussetzung ist die stupide Brutalität der Krieger und ihre blinde Neigung zur Eskalation – Folgen ihres mimetischen Verhaltens. Die heimtückische Reziprozität nährt den absurden Streit um so wirkungsvoller, als sie die Teilnehmer nicht erkennen. Um das gegenseitige Abschlachten einzustellen, würde es genügen, Kadmos als Störenfried zu durchschauen und auf seine Kosten die Versöhnung zu vollziehen. Es ist tatsächlich die einzige Möglichkeit, der Töterei ein Ende zu bereiten.

Die Rolle, die Kadmos spielt, ist zwiespältig. Er verkörpert gleichzeitig die Macht, die Unordnung stiftet – schließlich hat er die Drachenzähne gesät – und Ordnung schafft: er tötet das Ungeheuer und befreit die Menschheit von ihm. Die Toten seiner List werden als brutale, uneinsichtige Wüstlinge der Unordnung zugezählt, die Überlebenden bilden die Gemeinschaft, die „aus dem Mythos entsteht" und sich als Gesellschaft organisieren muß.

Wie kann sie dabei die mimetische Ur-Gewalt ausschalten? Girard hält sich zum Vergleich an die hysterische Masse, die im Stadium des kollektiven Deliriums nach einem Opfer verlangt. Die Mimesis hat eine ansteckende Wirkung: je zahlreicher die nach dem Objekt strebenden Individuen sind, um so größer wird die Zahl derer, die ihrem Beispiel ebenfalls folgen. Irgendwann tritt der Augenblick ein, in dem sich die Menge gegen einen einzigen wendet. Dann geht das mimetische Ur-Prinzip „alle gegen alle" im Kampf aller gegen einen auf.

Girard besteht darauf, daß das zu opfernde Individuum ein zufälliges, willkürliches ist. Es polarisiert durch kumulative Ansteckung die ganze kollektive Gewalt, die es kanalisiert, und wird zumindest implizit – unbewußt – zum Komplizen des

„Sündenbockmechanismus'", den der Autor entwirft. Zu ihm gehört die „mechanische Tendenz" aller Antagonisten, sich auf dieses auserwählte Opfer zu beziehen; es muß von der Gesellschaft als einzig und absolut angesehen werden. Es ist verantwortlich für alle Übel und für die Unordnung, die in der Situation der entfesselten Gewalt herrscht. Doch indem es stirbt, ermöglicht es den Übergang von der zerstörerischen Anarchie zur „unanimité fondatrice", zur Einmütigkeit, welche das friedliche soziale Funktionieren voraussetzt. Der Tod des Opfers versöhnt – die böse Macht mausert sich zur guten Macht. Um diese friedensstiftende Kraft bewahren zu können, muß dieser Tod Gegenstand einer steten Erinnerung – und Erneuerung – werden.

Von dieser Notwendigkeit leitet René Girard die Genese des Sakralen, dessen rätselhaft doppeldeutiger Charakter der Ethnologie längst aufgefallen war, her: „Das Sakrale in dieser Sicht ist der Glaube an die Allmacht des Opfers für die Wiederherstellung der Ordnung wie bezüglich der Unordnung. Dieser Glaube zeugt von der Wirksamkeit des Opfermechanismus. Allein diese Wirksamkeit kann, weil sie bei jenen, denen sie zugute kommt, das Nichtwissen impliziert, für die mythische und religiöse Vorstellung eine Erklärung bieten." – Das heißt aber auch, daß Girard den Beginn der Kultur zu dem Zeitpunkt ansetzt, da sich Menschen gegen das einzige Opfer – dessen Schuld eine ausschließlich mythische ist – zu verbünden begannen, dieses für die Spannungen in der Gruppe verantwortlich machten und in seinem Tod ihre Versöhnung zelebrierten. Voraussetzung für das Funktionieren ist die Verschleierung des Mechanismus. Diese Arbeit wird seit Jahrtausenden von den Mythen und Riten geleistet.

René Girard hat seine Einsichten, die er für absolute Wahrheiten hält, erstmals 1972 in seinem Buch „La violence et le sacré" (Die Gewalt und das Sakrale) formuliert; seither ist er unaufhörlich bestrebt, diese Ansätze zu einer Theorie zu verdichten. Dem Essay „Des choses cachées depuis la fondation du monde" (Von Tatsachen, die seit der Gründung der Welt verborgen blieben) war vor einigen Jahren ein unerwarteter

Bestseller-Erfolg beschieden. In seinem späteren Werk „Le bouc émissaire" (1981) stellt er den Sündenbockmechanismus ins Zentrum der Erörterung. Seine These von der Entstehung des Gesellschaftsvertrags wie vom Funktionieren der Mythen und Riten, überhaupt der Kultur, die dessen Gründungsgewalt im eigentlichen Sinne exorzisieren, hat Auswirkungen auf das Verständnis der Kulturgeschichte, deren Kommentierung Girard in seinen Büchern mit belesener Intelligenz und sprachlicher Präzision begonnen hat.

Was das an Umdenken erfordert, kann am Beispiel des Ödipus-Motivs, das in der abendländischen Kultur eine zentrale, beherrschende Stellung einnimmt (die auch von anderen Philosophen attackiert wird), exemplarisch angedeutet werden. Girard geht von der „double bind"-Theorie (Doppelbindung) des Amerikaners Gregory Bateson aus, der mit ihr die Situation der Schizophrenie beschrieb. Er verallgemeinert sie: Triebwunsch und Gewalt kommen zusammen und verbinden sich, wenn zwei widersprüchliche Ansprüche an das Individuum herantreten: imitiere mich und imitiere mich nicht. Diese paradoxe Forderung wird dem Sohn vom Vater aufgezwungen.

Nach der Sündenbock-Logik kann eine Gesellschaft nur überleben, wenn alle ihre Glieder in allseitigem Einvernehmen auf das Objekt ihrer Ansprüche verzichten: es wird verboten, tabuisiert und sakralisiert. Ödipus aber hält sich nicht an diesen Vertrag. Indem er das verbotene Wesen begehrt und auch besitzt, hebt er, der Gesetzesbrecher, die Abgrenzungen und Unterschiede – die „écarts différentiels" – auf. Als Sohn und Gatte, Vater und Bruder der gleichen Menschen ist er gleichzeitig „le même et l'autre", das Selbe und das Andere. In der Tragödie des Sophokles findet Girard seine mimetische Deutung des Stoffs geradezu szenisch realisiert: Ödipus, der objektiv gewiß nicht „schuldiger" ist als Kreon oder Tiresias, nimmt nach und nach die Schuld auf sich, um Theben von der Pest, welche die Stadt heimgesucht hat, zu erlösen. Es ist, natürlich, die Pest der ungezügelten gegenseitigen Gewalt.

Ödipus veranschaulicht ebenfalls die zwiespältige Natur des Opfers, das zumindest passiv am Vorgang teilnimmt. Er hat tatsächlich seinen Vater ermordet und mit seiner Mutter geschlafen, aber er tat es nicht bewußt und schon gar nicht absichtlich – er ist ein unschuldiger Schuldiger. Damit kann sich das hysterische Treiben gegen den Sündenbock legitimieren – seiner anschließenden Sakralisierung steht aber ebenfalls nichts im Wege. So ereignen sich seit Kadmos' und Ödipus' Zeiten stets die gleichen blutigen Geschichten, die sich in den Mythen und Riten der Menschheit gleichzeitig offenbaren und kaschieren.

Anders als Lévi-Strauss sieht Girard in ihnen nicht den symbolischen Ausdruck menschlicher und natürlicher Bedürfnisse, sondern Spuren von Ereignissen, die stattgefunden haben. Von Kadmos findet er eine indische Version, die man allenfalls mit den indogermanischen Einflüssen erklären könnte – eine südamerikanische Variante ist ihm dagegen Beweis genug für die Universalität der Mythen. Mit durchaus einleuchtenden Verschiebungen und Übertragungen in der Interpretation gelingt es ihm, ihre strukturale Gemeinsamkeit aufzuzeigen. Im Gegensatz zur Ethnologie, die in ihrer bewußt differentialen Deutung den Bezug zur Gewalt nicht erkennen konnte, geht es Girard um ein Zusammenfassen der Analogien. Diese Synthese macht seine Methode zum Modell, das fähig ist, die Instinkte und den Glauben, das Paradies und die Hölle, die Mythologie der Inkas und das religiöse Phänomen schlechthin auf durchaus kohärente Weise zu denken und zu deuten.

Zumindest ansatzweise hat Girard seine Prinzipien ebenfalls auf die aktuellen Bereiche der Gesellschaftstheorie und Individualpsychologie angewendet. Er ist dabei zu Folgerungen gelangt, die nicht ins progressiv-reaktionäre Links-Rechts-Schema passen. Der Philosoph Michel Serres verglich Girard mit Darwin, der Publizist Jean-Marie Domenach nannte ihn einen „Hegel des Christentums" – gewiß ist, daß sein Werk Verwirrung stiftet. Irritieren muß in einer Zeit des Anti-Tabu-Konformismus Girards Weltsicht: sie ist weder subversiv noch regionalistisch, sondern optimistisch und universell.

Drängt sich der Vorwurf des Ethnozentrismus auf? Man hat von der Ethnologie gesagt, sie erkläre alle Gesellschaften außer der unseren. Die Dynamik der Mimesis katapultierte Girard auf den umgekehrten Weg. Er führte ihn dazu, das „wilde Denken" nach dem Alphabet des Evangeliums zu entziffern. In der Tat sieht Girard einen entscheidenden Unterschied zwischen den Mythologien und der biblischen Botschaft, die er ebenfalls nach den mimetischen Kriterien analysiert. Er ist substantieller Art: Im Gegensatz zu allen anderen Religionen steht im Zentrum der jüdisch-christlichen die Denunzierung der Gewalt. Der biblische Text ergreift stets für die Verfolgten Partei – nie für die Verfolger. Sogar die Enthüllung der Gewalt und ihrer Natur ist in ihm enthalten – er sagt, daß die Getöteten unschuldig sind und die Schuld für das vergossene Blut beim Kollektiv zu suchen ist. Kains Verbrechen an Abel wird weder verschwiegen noch verzerrt.

In einer brillanten Demonstration liest Girard die Passion als Gründungsereignis aus dem Blickwinkel der Sündenbock-Theorie. Doch Jesus denunziert die Gewalt in der Rede vor seinem Tod; ausdrücklich spricht er von der Zeit seit der „Gründung der Welt". Er durchschaut den Mechanismus und unterläuft damit die sakrifizielle Interpretation: das Wort, das zu seinem Tod führt, ist nicht mehr mythisch. „Zum erstenmal", schreibt Girard, „werden wir fähig, den Text in seiner radikalen Lektüre zu verstehen. Diese Kraft des Verstehens erwächst uns aus der Auflösung der sakrifiziellen Lektüre und der einzigartigen Krise der menschlichen Geschichte. Wir gelangen zu einem Grad der Bewußtheit und der Verantwortung, welche die Menschen, die vor uns lebten, nie erreicht haben."

Girard hält denn auch die sakrifizielle Exegese der Kreuzigung für das größte Mißverständnis der Menschheit – Jesus hat sich seiner Tötung in vollem Bewußtsein gestellt und ohne in irgendeiner rechtfertigenden Weise an ihr teilzunehmen. Damit ist das demaskierte sakrifizielle Opfern zur Absurdität geworden und – wenn nicht unwirksam so doch überflüssig. Für Girard weist Jesus der Menschheit den Weg zur Versöhnung – und Liebe –, die auf das sakrifizielle Töten eines obligatorischen Sündenbocks verzichten kann.

Doch während zwei Jahrtausenden hat die sakrifizielle Krise, die Jesus nicht beendete, seine Offenbarung kaschiert (womit der Autor die irdischen Verirrungen der Kirche, besonders ihre Teilnahme an Massakern und Verfolgungen zumindest intellektuell verstehen zu können glaubt). Girard, der kraft seiner Philosophie zum katholischen Glauben seiner Kindheit zurückgefunden hat, rekapituliert, wie diese Krise sich über Industrialisierung und Demokratisierung verlängerte und die Moderne neue Formen – und Kriege – des „Alle gegen einen" erfand: Nationalismus, Antisemitismus, Konkurrenz, generell die Angst vor der Auflösung der Normen und Unterschiede in der rassischen wie kulturellen Verschmelzung. Dafür allerdings besteht keine Ursache mehr – denn all das ist durchschaut und könnte überwunden werden: Seit René Girard die Schatztruhe, welche die unwissende Christenheit heimlich hütete, fand und ihr rätselhaftes Zahlenschloß zu knacken verstand. *J. A.*

André Glucksmann
oder
Der Intellektuelle als anti-ideologischer Brandstifter

Als André Glucksmann die intimen Erbfeinde einer ganzen Epoche, Jean-Paul Sartre und Raymond Aron, im Elysée zusammenbrachte, um beim damaligen Staatspräsidenten Giscard d'Estaing für die Aufnahme der Boat People zu intervenieren, hat man die epochale Tragweite dieser symbolischen Begegnung, die keine persönliche Versöhnung war, noch nicht absehen können. Möglich wurde die Zusammenkunft, die sich nicht auf den Händedruck vor den Photographen beschränkte, einzig dank André Glucksmann, der Arons Assistent war und mit Sartre im Nach-Mai den militanten Maoismus teilte. Vielleicht hat sich Glucksmann mit der Geste, in der Aron wie Sartre nicht viel mehr als eine „Anekdote" sehen wollten, selber als ihrer beider Nachfolger zu inthronisieren versucht – jedenfalls verkörpert er in seiner Person Aspekte und Merkmale beider, Vernunft wie Revolte; zudem zeigt sein intellektueller und existentieller Werdegang auf durchaus exemplarische Art, wie sich die Gewichte und Ausrichtungen verlagert haben.

André Glucksmann entstammt einer jüdischen Familie, die aus Polen nach Frankreich emigrierte. Geboren wurde er kurz vor dem Krieg, dessen Wirren und Schrecken er in seiner frühen Kindheit erlebte. Sein Vater wurde von den Nazis umgebracht; die Mutter war eine Résistance-Kämpferin und ihre Wohnung ein aktives Zentrum des Widerstands – nur wenige Meter von den Renault-Automobilwerken von Billancourt entfernt. „Als radikaler Antifaschist wurde ich Kommunist", erklärt Glucksmann, „1945 habe ich mit dem KPF-Organ ‚Humanité' zu lesen und zu rechnen begonnen. Ich wollte den Stimmenanteil der Partei kennen."

In Konflikt mit den Genossen kam er bereits während des Algerienkriegs. Auch ihren Beifall zum Einmarsch in Ungarn schluckte er nicht – 1957 wurde André Glucksmann, der authentische Proletarier, der es zum brillanten Intellektuellen gebracht hatte, ausgeschlossen. Er schloß sein Philosophiestudium ab und stellte verwundert fest, daß sich keiner seiner Kollegen mit dem Krieg und der Verteidigung befaßte. Aron, mit dem er in der Folge zusammenarbeitete, soll zu ihm gesagt haben: „Ich war der einzige in Frankreich, der Clausewitz kannte, jetzt sind wir zwei." 1967 publizierte der Ex-Kommunist sein erstes Buch, „Le discours de la guerre": „Ich wollte einfach zeigen, daß die Amerikaner in Vietnam in einem Volkskrieg – von einer Guerilla besiegt werden könnten." Er verkaufte einige Hundert Exemplare, doch wie durch ein Wunder ging Jacques Lacan in seinem Seminar auf das Werk ein, im „Nouvel Observateur" veröffentlichte der Philosoph François Chatelet eine Rezension, und sogar der doktrinäre Louis Althusser, den Glucksmann in Sartres Zeitschrift „Les Temps modernes" arg kritisiert hatte, interessierte sich für den jungen Philosophen, der am Vorabend des Mai 68 ziemlich unvermittelt zu den Intellektuellen, auf die man hörte, zählte – und zu einer Figur des Aufstands, vor allem aber dann seiner intellektuellen Verarbeitung wurde. Mit dem Mai 68, den man eine „symbolische Revolution" genannt hat, datiert Glucksmann im nachhinein auch den Abschied von den revolutionären Perspektiven im politischen Denken und Handeln.

Im Anschluß an die Revolte betätigte sich Glucksmann allerdings noch durchaus im Bewußtsein einer möglichen politischen Veränderung der Welt. Er gehörte zur „Gauche Prolétarienne", mit der auch Sartre sympathisierte. So explosiv die Lage damals war – ein Terrorismus ist aus dem Studentenprotest, dem sich die Arbeiter anschlossen und der gesellschaftliche Folgen hatte, nicht entstanden. Einen Grund sieht Glucksmann in der Beteiligung der Bevölkerung am revolutionären Mythos – 200 000 Menschen waren zum Begräbnis des erschossenen Renault-Arbeiters Pierre Overney gekommen. Das Abgleiten der militanten Minderheit in die Gewalt hätte diese Solidarität zerstören müssen – Glucksmann: „Für die gleichen Taten, nach deren Begehung Baader zum Volksfeind Nummer eins gestempelt wurde – nämlich das Anzünden von Möbeln in einem Kaufhaus und das Plündern von Fressalien-Läden, deren Luxusprodukte man in den Elendsvierteln verteilte – wurde in Frankreich eine der wichtigsten Führerinnen vom Gericht freigesprochen. Die Presse blieb überaus gelassen und empfand diese Tat eher als Schabernack. Es gab stets eine große Verbundenheit zwischen der Bevölkerung und den Protestierenden, was diese vor der Versuchung des Terrorismus, die bestand, bewahrte."

Eine andere Ursache ist aber gewiß auch darin zu sehen, daß der Aufstand des Mai 1968 nicht folgenlos geblieben ist. Er hat Resultate gezeitigt – intellektuelle und politische, heute kann man ihm bereits eine historische Dimension beimessen. Alle wichtigen Veränderungen der jüngsten Zeit gehen – was man erst sehr viel später erkennen konnte – auf den Mai 68 zurück. Eine spektakuläre Spätfolge war in der Mitte der siebziger Jahre die Neue Philosophie, welche verschiedene philosophische wie humanwissenschaftliche Strömungen aufnahm und politisch ausformulierte. Der Niedergang des Marxismus ist nur ein Aspekt, ein anderer die radikale Abkehr der Intellektuellen von den Ideologien schlechthin. Sie haben ihre Systeme und Sozialismen durch die Dissidenz, eine „Moral der Dringlichkeit", und die „Kultur der Menschenrechte" und den lange verfemten Humanismus ersetzt.

Mit seinen Büchern „La Cuisinière et le Mangeur d'hommes" und „Les maîtres-penseurs" war Glucksmann einer der Anstifter der neuphilosophischen Macht- und Totalitarismuskritik. In „Köchin und Menschenfresser" forscht er nach den Wurzeln des Totalitarismus und kommt über Analogien zwischen Platons „Republik" und der Sowjetunion auch auf die „Große Einschließung" der Armen, Kranken und Außenseiter, mit der die bürgerliche Ordnung Europas begann, zu sprechen – im Spiegel der stalinistischen Lager, deren Grauen uns Glucksmann mit gleichbleibender Empörung permanent entgegenhält, sind immer auch die Schatten unserer Ideen, die Spuren unserer Geschichte zu erkennen. Der Text bekommt in seiner politischen Philosophie ein ganz besonderes Gewicht – die fruchtbare Beeinflussung durch Denker wie Lacan, Barthes oder Lévi-Strauss, auch Foucault, welche die Strukturen und Mechanismen der Machtausübung in der Sprache wie in den „primitiven" Gesellschaften – oder in unseren Gefängnissen – untersuchen, ist unverkennbar.

„Was brauchen jene, die heute zur Macht aufsteigen, außer einer guten Truppe, Schnaps und Wurst? Sie brauchen Text" – den Text, der ihre Machtausübung legitimiert und kaschiert, schreibt Glucksmann in „Die Meisterdenker", mit denen er weniger die marxistisch-leninistischen Ideologen meint als vielmehr die großen Philosophen – Kant, Fichte, Hegel, auch Nietzsche. Bereits ist die Rede vom tragischen „Auseinanderklaffen von Text und Territorium" der Deutschen. Doch sollte man nicht unterschlagen, daß das Werk mit Dutzenden von Seiten beginnt, auf denen der Verfasser eine beißende Kritik an Rabelais' gleichmacherischer Abtei Thélème entwickelt. Sie war ebenso neu und ketzerisch wie seine Deutung des deutschen Denkens.

Diese beiden Essays erschienen in deutscher Übersetzung und wurden in linken Kreisen recht intensiv gelesen. Doch dann brach die Rezeption ab, und das folgende Buch Glucksmanns, „Cynisme et Passion", an dem er fünf Jahre arbeitete, wurde hierzulande überhaupt nicht zur Kenntnis genommen. Der Verfasser hält sich darin wiederum an literarische Beispiele – Texte – und widmet einen wesentlichen Teil des Werks etwas so Undankbarem wie den Wahlsystemen. Nach der Kritik der früheren Schriften sucht er in diesem Essay nach jenen Werten, auf die sich eine antitotalitäre, freiheitliche Gesellschaft – und ihre Kultur – der Menschenrechte stützen könnte: Montaignes Skepsis, Aischylos, Diogenes …

Geradezu zu einem „deutschen Ärgernis" wurde André Glucksmann mit seiner folgenden Schrift „Die Philosophie der Abschreckung", die eine Kritik des „grünen Pazifismus" als Ideologie vornimmt. Ihm wirft er Verdrängung der Nazi-Vergangenheit – schlimmer noch: Geschichtsfälschung vor. Die deutschen Pazifisten bezeichnet er als „Juden des Dritten Weltkriegs". Im Sinne von Nietzsche und Marx deutet er die Ideologie des Pazifismus als Antwort auf eine Welt, die als unlebbar empfunden wird. Sie ist unlebbar, weil das Verhältnis zur Vergangenheit gestört ist: „Das gehört zur deutschen Misere, die keine wirtschaftliche, keine politische ist, sondern eine moralische – und seelische." André Glucksmanns „Philosophie der Abschreckung" ist aber auch ein Versuch, mit den apokalyptischen Visionen des Rüstungswahns philosophisch und poetisch zu Rande zu kommen – die Situation der nuklearen Bewaffnung (und die Strategie der Abschreckung) zu durchdenken, ohne angesichts der Gefahren den Verstand zu verlieren.

André Glucksmann rechnet ab: mit den Nazis, mit den Meisterdenkern, mit den Ideologen. In seinem bislang letzten Buch richtet sich die Abrechnung an die französischen Sozialisten und generell an die politisierenden Intellektuellen – den „Linksintellektuellen" stellt er geradezu den „Totenschein" aus. Auf dem Umschlag des Buchs mit dem Titel „La Bêtise" (deutsch: „Die Macht der Dummheit") hat die Rose der Sozialisten den i-Punkt ersetzt. Gewiß formuliert der Autor eine ätzende Kritik der linken Politik – Glucksmann, man weiß es, kann ein scharfsinniger, unerbittlicher Analytiker sein. Doch sein Essay, der intelligente Passagen enthält, erweist sich besonders nach der Herauslösung aus dem Kontext der sozialistischen Jahre als Schrift, die eine Tradition in Frage stellt – die Tradition der Aufklärung und ihrer intellektuellen Ethik.

Die Intellektuellen, denen der dritte – ironisch mit „Verteidigung des Intellektuellen" überschriebene – Teil gewidmet ist, illustrieren das Thema Dummheit offenbar besonders gut. Der Autor kritisiert ihre Irrtümer, die zeitweilige ideologische Blindheit, eine gewisse Borniertheit – aber letztlich geht es ihm um sehr viel mehr und um nichts weniger als eine neue intellektuelle Ethik der politischen Abstinenz. Er fragt – und gibt die Antwort gleich selber: „Beginnt der Intellektuelle da, wo der Schriftsteller, Künstler, Denker aufhört? Ja."

Das heißt: Schuster bleib bei deinem Leisten, werde vor allem nicht politisch. Der ehemalige Maoist und spätere „nou-

veau philosophe" geißelt das Unterzeichnen „lächerlicher Texte" wie fragwürdiger Petitionen – und kommt sogar auf die
Dreyfus-Affäre zu sprechen, die er einer merkwürdigen Teilre-
vision unterzieht. Mit seiner Kritik, die in einzelnen Punkten
durchaus berechtigt ist, geht Glucksmann soweit, daß er die
kritische Tradition der Aufklärung nicht nur in Frage stellt,
sondern ablehnt. Er wird damit zum Opfer einer Methode, die
er den „Meisterdenkern" und allen ihren Nachfahren vorwirft:
er „totalisiert" und „globalisiert" Ansätze und Einzelaspekte zu
einem System, zu einer Wahrheit von allgemeiner Gültigkeit.
Doch die französischen Intellektuellen haben bekanntlich nicht
nur Dummheiten propagiert und arrogante Verhaltensweisen
an den Tag gelegt – sie haben auch außerhalb ihrer Fachgebiete
in moralischer wie politischer Hinsicht Texte verfaßt und Taten
vollbracht, die nach wie vor exemplarische Gültigkeit beanspruchen dürfen – wenn man sie an einem demokratischen
Maßstab mißt. Gerade sie machen die Besonderheit der französischen Zivilisation aus.

Stellenweise nimmt André Glucksmanns Intellektuellen-
Schelte durchaus populistische Züge an: „Der Intellektuelle ist
inkompetent. Dennoch gibt er sich plötzlich gerechter als ein
Richter und sachkundiger als ein Graphologe. Er setzt sich
über Fachwissen hinweg, ohne selbst welches zu besitzen. Würde er – als Rechtsanwalt, als Grammatiker – einen anständigen
Beruf ausüben, dann wäre er eben nicht der Intellektuelle, der
sich aller Fachgebiete wahllos bedient, um Kritik ohne Gesetze
und Glauben zu üben."

Man kann in der Abfolge von Glucksmanns Themen durchaus eine gewisse Logik ausmachen: es ist die Strategie der Aufarbeitung von zweihundert Jahren französischer Geschichte. In
dieser Perspektive fehlt eigentlich nur noch der Essay gegen die
Revolution. Allerdings wäre es falsch, Glucksmann im Lager
der Reaktion zu wähnen: er gehört auch zu den unerbittlich-
sten zeitgenössischen Kritikern der Gegenrevolution und hat
sich wie kaum einer von faschistoiden und fremdenfeindlichen
Tendenzen distanziert – und am energischsten gegen Le Pen
und die Politik des „Front National" Stellung bezogen.

André Glucksmann hat die vergangenen zwanzig Jahre in Frankreich so stark mitgeprägt, daß es schwerfällt, sein persönliches Profil zu erkennen. Um so gespannter ist man auf seine weitere politische und publizistische Entwicklung.   *J. A.*

André Gorz
oder
Der Abschied des Verräters

„Sie halten dieses merkwürdige Objekt in der Hand: ein Werk, das dabei ist, seinen Autor zu schaffen. Von diesem wissen wir nichts außer daß eins ausgeschlossen ist: er wird, er kann keines der geheiligten Ungeheuer sein, die man als Schriftsteller bezeichnet; wenn er sich am Ende seiner Bemühungen findet, dann wird er jemand völlig Beliebiges sein, ein Mensch wie alle anderen: denn die Stimme sucht einen Menschen und kein Ungeheuer. Erwarten Sie also nicht die Gebärde, die der Stil ist: alles ist im Vollzug."

Diese Sätze entstammen dem vierzigseitigen Vorwort, das Jean-Paul Sartre einem Buch, in dem er selber eine zentrale Position einnimmt, gewidmet hat und das den für einen Nichtkriminalroman befremdlichen Titel „Der Verräter" trägt. Die intellektuelle Monographie in eigener Sache, als die man André Gorz' Schrift annäherungsweise bezeichnen kann, erschien rund zwanzig Jahre nach der französischen Originalausgabe in deutscher Übersetzung, im Taschenbuch und ohne das Echo, das dem Buch des 1924 geborenen Gorz angemessen wäre. Das Werk ist einmalig, kaum zu resümieren, noch schwerer zu analysieren und unmöglich klassifizierbar – es wird praktisch von allen namhaften Nachschlagewerken übergangen. Sein Inhalt: die exemplarische Existenz eines europäischen Intellektuellen im zwanzigsten Jahrhundert.

Zu den in verschiedenen Episoden variierten Grundmotiven dieses Buchs über den geborenen „Verräter" gehört das Scheitern. Für Gorz ist diese frühkindliche Erfahrung bestimmend geworden – er liebt, provoziert das Scheitern und leidet dennoch darunter. Mit narzißtischer Arroganz schickt er sich in die

Neurose, kommt über sie zu seinem Freiheitsbegriff, macht daraus eine intellektuelle Haltung, und auf die Einsicht, daß ihn „das Universum" gefangen hält, reagiert er wie der stolze Sklave mit einem gleichzeitig resignierenden und triumphierenden Anspruch auf den Status des Gefangenen: „Es genügt, daß ich dieses Exil will, das ihr mir aufzuzwingen behauptet: daß ich die Leiden, die ihr mir bereitet, genieße. Ihr behauptet, mich durch eure Verachtung zu besitzen, aber wenn ich will, daß ihr mich verachtet, entrinne ich euch: ihr tut meinen Willen, statt mir den euren aufzuzwingen. Ich verwandle meine Situation, ohne irgend etwas an ihr zu verändern, indem ich nachträglich beschließe, daß sie das Resultat meines Willens ist, und mich mit ihr bekränze. Ich verinnerliche das Gesetz, das mir auferlegt ist, und ohne etwas anderes zu produzieren als einen wirkungslosen Willen, eine einfache ‚Regung der Seele', werfe ich mich zum Gesetzgeber einer bereits bestehenden Ordnung auf, die ich unversehrt lasse, deren Kanon ich übernehme. Euch die Macht, mir die innere Freiheit."

Diese illusorische Attitüde, die Gorz selbst als „hochmütige und empfindsame Herausforderung" erkennt, hält eine entscheidende Etappe seines Seins und Werdens fest. Die überhebliche Unterwerfung ist ein Stadium seiner fortgeschrittenen Bewußtseinsbildung, die er als schmerzlichen Verrat erleben muß – als Verrat an der Identität und Rolle, die ihm vorerst seine Mutter, die intensivste Bezugsperson, aufzwang und in der er sich nie zu erkennen vermochte. Da er dem präzisen Bild, das sich die Umwelt von ihm machte, nicht entsprach und sich die Mutter ja unmöglich irren konnte, fühlte er sich schließlich selber als Anderer, als Fälschung – als Verräter. Die Unmöglichkeit der Identifikation mit der Rolle, die ihm fremd war, führte ihn zu einem Zwangsverhalten und verdammte ihn dazu, „zu enttäuschen und zu betrügen".

Ausführlich schildert Gorz seine traumatisierende Kindheit. Seine Mutter hatte einen Juden geheiratet, dem sie nie verzieh, daß er ein Jude war. In Österreich erlebt er das Aufkommen des Faschismus, dessen Männlichkeitskult und -symbole ihn faszinieren. Sein Schicksal der kleinbürgerlichen Bedingtheit bekommt eine historische Dimension. Der nach Werten, Positionen und Identifikationsmöglichkeiten suchende Knabe erkennt die „Inflation von Wörtern und Gefühlen" nicht, er ist ein „Komplize" der sich breitmachenden Willkür – er ist auf die Anpassung programmiert, auch politisch zum Widerstand nicht fähig: „Der Erfolg des Kampfes setzt den Glauben an die Möglichkeit voraus; er glaubte nicht daran; er war besiegt, bevor er kämpfte."

Die folgenschwere Verknüpfung seiner individuellen Fatalität und Faktizität mit den geschichtlichen Ereignissen nimmt nach dem Anschluß Österreichs eine dramatische Wendung: die Ausschließung konkretisiert sich, Gorz, der halbwüchsige Halbjude, muß Wien verlassen; er verbringt die Kriegsjahre in Schweizer Internaten. Mit seiner Heimat, der Schule und der verhaßten Familie verliert er jenen Standpunkt, der ihm bisher trotz allem eine – wenn auch unakzeptierbare – Perspektive vermittelt und seinen getrübten, verfälschten Blick auf die Welt, von der er sonst nichts wußte, geprägt hatte. Der Zustand des inneren Exils widerspiegelt sich in der Emigration und manifestiert sich in einer „intellektuellen Leere", die Gorz nicht mit den Vergnügungen seiner begüterten Schulkameraden auszufüllen vermag.

An der Schweiz, dem ersten Gegenstand, zu dem er eine gewisse analytische Distanz herzustellen vermag, schärft sich André Gorz' kritische Intelligenz. Die selbstgenügsame, satte, kollektiv getragene und auf einzelne Sündenböcke angewiesene Neutralität ergibt zu seiner persönlichen, geistig wie materiell ungesicherten Situation der Einsamkeit und Misere einen unerträglichen Kontrast. Gorz selber befindet sich endlich im Kriegszustand, und die entwürdigenden Schikanen durch die eidgenössische Fremdenpolizei, mehr noch die „Dankbarkeit", auf die man ihn verpflichtet (was wäre geschehen, wenn die Schecks zur Bezahlung der Schule ausgeblieben wären?), machen ihm das wohlbehütete Land noch verhaßter. „Aufgrund seiner kindlichen Situation daran gewöhnt, den Menschen als wesentlich anders als sich zu begreifen, hat er, im Schatten seines schweizerischen Gebirges, die Menschlichkeit nicht für sich beansprucht, sondern sie auf Frankreich projiziert, das ihm damals als die Antithese Deutschlands und damit seiner selbst erschien."

Die Seiten über die Schweiz erzählen die Geschichte einer Bekehrung zum Französischen. Ihm gibt er sich hin, „wie der Mystiker sich Gott weiht". Gorz, der „jüdisch-wienerische Untermensch", vollzieht den befreienden Verrat an seiner Muttersprache und -kultur. Frankreich – das ist das Land „der Pappeln, der Bäche", des Dichters Giraudoux im Informationsministerium und Michèle Morgans auf der Leinwand, das „kultivierte Frankreich", in das sich die große, unmenschliche „Maschine Deutschland" hineinfrißt, und das, zumindest für ebenbürtig gehalten, zusammenbricht. Die politisch-geographische Antithese macht ihm seine innere Verfassung bewußter – aus der totalen Negation der Schweiz und ihrer Neutralität schöpft er die Kraft zur Entscheidung. Gorz wählt Frankreich, das am Boden liegt, und wählt mit ihm sich selber.

Schon während des Kriegs hatte André Gorz begonnen, Sartre zu lesen. Als nach 1945 die Grenzen aufgehen und der „Papst des Existentialismus" eine Vortragsreise durch die Westschweiz unternimmt, ist der fremde Österreicher so ziemlich der einzige Intellektuelle, der alle seine Schriften kennt. Es kommt – man braucht den belesenen Schüler, um Sartre etwas bieten zu können – zur Begegnung mit dem wie ein Ungeheuer bestaunten Philosophen, den Gorz aus Verdruß über die existentialistische Mode Morel nennt. Sartres Beispiel bestärkt ihn in der Hoffnung, daß „Schreiben vielleicht zu einem Weg werden könnte, der zu den anderen führt". Für Gorz, der noch immer nicht „ich" zu sagen wagt, kann damit nicht die Literatur gemeint sein – er nennt es am Ende des zweiten Teils „die Entdeckung der Wirklichkeit mit Hilfe des Journalismus". In Paris, wo er unter dem Pseudonym Michel Bosquet als Redakteur beim „Nouvel Observateur" (Spezialgebiet: wirtschaftliche und soziale Fragen) zu einer vielgehörten Instanz werden sollte, arbeitet er zunächst als freier Mitarbeiter; er wird endgültig Sartres Freund und schließt sich der Zeitschrift „Les Temps modernes" an, zu deren engstem Kreis er bis zu Sartres Tod gehörte.

„Wir-Sie-Du-Ich" sind die unterschiedlich langen, trotz der Gliederung ineinander übergehenden Kapitel des „Verräters" überschrieben. Auf Seite hundert erläutert er den Plan, der im Begriff ist, realisiert zu werden. „Sie" stehen für seine Ausschließung, „Wir" für die unzugängliche Gemeinschaft der Lebenden, „Du" konkretisiert die Notwendigkeit, die Realität als Person in bezug auf andere aufzeichnen zu müssen, und schließlich, „wenn sein Unternehmen glückt, wird er das Recht haben, ein letztes Kapitel ‚Ich' zu nennen und hier in der ersten Person zu sprechen: hier wird er aus seinen Phantasien erwachen und sich als Subjekt einer endlich auf eigene Rechnung genommenen Situation beanspruchen, in der er die Totalität seiner Mittel sieht, Mensch und frei zu werden – statt wie in diesem Augenblick ihr trauriges und willfähriges Opfer zu sein." Dieses Stadium der ersten Person wird tatsächlich erreicht – über einen langwierigen Prozeß, den das Schreiben gleichzeitig vorschreibt und reflektiert. Als Medium dieser Selbstanalyse, die Gorz selber als „Übertragung" bezeichnet, übernimmt es in jenen Momenten, da der Verfasser, Analytiker und Analysand in einem, „schreibt", nicht um in der Welt, sondern um „im Schreiben" einen Sinn zu erkennen, sogar die Funktion der verlorenen Wirklichkeit, an deren Stelle es tritt. Sartre hat diesen Mechanismus im Vorwort sehr genau beschrieben: „Diesmal haben wir begriffen: der, von dem gesprochen wird, ist der, der spricht: aber es gelingt den beiden nicht, zusammenzuwachsen." Das völlige Zusammenwachsen (im Text) wäre letztlich auch weder wünschenswert noch möglich. Der „endgültige Riß", von dem Gorz Zeugnis ablegt, kann im Schreiben irgendwie überbrückt, nicht aber definitiv aufgehoben werden: „Einmal hatte ich geglaubt, daß das Leben möglich werden würde, wenn ich alles gesagt hätte: jetzt merke ich, daß für mich das Leben Schreiben ist: jedesmal aufbrechen, um alles zu sagen, und gleich danach von vorn anfangen, weil alles immer gesagt zu werden bleibt. Gleichwohl glaube ich nicht mehr, daß Schreiben die totalste Verwirklichung des Menschen ist. Es ist lediglich, in jeder Gesellschaft, für ein paar Menschen die einzig mögliche Verwirklichung."

Das Ende der Schrift, die den Akt des Verrats vollzieht, aber nicht als abschließende Befreiung realisieren kann (sie „faßt auf vollkommene Weise den Sinn und die Natur seines Verhältnisses zu den anderen zusammen. Sie müßte jetzt zum Instrument der Veränderung dieses Verhältnisses werden"), verweist auf den Anfang zurück: auf die ausgiebige Diskussion zwischen Marxismus und Psychoanalyse. Dieses Spannungsfeld zwischen Ichveränderung und Weltrevolution bestimmt, bedingt den „Verräter" – nicht als Buch über oder gegen, sondern als Buch *der* menschlichen Faktizität („daß ich gerade hier bin, daß die Welt so ist").

André Gorz, der zu Freiheit und Frankreich konvertierte Österreicher jüdischer Abstammung, hat ganz eigentlich jenes totale, fließende, sich selber konstituierende und wieder auflösende Werk der „réfléxion purifiante" geschrieben, von dem Sartre in „Das Sein und das Nichts" erklärt, daß es möglich sei. Seine Monographie der eigenen Person ist derart radikal und aufrichtig, daß sie gerade im spezifischen „Fall Gorz" unser aller Sache behandelt. Der „Verräter" verkörpert – lebt – die wesentlichen Themen des Existentialismus (Freiheit, Revolte, Bedingtheit, Geworfensein, Engagement), die Sartre mit den Mitteln der Fiktion darstellte, in seiner Philosophie abhandelte – und reflektiert sie bis zur ästhetischen Verweigerung, ein Kunstwerk zu sein. Diesseits der unerklärbaren Mysterien der reinen Literatur werden die Prozesse des Denkens, Fühlens, Handelns durchschaubar und rational befragbar. „Der Verräter", der – um den Preis des Gattungsverlusts – das Leben und das Denken über das Leben auf einer mehr oder weniger bruchlosen Ebene (mit ihr ist die Einheit des nur scheinbar formlosen Buchs gegeben) in einen fortlaufenden Prozeß verwickelt und eine äußerst fruchtbare Wechselbeziehung zwischen Theorie und Praxis herstellt, wird als gründlichste Monographie, warum nicht als „bedeutendster Roman des Existentialismus", dessen Debatten (die Beziehung zu den Kommunisten), Illusionen und Irrtümer (das unhaltbare Urteil über Camus) er enthält, vor der Geistesgeschichte bestehen bleiben. Man wird ihn noch in dreißig und mehr Jahren in einem Atemzug – der Vergleich meint über die offenbaren Unterschiede und Gemeinsamkeiten hinweg vor allem den Rang – mit den „Traurigen Tropen" von Claude Lévi-Strauss nennen – und wohl auch lesen.

Am Schluß des Buches gibt es eine Stelle, in der Gorz den Beitritt des Intellektuellen zur Kommunistischen Partei als Zielvorstellung propagiert. Er selber hat ihn nie vollzogen, und seit den sechziger Jahren – der „Verräter" erschien 1958 – zeichnete sich ein Bruch ab. Gorz wurde zu einem der führenden Theoretiker der nichtorthodoxen revolutionären Linken, der damals Marcuse und den italienischen Marxisten nahestand. Später entwickelte er sich zu einem „grünen Theoretiker", der sich nicht mit den traditionellen Themen der Philosophie, sondern mit den konkreten Aspekten der Welt und ihren Problemen befaßt; für sie sucht er nach Lösungen. Sein Bruch – der sich lange vor der plötzlichen, heftigen, emotionalen Abkehr der französischen Intellektuellen vom Marxismus abzeichnete – ist kein ideologischer: er kam aus der Einsicht, daß die Schemen des Klassenkampfs die Analyse und Veränderung der Gesellschaft nicht weiterbringe. In seinen Schriften „Abschied vom Proletariat" und „Wege ins Paradies" entwirft er eine Gesellschaft jenseits von Kapitalismus und Sozialismus. Ihnen ist vor allem in den skandinavischen Ländern, in England, Italien und auch in Deutschland ein breites Echo beschieden. André Gorz ist einer der fruchtbarsten Denker der Zukunft, für den sich neben den undogmatischen Linken und den „Grünen" immer mehr auch an der Gestaltung der Zukunft interessierte führende Köpfe aus Wirtschaft und Politik interessieren. Seine These: Nur noch 20 000 Stunden pro Leben werden die Menschen am Ende des Jahrhunderts arbeiten und dafür ein lebenslänglich garantiertes Volleinkommen beziehen. Das ist für Gorz die einzige Möglichkeit, im Zuge der technischen Entwicklung eine humane Gesellschaft zu gestalten. Die Alternative zu diesem Gorz-Modell ist eine Horrorvision: der Kapitalismus muß die Bürger für das Konsumieren bezahlen.

In „Abschied vom Proletariat" entwirft Gorz die zukünftige Welt, in der sich die Arbeit grundsätzlich verwandelt hat. Sie vermag dem einzelnen Menschen das Gefühl von Identität und Selbstverwirklichung nicht mehr zu vermitteln. Dem Proletariat hält Gorz die „Nichtklasse der Nichtarbeiter" entgegen: „Alle diese Millionen, die die Arbeit nicht mehr als etwas Nötiges erleben, sondern als etwas Lästiges; alle diese Millionen Leute, die einmal dies und einmal das machen und keinen Arbeitsplatz als lebenserfüllend und lebensbestimmend mehr ansehen können und wollen."

Bereits im „Abschied" skizziert Gorz für das „Goldene Zeitalter der Arbeitslosigkeit" eine „dualistische Gesellschaft", in der neben der die materielle Existenz sichernden Arbeit, auf die nie ganz wird verzichtet werden können, die freie Zeit stets zunimmt. Damit rückt die Kultur in den Mittelpunkt des Lebens – sie wird zum Kern der gesellschaftlichen und der privaten Sphäre. Der Begriff umfaßt in diesem – dem weitesten – Sinne Tätigkeiten, die ohne wirtschaftliche Zielsetzung verrichtet werden, aber natürlich einen großen Bedarf erschließen. Das können intellektuelle, kreative, manuelle Beschäftigungen sein – aber ebenso stundenlanges Nichtstun oder auch passiver Kulturkonsum.

In seinem anschließenden Werk „Wege ins Paradies" präzisiert der Autor seine nun schon sehr konkreten Vorstellungen von der schönen neuen Welt. Ausgangspunkt seines Aufbruchs ist eine Analyse der ökonomischen Krise, die lange dauern und eine überaus tiefe Veränderung bringen wird. Ihre Ursachen – das ständige Sinken der Rentabilität war nur ein Symptom – sind nach Gorz überaus vielfältig: Sättigung der Märkte, Explosion sozialer Bedürfnisse, die sich nicht über den Markt und durch individuellen Konsum decken lassen, anspruchsvoller gewordene Arbeitskräfte, schließlich die Ausschöpfung der in den herkömmlichen Technologien enthaltenen Produktivitätsreserven.

Gorz zeigt am Beispiel amerikanischer und französischer Statistiken, daß die pro Produkteinheit und Arbeitsplatz investierte Kapitalmasse viel schneller anwuchs als alle anderen Faktoren. In dieser Situation gibt es eine einzige Möglichkeit zur Sicherung der Rentabilität: die Produktivität der Arbeit muß erhöht werden. Das heißt: Arbeiter durch Maschinen ersetzen und diese verbilligen. Die technologische Revolution der Automatisierung durch Roboter und die Informatik gehen von dieser Konsequenz aus: Weniger Arbeiter müssen mehr Ware herstellen – bei einer ständigen Verringerung der Produktionskosten. Nach einer Anlaufzeit von zehn Jahren, mit einer beträchtlichen Verbilligung der automatischen Einrichtungen, ist dieser Prozeß nun in die Phase der Beschleunigung getreten.

Es wird immer weniger Arbeit geben. Gorz zitiert Hochrechnungen, die bei einer Zunahme des jährlichen Wachstums von zwei Prozent – was relativ viel ist – in verschiedenen Ländern für die neunziger Jahre Arbeitslosenraten von dreißig Prozent der Bevölkerung voraussagen. Weil eine Gesellschaft mit derart vielen Arbeitslosen nicht – jedenfalls nicht auf demokratische Art – verwaltet werden kann, schlägt Gorz Maßnahmen vor, welche die ökonomischen Grundlagen des Industriezeitalters radikal in Frage stellen. Der Autor fordert, daß das Recht auf Arbeit nicht mehr dem Prinzip auf eine vollzeitliche Anstellung entsprechen könne und das Recht auf ein Einkommen, welches ein normales Leben garantiert, entsprechend von der Ausübung einer Arbeit im Angestelltenverhältnis losgelöst werden müsse.

Die Arbeit soll nach Gorz so verteilt werden, daß möglichst viele arbeiten – dürfen, können, müssen? Er geht von einer Zunahme der Produktivität von drei Prozent jährlich aus und kompensiert diese durch eine entsprechende Verkürzung der Arbeitszeit. Damit kommt er noch vor dem Ende des Jahrhunderts auf eine jährliche Arbeitszeit von ungefähr 900 Stunden. Das wird heute in 24 Wochen geleistet – und könnte einer 18-Stunden-Woche entsprechen. Diese Zahl stimmt übrigens auch mit japanischen Prognosen für die neunziger Jahre überein.

Wenn nun aber die ausgeschüttete Lohnsumme parallel zur Anzahl der Arbeitsstunden, welche die Wirtschaft benötigt, zurückgeht, wird es entweder zu einem allgemeinen Rückgang des Lebensstandards kommen oder zu einer erdrückenden Masse verarmter Arbeitsloser. Deshalb schlägt Gorz vor, daß die Gesellschaft ihren Mitgliedern ein sogenanntes Sozialeinkommen auszahlt, das in eben dem Maße ansteigt, in dem die Arbeitszeit und das Arbeitseinkommen absinken. Finanziert würde dieses Sozialeinkommen durch eine pro Produkteinheit erhobene Sozialabgabe. Der Verfasser bezieht sich wiederum auf Beispiele aus Japan, wo die Arbeitgeber vorgeschlagen haben, die Roboter Gewerkschaftsbeiträge zahlen zu lassen. In westlichen Ländern haben die Regierungen längst bewirkt, daß Produkte, die kaum noch Arbeit verlagen, sehr hoch besteuert werden – Zigaretten, Alkohol, gewisse Medikamente, Erdölprodukte, mancherorts die Autos. Es gibt in den industrialisierten Nationen längst Produkte, in deren Verkaufspreis die Steuern viel stärker zu Buche schlagen als die Herstellung.

Mit der Durchführung seines Vorschlags hält es André Gorz für möglich, den Bürgern ein lebenslängliches Volleinkommen zu sichern, auch wenn – was in etwa zwanzig Jahren der Fall sein könnte – die Arbeitszeit auf bloß 20 000 Stunden pro Leben absinkt. Das entspricht zwanzig Jahren zu tausend Stunden, deren Verteilung aber völlig flexibel zu gestalten wäre. Wiederum bringt der Autor die Resultate gründlicher Untersuchungen ein, die für zahlreiche Länder fast ausnahmslos ein geringeres Interesse der Menschen an ihrer Erwerbsarbeit und ein größeres Bedürfnis nach frei verfügbarer Zeit belegen.

André Gorz hält die Tendenzen, von denen er ausgeht, für unausweichlich. Die einzige Alternative zu seinem Entwurf wäre eine Welt der „auto-surveillance", der Selbstüberwachung, wie sie Jacques Attali in seinen Büchern beschreibt: Die kapitalistischen Unternehmen verkaufen den Bürgern Apparate und Programme, mit denen sie sich unter konstantem Druck selber sozialisieren, wie es der Gesellschaft – oder dem Staat – nützlich ist: also Selbstüberwachung, Selbstnormalisierung, Selbstschulung, psychiatrische Selbstbehandlung usw. In diesem System der automatisierten Dienstleistungen und Produktion wird schlußendlich die einzige Möglichkeit, diese den Leuten zu verkaufen, folgende sein: die Menschen müssen für den Kauf, den sie tätigen, bezahlt werden – der Akt des Konsumierens wird einer Arbeit gleichgestellt und honoriert. Diese Vision eröffnet natürlich die schlimmsten Perspektiven eines völlig normierten und standardisierten Verhaltens in allen Bereichen des individuellen wie kollektiven Lebens.

Ihnen setzt Gorz die dezentralisierte und dualistische Gesellschaft entgegen. In ihr gehört jeder Mensch zwei Sphären an: jener der sozialen Produktion und der autonomen freien Tätigkeit, die die Entwicklung von Selbsthilfe, von Tauschbeziehungen – auch von Arbeit – und von kooperativen Formen zur Folge haben wird. In beiden Fällen – bei Gorz wie bei Attali – wird die Welt weder kapitalistisch noch in einem orthodoxen Sinne sozialistisch sein: Das garantierte Lebenseinkommen wie die Bezahlung des Konsums entsprechen nicht mehr dem Wertgesetz des Kapitalismus, das einen Lohn nur für Arbeit zugesteht. Auch mit dem Marktgesetz wird gebrochen, denn Angebot und Nachfrage bestimmen nicht mehr die Produktion. Wenn die Waren die Konsumenten kaufen, ist das Gesetz des Marktes außer Kraft.

André Gorz ist ein intelligenter, phantasievoller Sozialtheoretiker geworden, der auch über pädagogische Fähigkeiten verfügt – er verwirrt den Leser nicht, sondern fesselt und bereichert ihn. In seiner Vision zeichnet sich das „Paradies" klarer ab als die „Wege", die zu ihm führen – auch wenn die Richtung deutlich ist. Gorz argumentiert im steten Bemühen um eine offene, friedliche, demokratische, auch soziale Welt, welche ihre dringlichsten Probleme löst und dem Terror der Gleichmacherei widersteht. Gerade deshalb ist sein Buch geeignet, Ängste abzubauen – weil der Verfasser zeigt, daß diese Zukunft, um die es geht, keine Fatalität ist, sondern machbar, gestaltbar – und eben mehrere Möglichkeiten denkbar sind: „Demokratie und Freiheit haben stets die Möglichkeit mehrerer Lösungen für ein Problem zur Grundlage gehabt", sagte Gorz in einem Gespräch, „ohne diese Möglichkeit gibt es keine Freiheit. Wenn man sagt, es existiert ein einziger Weg, eine einzige – von den technischen Sachzwängen diktierte – Möglichkeit, wird die Demokratie überflüssig und unpraktizierbar: das ist dann die despotische Technokratie." *J. A.*

Jacques Lacan
oder
Die fröhliche Psychoanalyse

„Jacques Lacan mag sein, was ein großer deutscher Psychoanalytiker gesprächsweise mir angedeutet hat: ein Verirrter, er mag
auch sein, was herrisch man auf anderer Seite versichert: ein
Genie, dessen Schriften erst eine spätere Welt verstehen wird."
– Die Frage, formuliert von Jean Améry, tauchte auf, wo immer der Name Lacan Erwähnung fand. Er gehörte zu den wi-
dersprüchlichsten und umstrittensten Persönlichkeiten der zeitgenössischen Kultur – während eines halben Jahrhunderts
umrankten Legenden sein Leben und seine Lehre.

Als Ausgangspunkt einer reichen publizistischen Tätigkeit
nimmt die 1932 veröffentlichte Doktorarbeit des 1901 geborenen, 1981 verstorbenen Jacques Lacan in der Geistesgeschichte
des zwanzigsten Jahrhunderts einen besonderen Platz ein. In
diesem Text finden sich die Ursprünge von Lacans Denken, das
sich später zwar ständig weiterentwickelte, aber bereits eine
streng sprachbezogene, analytische Methode andeutet. Diese
Arbeit ist kürzlich in Frankreich neu aufgelegt worden: „De la
psychose paranoiaque dans ses rapports avec la personnalité"
(Editions du Seuil).

In seiner Dissertation behandelt Lacan den „Fall Aimée".
Diese Frau hatte eine bekannte Schauspielerin, Madame Z.,
verheiratet mit dem Schriftsteller P. B., durch einen Messerstich
an der Hand geringfügig verletzt. Schnell überwältigt, verwei-
gerte die Unbekannte vorerst jede Auskunft. Später erfuhr
man, daß sich Madame Z. bedroht und verfolgt fühlte. Die
Schauspielerin verzichtete auf eine gerichtliche Klage, doch
wurde Aimée in die Klinik Saint-Lazare gebracht, wo Lacan sie
eineinhalb Jahre lang beobachtete. Der „Fall Aimée" zeigt die

Genese sowohl von Lacans analytischem Stil wie auch einer psycholinguistischen Theorie, die er an Hand der Gedichte, welche seine Patientin schrieb, entwickelte.

Die Publikation kam zur Unzeit. Die Aufnahme war frostig, zumal Lacan in offener Rebellion zur offiziellen Psychologie seines Landes (Claude, Clérembault, Janet) stand. Die einzigen, die seine Bedeutung sofort erkannten, waren die Surrealisten. Paul Eluard publizierte Aimées Texte als „Unfreiwillige Poesie". Das Interesse war gegenseitig. Lacan beschäftigte sich ausgiebig mit dem Surrealismus und bereicherte die – kürzlich ebenfalls neu aufgelegte – Zeitschrift „Minotaure" mit zahlreichen Beiträgen. Sein Aufsatz über das Verbrechen der Geschwister Papin steht am Ausgangspunkt von Jean Genets Stück „Les Bonnes" (Die Zofen).

Später erregte der Maler Hieronymos Bosch seine Aufmerksamkeit. Gerade die Begegnung mit dessen Bildern demonstriert, wie Lacan seine von der Psychologie geprägten Ansichten auf die der „Kultur" entlehnten Objekte projizierte und Rückschlüsse auf das menschliche Verhalten zu ziehen vermochte. So interpretiert er den „Garten der Lüste" als „Atlas aggressiver Bilder, die den Menschen verfolgen", erkennt Sujets wie „Kastration, Entmannung, Verstümmelung, Zerstückelung, Verrenkung, Bauchaufschlitzen, Verschlingung, Aufbersten des Leibes – kurz, IMAGINES des zerstückelten Leibes" und stellt dann fest, daß diese Themen der kindlichen Phantasie entstammen, wie sie sich vor allem im Spiel der Zwei- bis Fünfjährigen äußern.

Auf die Malerei ist Lacan immer wieder zurückgekommen. In einer 1964 gehaltenen Vorlesung entwickelte er, ausgehend von der Beziehung Subjekt (Betrachter) – Objekt (Betrachtetes), eine Dialektik des Sehens, deren Komponenten der Blick und das Auge sind. Lacan gelangt zu der Erkenntnis, daß diese nicht zusammenfallen, also keine Koinzidenz vorliegt, wie ja auch bereits die Sprache hier zu unterscheiden versteht: „Niemals betrachtest du mich dort, wo ich dich sehe" (im Sinne von: sehen möchte). Lacan bezeichnet diese Beziehung als „leurre", als Köder. Zur Grundlage hat sie ein ganz bestimmtes, ursprünglich sexuelles Verlangen und gilt – auf dieser für Lacan omnipräsenten Ebene des Mangels („manque") – ebenso beim Betrachten eines Bildes wie beim Spiel zweier Liebender. Da sich das Subjekt anders gibt, als es ist, und man ihm nicht zu sehen gibt, was es sehen möchte, muß man von permanenter Täuschung sprechen; Köder sind da, um zu täuschen. Der Blick, der unweigerlich täuscht, triumphiert über das Auge, das der Täuschung unterliegt.

Man kann Lacans Lehre auf den Begriff einer Synthese von Freuds Modellen und Ferdinand de Saussures Linguistik bringen. Lange vor den Amerikanern hat er die Zusammenhänge zwischen Sprache und Denken erforscht und mit Nachdruck eine linguistische Ausrichtung der Psychoanalyse gefordert. Eine seiner großen Leistungen ist der Versuch, das Gespräch zwischen Analytiker und Analysand, auf dem die Psychoanalyse beruht, zu einer Theorie auszuweiten. Mit seinem Interesse für die Sprache ist gleichzeitig seine Rückkehr zum frühen Freud begründet und zu den Anfängen der Psychoanalyse. Lacan gelangte zur Einsicht, Sprache und Unterbewußtes seien gleich strukturiert. Lacans klinische Methode basiert auf der Überzeugung, daß sich das Unbewußte des Patienten wie das System einer Sprache analysieren lasse. Sein erstes Seminar eröffnete Jacques Lacan mit den Worten: „Der Lehrer unterbricht sein Schweigen durch gleichgültig was, einen Sarkasmus, einen Fußtritt. – So geht auf der Suche nach einem Sinn ein buddhistischer Lehrer vor, entsprechend der Technik des Zen. Es ist die Sache der Schüler selbst, die Antwort auf ihre eigenen Fragen zu suchen. Der Lehrer trägt nicht ex cathedra eine abgeschlossene Wissenschaft vor; er bringt die Antwort bei, wenn die Schüler in der Lage sind, sie selbst zu finden. – Diese Lehre ist eine Absage an jedes System. Sie deckt ein Denken in Bewegung auf – gleichwohl fähig zum System, denn es zeigt notwendigerweise ein dogmatisches Gesicht. Freuds Denken hält sich durchweg geöffnet für Überprüfung und Überarbeitung. Ein Irrtum, es auf abgenutzte Worte zu reduzieren. Jeder Begriff besitzt in ihm sein eigenes Leben. Und genau das heißt Dialektik." Dieser Abschnitt kennzeichnet Lacans pädagogisches Vorgehen wie sein Denken. Er gefiel sich durchaus in der Rolle der Sphinx, ja des Gurus. Seine „Seminare" – es handelt sich um die transkribierte Version seiner Lehrveranstaltungen; die französische Ausgabe ist auf über zwanzig Bände angelegt, einige sind in deutscher Übersetzung erschienen – ergänzen die „Ecrits", die „Schriften", die etwa 900 Seiten umfassen (eine dreibändige Ausgabe liegt in deutscher Übersetzung vor).

1951, „Seminar I, Freuds technische Schriften", ist auch das Jahr des legendären „Discours de Rome" beim Kongreß romanischer Psychoanalytiker. Lacan plädierte damals für die Sprache als Instrument der Therapie und kritisierte die sakrosankte Dreiviertelstunde als Sitzungsdauer. Seine Rede, voller philosophischer Anspielungen, stand am Beginn eines Konflikts, der mit dem Ausschluß Lacans aus der „Société Française de Psychoanalyse" seinen Höhepunkt erreichte. Der Dissident gründete 1964 die „Ecole Freudienne de Paris". Das „Seminar I" erhellt nachträglich die Auseinandersetzung, die man unter den Titel „Lacans Herausforderung der offiziellen Psychiatrie mit strukturalistischen Mitteln" stellen könnte.

Die Überzeugung, daß Wahnsinn, Neurose, Schizophrenie in einem gesamtgesellschaftlichen Rahmen interpretiert und analysiert, eben auch behandelt werden müssen, gehörte zu seinen dringlichsten Anliegen. Daher auch sein Bemühen, dem von der herrschenden Psycho-Ideologie adoptierten, in den Stand der normgebenden Legalität promovierten, zumindest halbwegs neutralisierten Freud die ursprüngliche Subversiv- und Sprechkraft zurückzugeben. In „Freuds technische Schriften" präzisiert der Verfasser zahlreiche Begriffe (wie Übertragung, Widerstand, Objekt, Sprache) und zeigt, wie ihr Mißverstehen – etwa in der angelsächsischen Ich-Psychologie – zwangsläufig zum Scheitern der analytischen Therapie führen muß.

Lacans programmatische „Rückkehr zu Freud" ist letztlich nichts anderes als die praktische Durchführung, die klinische Anwendung und theoretische Abstützung seiner Erkenntnis, daß sich eben Unbewußtes und Sprache als ein identisches System beschreiben lassen. Die Sprache stellt die Bedingungen des Unbewußten dar, in der Rede des Patienten spricht dessen

Unbewußtes. Lacans orthodox strukturalistische Konzeption wurde entscheidend von Claude Lévi-Strauss geprägt: „Das Unbewußte hört auf, der unnennbare Zufluchtsort der individuellen Besonderheiten zu sein, der Aufenthaltsort einer einzigen Geschichte, die aus jedem von uns ein unersetzliches Wesen macht. Es beschränkt sich auf einen Ausdruck, mit dem wir eine Funktion bezeichnen: die symbolische Funktion, die zwar spezifisch menschlich ist, die sich aber bei allen Menschen nach denselben Gesetzen vollzieht."

Für Lévi-Strauss – und mit ihm für Lacan – ist das Unbewußte (l'inconscient) stets leer, „genauer gesagt, es ist den Bildern ebenso fremd wie der Magen den Nahrungsmitteln, die durch ihn hindurchgehen. Als Organ einer spezifischen Funktion beschränkt es sich darauf, unartikulierten Elementen, die von außen kommen – wie Antrieben, Emotionen, Vorstellungen, Erinnerungen –, Strukturgesetze aufzuerlegen, die seine Realität erschöpfen. Man könnte also sagen, daß das Unterbewußtsein (le subconscient) das individuelle Lexikon ist, in dem jeder das Vokabular seiner persönlichen Geschichte sammelt, daß aber dieses Vokabular nur soweit Bedeutung für uns selbst und für die anderen gewinnt, als das Unbewußte es gemäß seinen Gesetzen formt und eine Rede daraus macht."

Die wirkliche Spaltung – sie geschieht von außen und wird dem Subjekt aufgedrängt: das Symbolische, die Sitten und Bräuche, Traditionen (das individuelle Verhalten muß sich nach klar bestimmten gesellschaftlichen Normen richten) sind zu nennen – ist für Lacan nicht jene in die Schichten bewußt/unbewußt, sondern die Aufteilung des Unbewußten: in das Verdrängte einerseits und in jenen Bereich, der sich in Wiederholungszwängen manifestiert, andererseits. Die Psychoanalyse interessiert sich für die „Bildungen des Unbewußten" – insbesondere für das, was in der Geschichte des Patienten scheinbar keinen Sinn ergibt: Träume, Fehlleistungen, Witze, Versprecher, Lücken, Vergessen von Namen, Zahlen (als den reinsten Symbolen der Zeichenordnung) –, welche sie de-codiert: im Entziffern dessen, was das Unbewußte an ver-ziffernder, ver-schlüsselnder Arbeit geleistet hat, werden die Strukturen sichtbar.

Dieser Vorgang des Freilegens mittels Sprache ist äußerst komplex und läuft in der Praxis von Fall zu Fall verschieden ab. Dennoch gibt es kohärente systematische Beschreibungen dieser „Kunst der Interpretation": tatsächlich sind die Phantasien, Nacht- und Tagträume des Neurotikers im Prinzip wie dichterische Texte zu lesen (Freud verstand beides als „Fortsetzung und Ersatz des einstigen kindlichen Spielens").

Auch hier schließt Lacan direkt beim Begründer an: Den dem Unbewußten eigenen Mechanismen von Verdichtung und Verschiebung entsprechen im Sprachlichen die – im Sinne Jakobsons gebrauchten – rhetorischen Figuren Metapher und Metonymie, wobei schon Freud auf die Metonymie (Verschiebung) als Möglichkeit, die Zensur zu umgehen, hingewiesen hat. Im Fall der Metapher – Substitution eines Terms durch einen anderen – ersetzt „das Symptom" den in der Sprache des Unbewußten verlorengegangenen Begriff. Lacan interpretiert die Metonymie, die „eigentliche Funktion" des Signifikanten, als Triebwunsch (désir). Noch einmal vereinfachend formuliert: In der signifikanten Kette (chaîne signifiante) verweist die Metapher auf den verdrängten Signifikanten, die Metonymie auf eine Leerstelle, auf den ersten verdrängten Wunsch, von dem eine Kette immer neuer, immer anderer Wünsche ausgeht. Im analytischen Prozeß muß die Verknüpfung sich verschiebender Signifikanten bis zu diesem Ursprung zurückverfolgt werden.

Im Kapitel „Über den Narzißmus" (Seminar I) definiert Lacan das „volle Sprechen" (parole pleine) als „Sprechen, das bewirkt. Eines der Subjekte befindet sich, nachher, anders, als es vorher war". Ihm entspricht im Lacanschen System die Ebene der Anerkennung – die er unterscheidet von der Ebene der Mitteilung (Appell, Diskussion, Information), welche in letzter Instanz „Übersicht über das Objekt zu realisieren bestrebt ist".

Beim „vollen" Sprechen geschieht jedesmal symbolische Übertragung. Von da aus entwirft der Autor in mitreißenden Abschnitten eine Topologie des Imaginären, Symbolischen und Realen. Es geht ihm, mit Freud, darum, die Strukturdifferenz zwischen dem Rückzug von der Realität, wie sie bei den Neurotikern zu konstatieren ist, und dem Rückzug im Falle der Psychose zu erfassen. Für die Neurose stellt er in der ablehnenden Sperre gegenüber der Wirklichkeit einen Rückgriff auf die Phantasie fest – wir sind im Bereich der imaginären Ordnung. Personen und Sprachen verändern ihren Wert völlig. Lacan schreibt: „Imaginär verweist hier – erstens auf die Beziehung des Subjekts zu seinen strukturierenden Identifikationen, das ist der volle Sinn des Terminus Bild in der Analyse – zweitens auf die Beziehung des Subjekts zum Realen, deren Charakteristikum es ist, illusorisch zu sein, das ist diejenige Seite der imaginären Funktion, die am häufigsten hervorgekehrt wird."

Vom Neurotiker unterscheidet sich das psychotische Subjekt durch die Tatsache, daß es für seinen Realitätsverlust keinerlei imaginären Ersatz findet: „Eine der am weitesten verbreiteten Konzeptionen ist die, daß das delierende Subjekt träumt, daß es voll im Imaginären ist. Es muß also so sein, daß, in Freuds Konzeption, die Funktion des Imaginären nicht die Funktion des Irrealen ist. Ohne diese Bedingung läßt sich nicht einsehen, warum er dem Psychotiker den Zugang zum Imaginären verwehrt."

Zu den wesentlichsten, in der Gedankenführung radikalsten Schriften Lacans gehört die Arbeit „Das Spiegelstadium als Bildner der Ich-Funktion". „Das Menschenjunge", schreibt er, „erkennt auf einer Altersstufe von kurzer, aber merklicher Dauer, während der es vom Schimpansenjungen an motorischer Intelligenz übertroffen wird, im Spiegel bereits sein eigenes Bild als solches": seine Mimik verrät ein Aha-Erlebnis (ein Begriff, den Lacan, der Kant und Freud im Original las, deutsch verwendet). Das Spiegelstadium interpretiert er als eine Identifikation, „als eine beim Subjekt durch die Aufnahme eines Bildes ausgelöste Verwandlung". Freuds Hinweis auf die konstituierende Rolle der Sprache bei der Herausbildung des „Ich" aus dem „Es" verankert Lacan zu einer Theorie von der Wendung des „Spiegel-Ich" (je spéculaire) zum „sozialen Ich" (je social) und begründet damit erneut seine linguistische Auffassung von Neurose und psychoanalytischer Behandlung.

In „Enfance aliénée" antwortet Jacques Lacan auf eine von

Henri Ey entworfene Konzeption, in der vom Wahnsinn als von einer Beschimpfung und Beleidigung der Freiheit die Rede ist. Lacan wandte sich mit Entschiedenheit gegen diese Auffassung, welche die rückständige Psychiatrie Frankreichs lange prägte. Er erkannte die Präsenz des Wahnsinns innerhalb des Menschen – jeder trage ihn in sich, er stellte für Lacan die eigentliche Grenze der Freiheit des Individuums dar. Damit bewegte er sich innerhalb dessen, was in Sartres Terminologie als innere und äußere Bedingtheit bezeichnet wird – als Teil der Faktizität, welcher die Freiheit bedarf: „Die Freiheit ist die Wahl eines Zieles im Dienste der Vergangenheit", schreibt Sartre in „Das Sein und das Nichts", geht dann aber einen Schritt, bei dem ihm Lacan nicht mehr folgen kann, weiter: „Ich allein kann nämlich in jedem Augenblick über die Tragweite der Vergangenheit entscheiden."

Jacques Lacan hat Theorie und Praxis der französischen Psychoanalyse, deren Rückständigkeit noch von Freud beklagt wurde, entscheidend weitergebracht. In Deutschland ist er seit der Mitte der siebziger Jahre mit großem Interesse rezipiert worden – und keineswegs ausschließlich von Fachkollegen. Der Walter-Verlag hat die „Schriften" und einige „Seminar"-Bände in vorbildlicher Aufmachung herausgebracht; dann brach die Edition ab – vielleicht wird die kürzlich erfolgte Übernahme der Rechte an Lacans Werk durch den Beltz-Verlag eine editorische Fortsetzung bewirken: Lücken gibt es noch viele. Die bereits vorliegenden Ausgaben zeichnen sich durch stilistische Sensibilität und eine exakte Terminologie aus. Das Übersetzen wurde durch die Tatsache erleichtert, daß Lacan viele Begriffe Freuds im Original übernahm und ein hervorragender Kenner des Deutschen war. Für den Ausdruck „Trieb" benutzte er zunächst das französische „instinct", erst später übersetzte er öfters mit „pulsion". Das Beispiel zeigt, wie die Wortfelder der beiden Sprachen – wo überhaupt ein einigermaßen befriedigendes Paar gefunden werden kann – oft nur teilweise identisch sind, deckungsgleich. Manchmal ist die deutsche Version durch den Rückgriff auf Freuds Vokabular sogar genauer als Lacans Original. Umgekehrt existieren im Französischen Ausdrücke, denen die deutsche Sprache nichts Gleichwertiges entgegenzusetzen hat. Das gilt für das französische Verb „jouir", das den männlichen wie weiblichen Orgasmus als aktiven Vorgang beschreibt. „Désir" übersetzen Lacans deutsche Interpreten mit „Begehren" – außer in jenen Fällen, in denen es als – wenig glückliche – Wiedergabe für das bei Freud entnommene Wort „Wunsch" erkenntlich ist.

Anfang 1980 – kurz vor seinem Tod – löste Lacan die von ihm gegründete Ecole Freudienne de Paris auf; die Kontestation, die sich in ihren Reihen bemerkbar machte, war ihm unerträglich. Er verlangte von seinen Gefolgsleuten absoluten theoretischen Gehorsam. Den Kult um sein Leben, seine Lehre und seine Legenden hatte er geschickt mitinszeniert – er gefiel sich sichtlich in der Rolle des genialen Gurus. Es war längst Mode geworden, bei Lacan in die Analyse zu gehen. Seine Seminare waren seit einem Jahrzehnt ein Wallfahrtsort der Pariser Schickeria – auch wenn er während einer Lektion gelegentlich nicht mehr als einen Satz von sich gab: man besuchte sie wie eine gesellschaftliche Salonveranstaltung bei Dior.

In den letzten Monaten hatte sich die Opposition gegen Lacan, bei dem die Sitzungen manchmal nur wenige Minuten oder gar Sekunden dauerten und der seine Lehre zuletzt in den Zeitschriften „Scilicet" und „Ornicar" sowie einer renommierten Buchreihe verbreitete, nochmals verstärkt. Seinem Schwiegersohn Jack-Alain Miller, dem Herausgeber der „Seminare", schien die Aufgabe der Testamentsvollstreckung zusehends zu entgleiten – die Meute zerstritt sich und rebellierte, bevor der autoritäre Vater überhaupt gestorben war. Jahrelang hat Miller vor Gericht für das alleinige Recht der schriftlichen Verbreitung von Lacans Vorlesungen und Seminaren, von denen verschiedenste Skripts existieren und zirkulieren, gestritten – und Ende 1985 sein Ziel erreicht. Man wird das, was seit Jahren um Lacan geschah und während geraumer Zeit noch geschehen wird, mit distanziertem Amüsement verfolgen – und gut daran tun, darüber die bleibenden Leistungen des vielseitigen Kulturkritikers und universal gebildeten Freud-Kommentators nicht zu vergessen.
                                                                J.A.

Michel Leiris
oder
Der Ethnologe als Künstler

Als Michel Leiris zu schreiben anfing, verkehrte er im Kreis der Surrealisten, aber schon nach kurzer Zeit trennte er sich von André Breton, dem geistigen Kopf der Bewegung, und gründete zusammen mit Georges Bataille, André Masson, Antonin Artaud, Georges Limbour und anderen die Dissidentengruppe, die sich „die kleine Bande von der rue Blomet" nannte. Aus dem Surrealismus empfing Leiris seine stärksten Anregungen, vor allem die Einsicht, daß die Erscheinungen der äußeren Welt wie eine Geheimschrift angeordnet sind, die mit der Sprache des Unbewußten und ihren Sprüngen, Assoziationen und Verbindungen korrespondiert. „Streichungen", der erste Band seiner vierbändigen Autobiographie „Die Spielregel", ist dafür ein eindrückliches Beispiel.

In „Mannesalter" beschreibt Leiris seine Jugend. Er besuchte häufig die Oper, und er hat, bedingt durch die Eindrücke des Theaters, zeit seines Lebens eine ausgeprägte Neigung für das Künstliche gezeigt, für Fred Astaire, modische Kleidung, mondäne Bars, aber auch für das Posierende, Dandyhafte und Melodramatische. Einmal las ihm sein Bruder so lange Gedichte vor, bis Leiris rot wurde und anfing zu weinen. Andere schreckliche Kindheitserinnerungen gewann er im Musée Grevin, wo er szenische Arrangements der Opferung Jakobs durch Abraham oder Folterungen während der frühen Christenverfolgung sah. Später wurde ihm klar, daß Sadismus und Masochismus Versuche sind, „eine intensivere Realität zu erreichen". Diese frühe psychische Formierung führte später in seinem Leben in zwei Richtungen. Einerseits wünschte er sich immer wieder, der Wirklichkeit zu entkommen, zum Beispiel in ein Haus, wie

er in „Mannesalter" beschreibt, das aus lauter Attrappen bestehen würde und in dem alles leblos wäre, auch die Menschen;
sie vor allem. Also Ekel vor der Welt, vor dem Leben, vor den
Menschen. Andererseits verfolgte ihn sein Leben lang eine fast
neurotische Furcht vor Liebe und Sexualität, konkret vor In-
fektion und symbolisch vor der Kastration, mit der wiederum
eine Lust an Kasteiung, Scham und Selbsterniedrigung einher-
ging, verbunden mit einem Zwang zu peinlicher Korrektheit
und Pedanterie, der an Leiris so häufig den irritierenden Eindruck von Biederkeit erweckt.

Dementsprechend belastet und problematisch war sein Verhältnis zu Frauen. Das Bild der Lucretia und Judith von Lucas
Cranach d. Ä., beide Frauengestalten nebeneinander, schlank
und nackt, übte einen nachhaltigen Einfluß auf ihn aus. Es ist
jene Judith, die das Haupt des assyrischen Feldherrn Holofernes abschlug. Leiris hat wiederholt seine Schüchternheit und
sein Gefühl der Unterlegenheit gegenüber Frauen eingestan-
den, und alle seine Beziehungen weisen etwas vom Verhältnis
von Judith und Holofernes auf. „Ich stelle mir vor, ich läge zu
Füßen dieses Idols wie Holofernes mit dem abgeschlagenen
Kopf." In „Krempel" (Band 2 der „Spielregel") bewegen ihn
Selbstmordgedanken, und er denkt an ein Bordell, „wo man
sich von erfahrenen und mitfühlenden Frauen töten lassen
könnte".

Eine psychoanalytische Deutung wollte Leiris nicht zulassen,
wohl aber eine metaphysische. Seiner Ansicht nach mußten die
Wurzeln dieser Lebenseinstellung in der „Furcht vor dem
Nichts" gesucht werden. Alles, was man unternimmt, habe
letztlich bloß den Zweck, „vor sich selbst zu verbergen, daß
man Angst vor dem Leben hat, die einzige Feststellung, der
man bis zuletzt auszuweichen sucht, weil sie so roh und so wenig freundlich ist". Die Angst vor dem Leben ist die Angst vor
dem Tod, die alles bestimmt. In „Krempel" wies Leiris auf seine
„hartnäckige Unfähigkeit" hin, „die Todesangst zu meistern",
„denn für mich verliert alles an Wert durch die Tatsache, daß
ich am Ende von allem sterbe". Daran führt kein Weg vorbei.

1930 steckte Leiris in einer Krise. Er hatte 1926 geheiratet.

Im November des Jahres 1929, „nach verschiedenen peinlichen Vorfällen", wollte er sich wegen einiger fehlgeschlagener Liebesversuche kastrieren, doch der Freund, den er um ein Rasiermesser bat, besaß nur einen Rasierapparat. Daraufhin beschloß Leiris, sich entgegen seiner Bedenken doch einer psychoanalytischen Behandlung zu unterziehen. Nicht nur hatte er Angst, seine Artikel für die Zeitschriften, für die er damals arbeitete, nicht rechtzeitig abliefern zu können, viel tiefer, an der Wurzel seines Leidens, quälte ihn das „scheußliche Gefühl" geschlechtlicher wie geistiger Impotenz. Am Ende der Behandlung begann er, die ersten Seiten von „Mannesalter" zu schreiben. 1931 schlug Marcel Griaule, der große französische Ethnologe, ihm vor, an einer längeren Forschungsreise nach Afrika teilzunehmen. Es war die später als bedeutungsvoll bewertete Expedition „Dakar-Djibouti" von 1931 bis 1933. Leiris ergriff das Angebot, weil er hoffte, dadurch reinen Tisch machen zu können. In Afrika führte Leiris ein Tagebuch, das weniger ein ethnologischer Bericht ist als eine Art Autobiographie – oder Selbstethnographie. Der wissenschaftlichen Neugier steht im persönlichen Bereich Langeweile und Interesselosigkeit entgegen. „Gleichgültigkeit gegenüber Afrika", heißt es einmal. Ein anderes Mal notiert er: „Anmerkung zum Erotischen: Man denkt nicht einmal daran, wenn man reist wie wir. Seltsam sogar, wie leicht man darauf verzichtet. Selbst zu onanieren wird überflüssig."

Nach seiner Rückkehr nach Frankreich arbeitet Leiris als Ethnologe und Museograph im Musée de l'Homme in Paris. Er fängt jetzt an, ebensosehr sich selbst wie die Welt unter einem ethnologischen Blickwinkel zu betrachten. 1950 veröffentlichte er den Aufsatz „Ethnographie und Kolonialismus", in welchem er zur Feststellung gelangte, der Ethnologe könne es nicht dabei bewenden lassen, den kolonialisierten Völkern bei der Erlangung ihrer Unabhängigkeit beizustehen, er müsse auch für seine eigene Befreiung einen Einsatz leisten.

Leiris ist als Dichter Ethnologe und als Ethnologe Künstler. Durch die Ethnologie angeregt, vollzieht er seine eigene, innere Entkolonialisierung. Als guter Surrealist, der er in seinen Anfängen war, hat er sein Leben lang die Bewegungen seines Innenlebens beobachtet und diese psychischen Verläufe nicht unterdrückt, sondern ihnen freien Lauf gelassen. Neben dem Surrealismus war es maßgeblich die Auseinandersetzung mit dem Fremden und Andersartigen, also dem, was der Ethnologe untersucht und was Leiris in sich selber wie einen fremden Kontinent entdeckt, was ihn zum Dichter und Künstler machte. Dichtung hieß für ihn zunächst Abweichung, „ein Abrücken und ein Ausbruch aus der Norm". Die Poesie war ein Mittel, um zum Außenseiter zu werden, und als Außenseiter wurde er Dichter. Daß er anfing, seine Phantasien, Phobien und Obsessionen mit rückhaltloser Offenheit zu beschreiben, hat nichts mit Selbstdarstellung – und schon gar nicht Selbstenthüllung – zu tun, sondern Leiris stellt sich im Wort, in der Sprache selbst her: als Kunstfigur. Es ist dies eine Methode, bei der er jede Selbstgefälligkeit einbüßt (im Sinne von „Buße tun").

Man könnte es auch so sagen: sein Werk ist sein Leben und sein Leben sein Werk. Darum dominiert das Autobiographische bei ihm so sehr. „Die Spielregel" bildet für ihn den „Atlas meiner unterirdischen Gedanken". Es ist ein Werk, in dem sich auf einer unbewußten Ebene die Themen einerseits und die Sprache andererseits in einer unglaublich kunstvollen Weise verschlingen. Aus den Beziehungen und Assoziationen der Sprache geht eine Interpretation der Welt hervor. Das Universum der Sprache ist die Struktur der Welt. So bringt Leiris zum Beispiel an einer Stelle den Ort Billancourt mit der Vorstellung einer Festkleidung in Verbindung: *à Billancourt* und *habillé-en-cour.* Schon in seinem „Glossaire" war Leiris der Magie der Wörter auf der Spur. Zwischen der Sprache und den Erscheinungen der Welt besteht eine verborgene Übereinstimmung, sozusagen eine *Absprache.* „Meine Arbeit", schreibt Leiris einmal, „wird nur wenig von den Dingen der Außenwelt beeinflußt." Das bedeutet: Alles spielt sich in seinen Vorstellungen, Phantasien und im Inneren der Sprache ab.

Poesie als gelebtes Leben, so könnte man Leiris' Lebensproduktion bezeichnen. Die „Errichtung meiner Statue", Leiris' eigenes Kunstbild, ist eine poetische Rekonstruktion von sich selbst als Antwort auf die Endlichkeit des Daseins. Dieser Gedanke wird in „Streichungen" deutlich ausgesprochen, und in seinem Spätwerk „Das Band am Hals der Olympia" kehrt das Thema noch einmal wieder: „die verkettenden Sätze" von Leiris' Wort- und Sprachhypertrophie sind als Mittel gedacht „gegen den Anblick der letalen Entkettung". Denn der Tod – wie wir gesehen haben – ist die entscheidende Kraft im Leben. Der Tod, der alles absurd erscheinen läßt und gegen den sich das Selbst nur durch den kreativen Akt behaupten kann. Der Ausgang dieses Versuchs bleibt freilich offen. Leiris hat am Ende von „Streichungen" selbst das Eingeständnis gemacht, daß er versagt habe. Vielleicht mußte er aber mißlingen, weil das Werk dem Tod zwar entgegengestellt werden, ihn aber niemals rückgängig machen kann.

Es wäre nicht weiter erstaunlich, wenn es dem Leser bei der Lektüre des Werks von Michel Leiris so erginge, wie es Leiris selber ergangen ist, als er in Afrika auf einem Felsen eine weiße Spur entdeckte, die von einem Gemisch aus Hirsemehl und Kolanuß herrührte, das zu Ritualzwecken ausgeschüttet worden war. Ganz in der Nähe entdeckte er auch das Ende eines Seils zum Festbinden des Schafs, das hier jedes Jahr den Kaimanen geopfert wird. „Die Entdeckung dieses Seilendes machte mich glücklich", schreibt Leiris in „Phantom Afrika", „denn ich beginne zu ahnen, was an der wissenschaftlichen Erforschung so packend ist: von einem Beweisstück zum nächsten weiterkommen, von einem Rätsel zum anderen, der Wahrheit nachstellen wie dem Wild auf der Fährte."

Leiris ist dem Heiligen auf der Spur. Es muß hinter den sichtbaren Erscheinungen der Welt noch etwas anderes geben, das sich geheimnisvoll ankündigt. „Als ewiger Strafgefangener der Bezüge und Gesetze wird der Mensch immer dem Absoluten nachjagen", hatte er bereits 1929 geschrieben. Poesie und Fiktionen waren für ihn Möglichkeiten, die starren Verhältnisse zu sprengen, zu öffnen, durchlässig werden zu lassen, so daß das Wunderbare hervortreten kann, „der gleißende Komet der Revolte". Dieses Wunderbare „ist nichts anderes als das im Herzen der Menschen brennende Feuer, das imaginäre Leuchten des Absoluten". Auf dem Weg, auf dem der Mensch dem Absoluten nachjagt, kann ihm Absolution erteilt werden. Es gibt in Leiris' Werk einen Punkt, wo die irdischen Verstrickungen zusammenstürzen, einen Durchbruch, der den Blick auf das Heilige freigibt.

A. S.

Claude Lévi-Strauss
oder
Die strukturale Anthropologie

Über Claude Lévi-Strauss schreiben bedeutet, über zweierlei zu schreiben: einmal über den Wissenschaftler, der die strukturale Methode in einem Maß entwickelt und bereichert hat wie außer ihm nur wenige, und einmal über den Ethnologen, der die kulturelle Vielfalt bedroht sieht und damit eine der wichtigsten Antriebsquellen für den Fortbestand der menschlichen Kulturen. Er wurde 1908 in Brüssel geboren. Als ihm 1960 der Lehrstuhl für Anthropologie am Collège de France übertragen wurde, dem 1973 als weitere Ehrung die Aufnahme in die Académie française folgte, ging er noch einmal auf de Saussures Semiologie ein, deren Untersuchungsgegenstand „das Leben der Zeichen innerhalb des sozialen Lebens" bildet. De Saussure hatte die gesprochene Sprache durch andere „Sprachen" wie Schrift, symbolische Riten, Höflichkeitsformen, militärische Signale, und so weiter, ergänzt. Lévi-Strauss stellte nun fest, daß die Anthropologie dem noch weitere „Sprachen" hinzufügen könne: „mythische Sprachen, mündliche und gestische Zeichen, aus denen sich das Ritual, Heiratsregeln, Verwandtschaftssysteme, Gewohnheiten, bestimmte Modalitäten des ökonomischen Austauschs zusammensetzen". Alles ist mit Bedeutung durchtränkt. Die Axt ist ein Zeichen, Zeichen setzen sich zu Sprachen zusammen und bilden Systeme. Nicht nur das Unbewußte ist wie eine Sprache organisiert, wie Lacan sagte, sondern das ganze menschliche Leben, von den sozialen Einrichtungen bis zu den unbewußten Manifestationen. Die Systeme lassen bestimmte Strukturen erkennen, bei denen man sich fragen muß, was sie bedeuten.

Der Strukturbegriff geht davon aus, daß von einem Arrangement nur dann gesagt werden könne, es sei strukturiert, wenn zwei Bedingungen erfüllt sind: es muß sich um ein System handeln, „in dem ein innerer Zusammenhang herrscht"; und dieser Zusammenhang muß sich in der Untersuchung der Transformationen offenbaren, „dank denen wir in scheinbar unterschiedlichen Systemen dieselben Eigenschaften wiederfinden". Was Lévi-Strauss mit Transformation meinte, erläuterte er in der Inauguralvorlesung am Collège de France und in verschiedenen anderen Zusammenhängen am Beispiel des Inzestverbots. Die Frage, worin der „Sinn" des Inzestverbots liege, kann nur beantwortet werden, wenn der „Systemcharakter" der Heiratsregeln erforscht wird, „und dies war nur", fährt Lévi-Strauss fort, „um den Preis einer zusätzlichen Anstrengung möglich, nämlich dadurch, daß man das System dieser Systeme erarbeitete und sie untereinander in eine Transformationsbeziehung stellte". Das Inzestverbot ist universell, aber sein Sinn ergibt sich nicht daraus, daß man induktiv zum Universalismus des Inzestverbots vorzudringen versucht, sondern vor allem durch die Transformationsmethode. Das erklärt auch, warum Lévi-Strauss wenig von der Diffusionstheorie, deren Auswüchse er kritisiert, und gar nichts vom Funktionalismus in der Anthropologie hält. Sie sagen nichts „über die bewußten und unbewußten Vorgänge" aus, „die in konkreten individuellen oder kollektiven Erfahrungen zum Ausdruck kommen", und noch weniger darüber, wie die Menschen, die keine Institutionen besaßen, sie erlangt haben, „entweder durch Erfindung oder durch Umwandlung früherer Institutionen, oder auch, weil sie sie von außen angenommen haben".

Um Lévi-Strauss' anthropologische Intention zu verstehen, muß man sich im klaren darüber sein, daß er versucht, die unbewußte Natur der Phänomene, im besonderen die unbewußte Tätigkeit des Geistes, aufzudecken. Da die bisherigen Methoden dafür wenig taugten, mußte er eine neue Methode entwickeln, für die er einen Ansatz in der Sprachwissenschaft fand und deren Methoden er in die Anthropologie übertrug. Schon Franz Boas hatte die Bedeutung der Sprachwissenschaft erkannt; Lévi-Strauss war es dann, der, von den sprachwissenschaftlichen Gesetzen ausgehend, die strukturale Methode zur bisher höchsten Vollendung brachte. Die linguistische Analyse ist „eine wirkliche Analyse. Aus den Wörtern zieht der Sprachforscher die phonetische Wirklichkeit des Phonems heraus; aus dieser die logische Wirklichkeit der differentiellen Elemente".

Im Aufsatz „Die Strukturanalyse in der Sprachwissenschaft und in der Anthropologie", der 1945 in der Zeitschrift „Word" erschien, zeigt Lévi-Strauss, wie er den Strukturalismus über de Saussure hinaus durch Elemente der Phonologie, die durch Roman Jakobson und Nicolai Trubetzkoy entwickelt wurde, bereichert und erweitert hat. Die Phonologie geht auf „vier Grundschritte" zurück: Studium der bewußten Spracherscheinungen und Übergang zu ihrer unbewußten Infrastruktur; keine Behandlung der Ausdrücke als unabhängige Einheiten, entscheidend sind vielmehr die Beziehungen zwischen den Ausdrücken; Einführung des Begriffs des „Systems"; Erarbeitung allgemeiner Begriffe. Die phonologischen Gesetze müssen in der Anthropologie angewendet werden und innerhalb von ihr übertragbar sein können; dann wird es möglich sein zu erkennen, daß die Verwandtschaftsbezeichnungen, wie die Phoneme, Bedeutungselemente sind und daß sie ihre Bedeutung nur unter der Voraussetzung erhalten, daß sie sich in Systeme eingliedern lassen; schließlich läßt das Vorkommen und die Wiederholung bestimmter Verwandtschaftsformen und -regeln in unterschiedlichen Gesellschaftstypen und weit auseinanderliegenden Gegenden die Schlußfolgerung zu, „daß die beobachteten Phänomene sich in dem einen wie in dem anderen Fall aus dem Spiel allgemeiner, aber verborgener Gesetze ergeben". In „Die elementaren Strukturen der Verwandtschaft" hat Lévi-Strauss später dieses Thema ausführlich behandelt.

Die hier geschilderte, von Lévi-Strauss angewandte Methode erhebt nicht den Ehrgeiz, „eine totale Kenntnis der Gesellschaften zu erzielen". „Wir wollen nur", sagt Lévi-Strauss, „aus dem Reichtum und der Vielfalt empirischer Möglichkeiten, die unsere Beobachtungs- und Beschreibungsfähigkeit übersteigen, Konstanten gewinnen, die an anderen Orten und zu anderen Zeiten ebenfalls gelten". Ein Beispiel, das Lévi-Strauss in einem anderen Zusammenhang gegeben hat: er untersucht den Ödipus-Mythos, den er nach strukturalen Überlegungen zerlegt, vergleicht die gewonnenen Elemente mit drei Versionen des Schöpfungsmythos der Zuni und kommt dabei zum Ergebnis, „daß das mythische Denken ausgeht von der Bewußtmachung bestimmter Gegensätze und hinführt zu ihrer allmählichen Ausgleichung", mehr noch: das Ergebnis läßt in ihm die Vermutung aufkommen, „daß im mythischen und im wissenschaftlichen Denken dieselbe Logik am Werk ist und daß der Mensch allezeit gut gedacht hat".

Als der Artikel 1945 in „Word" erschien, hatte Lévi-Strauss eine philosophische Ausbildung hinter sich; von 1935 bis 1939 war er Soziologieprofessor in Sao Paolo, von wo aus er mehrere ethnologische Expeditionen ins Innere Brasiliens unternahm. In der Zeit von 1942 bis 1945 lehrte er an der New School for Social Research in New York, wo er Roman Jakobson kennenlernte, die halbe Zeit in der New York Public Library verbrachte und „Tausende von Büchern" las. 1949 veröffentlichte er „Die elementaren Strukturen der Verwandtschaft".

Innerhalb der Anthropologie bilden die Verwandtschaftsbeziehungen im allgemeinen und das Inzestverbot im besonderen das älteste und konstanteste Problem. Erst wenn man sich vom Funktionalismus distanziert, der die Verwandtschaftsbeziehungen biologisch oder soziologisch zu erklären versucht, und sich der Methode von Lévi-Strauss zuwendet, wird man eine befriedigende Antwort erhalten, kommt man darauf, warum das so ist. Weder die Natur noch die Kultur sind ursprünglich, beides sind „Erfindungen" des Menschen. Lévi-Strauss hebt den künstlichen Charakter der Verwandtschaftsbeziehungen hervor. Wenn wir von Inzestverbot sprechen, dann drücken wir damit unsere eigene Vorstellung von der Ehe aus, meint er. Das Inzestverbot zielt letztlich nicht darauf, die Heirat mit der Mutter, Schwester oder Tochter zu verbieten, sondern es dient dazu, die blutsverwandten Frauen in der Regel an andere Männer zu geben. Das wiederum bedeutet, daß jeder Mann seine Frau von einem anderen Mann erhält, der sie ihm als Schwester oder Tochter abtritt. Die Ehe ist nichts, was sich zwischen

Mann und Frau abspielt, sondern zwischen zwei Gruppen von Männern. Das ist die Regel: die Männer tauschen die Frauen, die keine Partner sind, sondern Tauschobjekte. Im Tausch sind also Ursprung und regulative Funktion der Verwandtschaft zu finden. Wo dagegen das Matriarchat herrscht, sagt Lévi-Strauss dazu, sind die Männer nicht so weit gekommen, ihre Rollen als Geber und Nehmer von Frauen in Ordnung zu bringen. Es ist leicht verständlich, daß das Buch „Die elementaren Strukturen der Verwandtschaft" bei Gelegenheit als frauenfeindlich deklariert worden ist. Aber Lévi-Strauss ging es nicht darum, für oder gegen die Rolle der Frau Stellung zu beziehen, sondern zu zeigen, was ist und warum es so ist, wie es ist.

Die Ehe hat also zunächst nicht die Funktion, das Fortbestehen der Gruppe zu sichern – was nur eine natürliche Funktion wäre –, sondern sie hat vor allem ökonomische und soziale – also kulturelle – Bedeutung. Hier liegt vielleicht Lévi-Strauss' große Leistung auf diesem Forschungsgebiet. Er hat gezeigt, wie aus dem Inzestverbot die Verwandtschaftsbeziehungen hervorgehen und wie diese – durch die Zirkulation und den Tausch der Frauen – einen Übergang bilden von der „natürlichen Tatsache der Konsanguinität zur kulturellen Tatsache der Allianz".

In „Die elementaren Strukturen der Verwandtschaft" untersucht Lévi-Strauss die zahlreichen besonderen Formen und Einrichtungen der Verwandtschaftsbeziehungen: vom Inzest über die duale Organisation, die Exogamie (= Heirat außerhalb des Stammes, der Kaste), die Kreuzvetternheirat, das Avunkulat (= Vorrecht des Mutterbruders gegenüber dem Vater in matriarchalischen Kulturen) und so weiter. Genauer gesagt: er untersucht und vergleicht die vorhandene Literatur. Mit dualer Organisation ist die Gliederung der Mitglieder einer Gemeinschaft in zwei Hälften gemeint, unter denen komplexe Beziehungen bestehen: von Freundschaft und Intimität zu Feindschaft und Rivalität. Auch dies eine Einrichtung, um von der Natur zur Kultur voranzuschreiten durch die menschliche Fähigkeit, „die biologischen Beziehungen in Form von Gegensatzpaaren zu denken". Bei der Kreuzvetternheirat haben wir es mit einem „fundamentalen Quartett" zu tun, das wie ein Phonem in der Linguistik einen Baustein im System der Verwandtschaftsregeln bildet.

In „Das wilde Denken" geht Lévi-Strauss einen Schritt weiter und zeigt, wie aus der Bildung von Gruppen, Kategorien und Klassifikationen von Dingen und Lebewesen so etwas wie der „Anfang einer Ordnung im Universum" gestiftet wird. „Die Forderung nach Ordnung ist die Grundlage des Denkens, das wir das primitive nennen, aber nur insofern, als es die Grundlage jedes Denkens ist: denn unter dem Blickwinkel der gemeinsamen Eigenschaften finden wir zu den Denkformen, die uns sehr fremd sind, leichter Zugang."

Lévi-Strauss gibt in dem Buch verschiedene Beispiele für solche Klassifizierungen. Eine rituelle Beschwörungsformel der nordamerikanischen Osage-Indianer bringt „auf rätselhafte Weise" den „blazing star" (Lacinaria Pycnostachya), eine Getreideart (Mais) und ein Säugetier (Bison) in Verbindung miteinander. Das Rätsel löst sich, wenn man berücksichtigt, daß die Omaha, die mit den Osage verwandt sind, den Bison jagen, bis der „blazing star" blüht; das ist das Zeichen, daß zuhause der Mais reift und es Zeit für die Rückkehr zur Ernte in die Dörfer ist. Wir bekommen hier eine Erklärung für die oft unverständlichen Zusammensetzungen von Tieren, Pflanzen und Gegenständen, wie wir ihnen auch im Märchen begegnen, die aber nie, wie man glauben könnte, assoziativ oder narrativ gemeint sind, sondern einer komplizierten, meistens binären Taxonomie folgen, die sich nicht auf den ersten Blick enthüllt. Indem Lévi-Strauss diese Taxonomie zum Gegenstand seiner wissenschaftlichen Arbeit macht, könnte man mit Fug und Recht von einem taxonomischen Strukturalismus sprechen.

„Jede Klassifizierung", sagt Lévi-Strauss, „ist dem Chaos überlegen; und selbst eine Klassifizierung auf der Ebene der sinnlich wahrnehmbaren Eigenschaften ist eine Etappe auf dem Weg zu einer rationalen Ordnung." Und diese Rationalisierung ist wiederum nur ein weiteres Beispiel für den Weg, den der Mensch von den natürlichen Bindungen zu den kulturellen Hervorbringungen zurückgelegt hat. Innerhalb der Klassifizierungen bildet der Totemismus, der das eigentliche Thema von „Das wilde Denken" bildet, einen Sonderfall. Er ist, wie das Kastenwesen auch, ein „Differenz-System", das die Menschen zu Hilfe genommen haben, „um ihre sozialen Beziehungen begrifflich zu fassen". Bisher ist er als Oberbegriff für unterschiedliche Glaubensinhalte und Bräuche meistens auf natürliche Arten (Tiere, Pflanzen) beschränkt geblieben und infolgedessen einer willkürlichen Eingrenzung unterworfen worden. Das Transformationsprinzip erfordert aber, daß die an einem Ort gewonnenen Einsichten umkehrbar und übertragbar sowie auf andere Systeme anwendbar sein müssen. So gibt es zum Beispiel in Nordwest-Australien Totems wie „der weiße Mann" oder „der Seemann", und die Kuruba aus Mysore kennen Clans wie etwa Karren, Trinkgefäße, Garnknäuel und so weiter, wobei alle diese Gegenstände besondere Ehrungen erfahren. Lévi-Strauss zitiert aber auch G. Lienhardt, dem die Dinka „nur halb im Scherz" erklärten, sie würden Schreibmaschine, Papier und Lastwagen als Clan-Gottheiten der Weißen vorschlagen. Man muß sich also davor hüten, den Totemismus so zu reduzieren, daß man in ihm nur eine besondere, aus archaischer Zeit überlieferte Verwandtschaft des Menschen mit den Tieren sieht. Er ist mehr: ein erfolgreicher Versuch, Ordnung ins Chaos zu bringen und eine Erklärung für die Welt zu finden.

Wenn Lévi-Strauss in „Die elementaren Strukturen der Verwandtschaft" die Verwandtschaftsbeziehungen untersucht hat und in „Das wilde Denken" den Totemismus, dann hat er in den vier Bänden der „Mythologica" das dritte große Forschungsthema seines Lebens behandelt: die Mythen der Völker. Allerdings nicht in einem explikativen Sinn, was auch gar nicht zu erwarten war: „Die Mythen sagen nichts aus, was uns über die Ordnung der Welt, die Natur des Realen, den Ursprung des Menschen oder seine Bestimmung belehrt. Wir können von ihnen keinerlei metaphysische Verbindlichkeit erwarten; sie werden entkräfteten Ideologen nicht beispringen. Hingegen lehren uns die Mythen viel über die Gesellschaften, denen sie entstammen, sie helfen uns, die inneren Triebfedern ihres Funktionierens aufzudecken, erhellen den Daseinsgrund von Glaubensvorstellungen, Sitten und Institutionen, deren Anordnungen auf den ersten Blick unverständlich schienen; schließlich und vor allem ermöglichen sie es, einige Operationsweisen des menschlichen Geistes zutage zu fördern, die im Lauf der Jahrhunderte konstant und über ungeheure Räume hinweg so allgemein verbreitet sind, daß man sie für grundlegend halten und versuchen darf, sie in anderen Gesellschaften und anderen Bereichen des geistigen Lebens wiederzufinden, wo man sie nicht vermutete, und deren Natur sie dadurch erhellen." Nicht der Inhalt der Mythen ist das Entscheidende; auch die Verschiebungen der Mythen stehen nicht im Vordergrund, dafür ist etwas anderes ins Blickfeld gerückt: die Operationen des Geistes.

Jedes mythologische System ist eine „immense kombinatorische Maschine", sagt Lévi-Strauss, und diese Maschine funktioniere auf binärer Grundlage: daher das Vorkommen von Gegensätzen, die Bildung von Gegensatzpaaren (zum Beispiel „Natur" und „Kultur", „roh" und „gekocht" und so weiter) und deren Bewußtmachung, auf die man im Werk von Lévi-Strauss immer wieder stößt; daher auch die Bedeutung, die Lévi-Strauss in der dualen Organisation und dem Tausch, dem „Daseinsgrund des Systems der Gegensätze", entdeckt. Nicht anders als binär funktioniert aber auch das Gehirn des Menschen, so daß sich am Schluß zwischen den Funktionsweisen der Mythen und des menschlichen Gehirns eine Übereinstimmung abzeichnet. Aber genauer müßte man eigentlich sagen: die Struktur der Mythen ist der zutreffendste Ausdruck für das Funktionieren des menschlichen Geistes. Es ist in diesem Zusammenhang außerdem wichtig, zu erwähnen, daß das „wilde" Denken wie ein *bricoleur* (Bastler) vorgeht, der aus Nebensächlichem großartige und unerwartete Leistungen hervorbringt.

Bisher war zur Hauptsache vom Wissenschaftler Lévi-Strauss die Rede, der grandiose Analysen dessen geliefert hat, was der menschliche Geist zu leisten in der Lage ist, und wenig vom Ethnologen, der in „Traurige Tropen" den Untergang der sogenannten primitiven Völker beklagt, deren Spuren er, besonders im Inneren Brasiliens, mit großer Bewunderung und tiefem Respekt nachgegangen ist. Die primitiven Völker verschwinden, sagt er, das heißt nicht, daß sie in ihrer physischen Präsenz verschwinden, wohl aber „in ihrer Eigenschaft als Schöpferinnen originärer Institutionen". „Der Anblick der außerordentlichen Mannigfaltigkeit, des großen Reichtums der Kulturen", sagt er 1979 in einem Gespräch, „hat in mir die Sorge geweckt, die Unterschiede zwischen den Menschen, in denen ihre geistige, ästhetische und moralische Fruchtbarkeit liegt, könnten zu schnell und zu brutal ausgelöscht werden". In Wirklichkeit ist er, wie aus anderen seiner Äußerungen hervorgeht, von der Unausweichlichkeit dieser Entwicklung schmerzlich überzeugt. Dessen ungeachtet nimmt er, wie etwa in „Rasse und Geschichte", energisch Stellung gegen jede Form von Ethnozentrismus und wehrt er sich daher auch gegen die Behauptung der natürlichen Gleichheit der Menschen, weil dadurch die faktische Verschiedenheit übersehen oder unterschlagen wird, und gerade auf diese Unterschiedlichkeit und Differenz kommt es ihm an. Der echte Beitrag der Kulturen kann also nicht in ihrer Besonderheit und in ihren ureigenen Erfindungen bestehen, sondern nur „in dem ‚differentiellen Abstand‘, den sie voneinander haben".

Eine ganze Anzahl von Einwänden ist gegen das Werk von Lévi-Strauss vorgebracht worden. Wir können hier nur auf zwei – freilich die wichtigsten – eingehen. Der erste betrifft den Strukturalismus: dieser sei abstrakt, unsinnig, er vernachlässige den konkreten Menschen, der in ein starres Schema gepreßt wird, zugunsten einer intellektuellen, streng auf sich selber bezogenen Vergleichung. Im Gegenteil, erwidert Lévi-Strauss darauf: der Strukturalismus ist eine Verbindung des Sensiblen mit dem Intelligiblen; er ist außerdem ein „epistemologisches Modell", das „hinter den Dingen eine Einheit und Kohärenz" entdeckt, welcher mit keiner anderen Methode, schon gar nicht der narrativen oder funktionellen, beizukommen ist. Wohl ist es wahr, daß der Strukturalismus in gewisser Weise vom natürlichen Menschen abstrahiert, aber nur insofern, als das Subjekt allzu lange „einem unerträglich verwöhnten Kind" gleichgekommen sei, das die Aufmerksamkeit auf eine penetrant ausschließliche Weise auf sich gezogen und dadurch jede ernsthafte wissenschaftliche Arbeit verhindert habe. In der Tat interessiert sich Lévi-Strauss weniger für den Menschen; seine Aufmerksamkeit, Arbeit und Achtung gilt – neben der Funktion des Geistes – zur Hauptsache den sozialen Formationen der Gesellschaft und den Beziehungen, die innerhalb von ihnen und untereinander bestehen: den Gemeinschaften und Kulturen.

Der zweite Einwand gegen Lévi-Strauss betrifft sein angeblich ungeschichtliches Denken. Im Schlußkapitel von „Das wilde Denken" hat Lévi-Strauss sich mit Sartres Geschichtsauffassung auseinandergesetzt, der er vorwirft, sie spiele selber die Rolle eines Mythos. Die Entwicklung des Menschen, die Dialektik des Fortschritts seien keine universellen Kategorien. Lévi-Strauss zieht es vor, von „kalten", im Sinn von stationären, und „heißen", im Sinn von dynamischen Kulturen zu sprechen, aber stationär sind einzelne Kulturen nur deshalb geblieben, weil wir sie mit unseren Vorstellungen und Begriffen beurteilen und die für sie geltenden Eigenschaften und Eigenarten nicht genügend erkennen. Am Schluß von „Traurige Tropen" macht Lévi-Strauss die Feststellung, daß jede menschliche Gesellschaft „unter den ihr offenstehenden Möglichkeiten eine bestimmte Wahl getroffen hat", und daß jede Wahl und alles, was sich später daraus entwickelt hat, einmalig ist. Schon aus diesem Grund ist es absurd, Lévi-Strauss vorzuwerfen, den Menschen in ein universelles Schema zwängen zu wollen, und die Tatsache, daß er in zeitlich und räumlich auseinanderliegenden Kulturen nach Gemeinsamkeiten sucht, ist kein Widerspruch dazu. Lévi-Strauss spricht daher höchstens von einer „kumulativen", sich zunehmend anreichernden Geschichte. Was soviel bedeutet wie, daß jede Kultur kumulativ ist, keine stationär.

Ebenfalls am Schluß von „Traurige Tropen" stehen die Sätze, die wie ein Vermächtnis von Lévi-Strauss, einem der letzten großen Weisen unserer Zeit, klingen: „Wenn es uns aber gelingt, fremde Gesellschaften besser zu kennen, so verschaffen wir uns wenigstens die Mittel, uns von der unseren zu lösen, nicht weil diese als einzige absolut schlecht wäre, sondern weil sie die einzige ist, zu der wir Distanz gewinnen müssen. Dann wird es uns möglich sein, den zweiten Teil unserer Aufgabe in Angriff zu nehmen, nämlich unsere Kenntnis fremder Gesellschaften zur Herausbildung jener Prinzipien des sozialen Lebens zu verwenden, die uns erlauben, unsere eigenen Sitten und Gebräuche und nicht die fremder Gesellschaften zu reformieren."   *A. S.*

Jean-François Lyotard
oder
Die Postmoderne

Die Schwierigkeiten, denen man bei der Lektüre der Bücher von Jean-François Lyotard begegnet, könnten daher rühren, daß wir immer noch in Begriffen des deutschen Idealismus, der Aufklärung und der romantischen Ästhetik denken, daß wir also immer noch in der Moderne verhaftet sind, während für Lyotard längst die Postmoderne eingesetzt hat. Sein Werk ist ein Beitrag zur Definition dieser Postmoderne. Nicht mehr die großen Erzählungen sind bestimmend, sondern die kleinen, „heidnischen" Erzählungen, die Ausfälle, Abweichungen, Paradoxien. Auch der kleine Unsinn und die große List. Und auch das Lachen. Angesichts eines Buchs wie „Ökonomie des Wunsches" muß man sich ständig fragen, ob man es hier mit einer Heiterkeit in der Art Rabelais' zu tun hat oder mit einem Delirium; aber wahrscheinlich würde Lyotard darauf antworten, daß der Kapitalismus selbst ein Delirium ist und daß man, ausgehend von moralischer Empörung, niemals in der Lage sein wird, die großen Transformationen zu verstehen, denen wir heute beiwohnen. Das aber ist genau das Thema der „Ökonomie des Wunsches", die, als sie 1974 erschien, den „Nouvel Observateur" dazu veranlaßte, in Lyotard den „großen Steuermann des neuen Narrenschiffs" zu sehen. Bernard-Henry Lévys Charakterisierung von Lyotard ist auch heute noch nichts Neues hinzuzufügen: „Meister im Denken der ‚Vincenner', der Lumpen-Intelligentsia und derer, die von der Ultra-Linken übrig geblieben sind. Der Theoretiker der ‚Intensitäten', des ‚Abdriftens', der ‚Triebe' und der ‚Dispositive'. Barocke Worte für ein politisches Projekt, das sich vom Marxismus absondert und den Sozialismus mit seinem Gefolge von

Ressentiments, Moralismen und schlechtem Gewissen auf den Müll wirft." Mit einer lachenden Geste; aber die Verschlagenheit, die in Lyotards Absichten liegt, sollte niemand leichtfertig übersehen.

Lyotard ist als Philosoph verhältnismäßig spät in Erscheinung getreten. Er war lange Zeit Philosophie-Professor, unter anderem Anfang der fünfziger Jahre in Constantine (Algerien), an der Sorbonne, in Nanterre und zuletzt – bis heute – in „Vincennes"; er gehörte zur Gruppe „Socialisme ou barbarie" und war in der Zeitschrift „Voix ouvrière" engagiert. Erst 1971, als er 46 Jahre alt war, erschien sein erstes größeres Buch, „Discours, figure", in dem er in bewußtem Gegensatz zu Freud das Kunstwerk von seinen Identifikationsaufgaben und Versöhnungsfunktionen befreite. Die Trauer über den Verlust der Form ist ein Phänomen der Moderne. Der Kapitalismus hat jede Erfahrung im Kunstwerk verunmöglicht, aber das braucht kein Nachteil zu sein. Im Gegenteil sind dadurch vollkommen neue Möglichkeiten der geistigen und kreativen Auseinandersetzung entstanden, die nun ihrerseits die Postmoderne eingeläutet haben, wie Lyotard schon sehr früh erkannte.

Die Beschäftigung mit Fragen der Ästhetik war damals für Lyotard eine Art „Seitenweg", den er einschlug, um sich von der politischen Arbeit, die ihn während fünfzehn Jahren in Anspruch genommen hatte, zu distanzieren. 1973 erschienen von ihm die Sammelbände „Dérive à partir de Marx et Freud" und „Des dispositifs pulsionels" mit Beiträgen unter anderem über Marx, Freud und die Frankfurter Schule. Ein Jahr darauf erfolgte dann der weitherum vernommene Paukenschlag der „Ökonomie des Wunsches", wenngleich man vielleicht die Ausstrahlung des „Anti-Ödipus" auf das Werk Lyotards doch nicht ganz übersehen darf.

Das Buch beginnt mit einigen fulminanten Seiten, auf denen Lyotard den menschlichen Körper auseinandernimmt, zerlegt und die Teile zu einem Möbius-Band *(la grand pellicule ephémère)*, das mindestens seit Douglas R. Hofstädters Buch „Gödel, Escher, Bach" ein bekannter Begriff ist, neu zusammengefügt. „Man darf aber nicht", so Lyotard, „mit der Überschreitung beginnen, man muß unmittelbar zur äußersten Grausamkeit übergehen, die Anatomie der polymorphen Perversionen entwickeln". Das heißt, das neu entstandene Gewebe besteht „aus den unterschiedlichsten Stoffen, aus Knochen, Schleimhautzellen, aus Schreibpapier, aus vibrierenden Lüften, aus Metallen, aus Glas, aus Völkern, Gräsern und Malerleinwand". Es ist das große Triebband, auf dem sich die Libidoströme einschreiben. Ende der Einheit des organischen Körpers, Ende der Metaphysik. Die Libido ist überall, überall findet sie Besetzungs- und Einschreibungsflächen, hier und dort, an den unerwartetsten Stellen, aber auch das ist schon wieder überholt. Warum zwischen Einschreibung und dem Ort, wo sie erfolgt, einen Unterschied machen? Wichtiger wäre es, „die Idee einer Intensität" zu entwickeln, „einer Intensität, die, weit davon entfernt, sich einem produzierenden Körper gegenüber durchzusetzen, ihn determiniert, die Vorstellung eines Durchgangs durch nichts, aus dem etwas entsteht, ein Moment außerhalb der meßbaren Zeit, sein eigenes *Vorübergehen*" (Hervorhebung hier und in den folgenden Zitaten von Lyotard). Das sind keine Satzverstellungen, Lyotard will nur einfach sagen, und er tut es auch mit der größten Schlichtheit und Unverfrorenheit, daß die Libido sich nicht bloß an den organischen Körper heftet, sondern daß sie überall vorkommt. Auch im Kapitalismus, der für sie eine ideale Beschriftungsfläche ist, auch in der Arbeit, die nicht weniger dazu geeignet ist.

Hier findet Lyotard den Punkt, wo seine Kritik am marxistischen Begriff der Arbeit einsetzen kann. Der Kapitalismus genieße es, den Arbeiter zu unterdrücken, ihn auszubeuten? Aber bestimmt. Nicht weniger jedoch hat der Arbeiter dabei Lustempfindungen. „Man muß Marx auf den Atlas der Libido-Kartographie bringen, den großen und berühmten Marx, aber auch den kleinen Marx der epikuräischen und lutherischen Abhandlungen, diesen ganzen Kontinent –." In Lyotards Marx-Theater treten auf: „die kleine Marx", die sich über die Perversität des polymorphen Kapitalkörpers entrüstet und nach einer großen Liebe verlangt; sowie „der große Anwalt Karl Marx", der mit der Anklageerhebung gegen den Vorwurf der Perversität beauftragt ist und der kleinen Marx einen Liebhaber in der Gestalt des Proletariers „erfindet". Man solle doch nicht so moralisch argumentieren, das führe nirgends hin; „die arbeitslosen Engländer", stellt Lyotard fest, „sind nicht zu Arbeitern geworden, um zu überleben, sie haben – haltet euch gut fest und verachtet mich meinetwegen – diese hysterische, masochistische (und ich weiß nicht was sonst noch) Erschöpfung *genossen,* sie haben es genossen, es in den Minen, den Gießereien, den Fabriksälen, in der Hölle *auszuhalten,* sie haben die verrückte Zerstörung ihrer organischen Körper genossen, die ihnen aufgezwungen wurde, sie haben es genossen, daß sie ihnen aufgezwungen wurde". Die Ausbeutung und die Parzellierung des Körpers, die Arbeit und die Prostitution, schön und gut; aber warum übersehen, daß darin auch eine Kraft des Genusses und des Widerstands liegt: „im hysterischen Wahnsinn der Arbeitsbedingungen, die die Soziologen *parzelliert* genannt haben, ohne zu begreifen, daß diese Parzellen, *gerade weil sie Parzellen sind,* libidinöse Intensitäten transportieren können". Charlie Chaplin hat in „Modern Times" eine Demonstration davon gegeben: „Der Lohnarbeiter wird zu einer Art von verrücktem Gott, wenn sein Körper die Lust zuläßt, die er aus den Maschinen bezieht und die er auf sie überträgt."

Daß Lyotard für solche Verletzungen linker Tabus von den linken Richtern und Aposteln geschmäht wurde, ist ebenso verständlich, wie auch, daß er von der Gegenseite für die vielen anzüglichen Vergleiche getadelt wurde, etwa wenn er die Kapitalbildung im Colbert'schen Merkantilismus mit der Zurückhaltung des Spermas in der taoistischen Erotik in Verbindung bringt oder die Erfindung des Markts aus der griechischen Homosexualität und Prostitution ableitet. Als ob dahinter nicht ein profundes Wissen stünde, das Lyotard aber nicht mit philosophischem Bierernst vorträgt, sondern mit einer ihm eigenen Saloppheit.

Seine theoretischen Provokationen enthalten aber auch eine politisch-strategische Absicht. Die linken Politiker, Gewerkschafter und so weiter, die sich gegen Ausbeutung und Entfremdung wehren, nehmen nicht die libidinösen Verlagerungen im Inneren des Kapitalismus zur Kenntnis, die der Produktion und der Arbeit ihre Rationalität entziehen, ebenso wenig wie sie von der Möglichkeit wissen wollen, daß Arbeit zu einer „minoritären Tätigkeit" werden kann, die sich dem „Zentrum", das heißt der Organisation, den Institutionen, der Kontrolle, entwindet, zum Beispiel die Schwarzarbeit, aber z. B. auch – in einer anderen Hinsicht – Ökologiekampagnen, Gewerkschaften für Prostituierte, freie Radiostationen und so weiter. Diese „minoritäre" oder gegenläufige Tätigkeit ist wie der Maulwurf, der seinen Bau im Kapitalismus anlegt und ihn aushöhlt. Der Kapitalismus kann darauf nur reagieren, indem er sich schnell anpaßt, aber das bedeutet auch das Ende der großen Arbeitsverhältnisse und die Einführung kleiner Verträge und punktueller Strategien innerhalb des sozialen Körpers. Hier hat der Hebel für eine Veränderung der Verhältnisse längst angesetzt. „Der Kapitalismus wird nicht am schlechten Gewissen krepieren, er wird nicht an einem Mangel zugrunde gehen, weil die Ausgebeuteten nicht bekommen, was man ihnen schuldet. Wenn er verschwindet, dann durch den Exzeß, weil seine Energetik unaufhörlich die eigenen Gesetze verschiebt." Aber da dies nun schon einmal so ist, warum dieser Tendenz nicht noch ein wenig nachhelfen und „die Dekadenz verschlimmern, verstärken, beschleunigen"? Die Dekadenz arbeitet an der Zerstörung der Werte und an der Errichtung eines anderen Dispositivs, das man vorwegnehmend ein Dispositiv des Experimentierens nennen kann. Dekadenz als Befreiung. Es wird hier aber auch blitzartig klar, was Lyotard mit „aktivem Nihilismus" meint: Abkehr von der Kritik, die für ihn ein religiöses, also linkes Phänomen ist, Abkehr vom Wertgesetz, Ende der Metaphysik, dafür eine kritisch-affirmative Perspektive, an der Lyotard viel gelegen ist. Nietzsche sprach in „Menschliches, Allzumenschliches" vom Übergang von der „moralischen" zur „weisen" Menschheit. Das ist auch Lyotards Weg.

Zum aktiven Nihilismus gehört aber auch die Abwendung vom „weißen Terror der Wahrheit", weil die Wahrheit, wenn sie es denn ist, wonach gesucht wird, nur eine Waffe im Dienst der Paranoia und der Macht ist, wie Lyotard sagt. Er hat sich am Ende der „Ökonomie des Wunsches" selber auf die möglichen, zu erwartenden Einwände vorbereitet: „Phantasiemachwerk", „elitärer Ästhetizismus"? Das Klare, sagt er, sei nur eine fragwürdige Redundanz des Unterschiedenen, in die Philosophie des Subjekts übersetzt. Nein, keine Klarheit. „Manchmal passiert es, manchmal nicht." Ein Diskurs, in dem die Worte nichts von dem einlösen, was sie versprechen und garantieren? Die Wörter sind die letzte Ware, aus denen der Kapitalismus noch Profit schlagen will. Dem muß man entgegenwirken. Dies alles sind aber bereits deutliche Hinweise auf andere Probleme, denen sich Lyotard mit der Zeit immer mehr zugewandt hat: Dem Sprachspiel und der postmodernen Ästhetik.

Wie sprechen? Welche Sprachen? Am Schluß von „Ökonomie des Wunsches" hat Lyotard schon die entsprechenden Fragen gestellt: „Was ist ein Diskurs? Wie wird er legitimiert? Wo steht er? Welche Funktionen hat er? Wer gibt Ihnen das Recht, so zu sprechen?" Ihnen, Herr Lyotard, aber auch in einem allgemeinen Sinn: Wie kommen wir überhaupt dazu, zu sprechen, wie wir sprechen? Bald nach Erscheinen der „Ökonomie des Wunsches" begann Lyotard, sich von dem Buch mit seinen vielen rhetorischen Figuren und Effekten und seiner immer noch allzu metaphysischen Problematik abzuwenden und nach einer mehr metalinguistischen Grundlage zu suchen. Einige Paradoxien in dem Buch veranlaßten ihn, sich den Sophisten zuzuwenden, wobei er weniger von der Umkehrung der Sprachdispositive bei den Sophisten ausging als vielmehr explizit von einer politischen Idee, nämlich der, daß die paradoxale Logik die Stärke der Schwachen ist. Im Aufsatz mit genau diesem Titel, „Über die Stärke der Schwachen", hat er auf die witzigste und verschlagenste Art die Philosophie der Sophisten abgehandelt. Ihre Technik, den Sinn der Sätze in entgegengesetzter Richtung auszulegen, führt dazu, daß es am Ende „kein letztes Wort, kein Kriterium an sich, keinen Richter und keinen Herrn gibt. Das Relative, das Einzelne kann stärker sein als das Absolute, als das, was Anspruch auf Absolutheit erhebt". Auf diese Weise wehrten sich die Sophisten gegen die griechischen Herren-Philosophen, sie lösten deren Hierarchien auf und stellten sich auf die Seite der Kleinen, der Schwachen, der Frauen, derer, die sich wehren müssen. Sophismus, sagt Lyotard, ist eine „weibliche Denkart" gegen die homosexuellen Herren-Philosophen. Vielleicht waren die Sophisten gar keine Philosophen. Sie waren aber bestimmt die ersten Intellektuellen, die sich für ihre Arbeit bezahlen ließen, die *flying professors,* eine Lumpen-Intelligentsia. Daß Lévy diesen Ausdruck auf Lyotard anwendete, wird Lyotard zweifellos als Ehrbezeichnung betrachtet haben. Die Sophisten sind auch als Opportunisten beschimpft worden, ein Vorwurf, den Lyotard aber nicht gelten läßt. Die „kleinen" Argumente gegen die „großen" Hierarchien des Denkens: Das sind Sprachspiele, die wir heute in postmoderner Form wieder antreffen.

Aber eine Frage bleibt doch bestehen: Wie kann man denn, wenn alles relativiert wird, noch ein Urteil in Fragen der Wahrheit und der Gerechtigkeit abgeben? Diese Problematik war Lyotard schon in Algerien begegnet, wo man (aus marxistischen Gründen, um zu verhindern, daß eine politisch-militäre Bourgeoisie an die Macht käme) die algerische nationale Befreiungsfront bekämpfen und (um Algerien seine kulturelle Identität zurückzugeben) unterstützen mußte. „Zwei verschiedenartige Diskursgenres (die spekulative Idee der Freiheit und die materialistische Dialektik des Klassenkampfs) verbanden sich mit demselben Geschehen, ohne daß man hätte eindeutig entscheiden und entweder sagen können: ‚wir machen uns nicht zu euren Helfershelfern' oder aber: ‚ihr seid das Salz der Erde'." Es gibt keine gemeinsamen Regeln, die auf verschiedenartige Fälle oder Diskurse angewendet werden können.

Das war der Punkt, an dem Lyotard von den Sophisten zu Kant weitergehen konnte – oder von seinem einmal marxistischen Standpunkt zu Kant zurückgehen mußte. Die Verbindung der Sophisten mit Kant erarbeitete Lyotard im Gespräch „Au juste" mit Jean-Loup Thébaud heraus. Die Antwort konnte für Lyotard nur in einem „Patchwork der sprachlichen Pragmatiken" bestehen, was das Thema seines letzten Buchen „Le différend" ist. Man könnte auch sagen: Eine Art, von Fall zu Fall zu reden. Es ist sinnlos, die Wahrheit oder Gerechtigkeit in einem universellen Diskurs suchen zu wollen. Das würde dem Denken der Moderne entsprechen, und die Moderne ist für Lyotard nicht, wie für Habermas, „unvollendet", sondern „liquidiert", „futsch". Die universalen Diskurse, die „großen Erzählungen" – oder Ideologien – über den Fortschritt, das Wissen, die Geschichte, die Emanzipation sind am Ende, wie aufgebrauchte Batterien. Die Krise von heute ist eine Krise der Erzählungen *(récits)*. An die Stelle der großen Erzählungen müssen die „kleinen Erzählungen" treten, die die „großen" durchkreuzen und in einer sophistischen Art hintertreiben, also ohne den Versuch, sich an deren Stelle zu setzen: Die Erzählungen der Unfrömmigkeit, die „heidnischen" Erzählungen, die minoritären Sprachen, kurz gesagt: Ein pluralistischer – und kein universaler – Horizont. Das haben wir weiter oben schon gesehen. Mit der minoritären Zerstreuung finden wir auch den Übergang zur postmodernen Ästhetik, die für Lyotard, so wie er sie versteht, ausgesprochenen Versuchscharakter trägt (das Fragment war die Form der Moderne, der Essay der der Postmoderne, eine Vorstellung, die Lyotard – mit Ausnahme zweier großer Bücher – in seinem eigenen Werk erfüllt hat, in einer Art, *à la Diderot* zu denken und zu schreiben). Nicht mehr der große Roman also, sondern die abgedrifteten Sprachformen eines Beckett. Jenseits davon kann das Zeitalter des Experimentierens beginnen. „Dinge machen, von denen man nicht weiß, was sie bedeuten", wie Clemens-Carl Härle sagte. Experimentieren heißt für Lyotard, „ins Exil gehen", das, bezogen auf die Moderne, nur in der Postmoderne liegen kann. Postmodernes Experimentieren heißt, neue Spielzüge samt den Regeln erfinden, die dazu gehören, die ihrerseits wieder neue Referenten und Partner hervorbringen. Oder genauer: „Regeln und Kategorien sind vielmehr das, was der Text und das Werk suchen. Künstler und Schriftsteller arbeiten also ohne Regeln; sie arbeiten, um die Regeln dessen zu erstellen, was *gemacht worden sein wird*." Neue Kapazitäten, neue Kompetenzen. Ein Patchwork von Experimenten und Produktionen, aber von Produktionen des Nebenher *(production de l'à-côté)*, außerhalb aller Bezüge und Referenzen.

Lyotard hat dies selber auszudrücken und darzustellen versucht, als er im Frühjahr 1985 im Centre Beaubourg in Paris die Ausstellung „Les immatériaux" realisierte.

A. S.

Edgar Morin
oder
Die Komplexität des Denkens

Edgar Morin ist eine der erstaunlichsten Erscheinungen im zeitgenössischen Panorama des französischen Denkens. Er ist vieles zugleich: Soziologe, Epistemologe, Anthropologe, Wissenschaftler und Wissenschaftstheoretiker in einem, Journalist, Vermittler, Zeuge seiner Zeit. Kein Wunder, daß ihn die Zeitschrift „Lui" in einem ausgezeichneten Gespräch einen *touche-à-tout* nannte, einen, der alles berührt. Das weiträumige Schweifen durch die verschiedensten Wissensbereiche hat den „Nouvel Observateur" veranlaßt, ihn als „Magellan der Ideen" zu bezeichnen. Selber bezeichnete sich Morin als „Nomade": „Ich mache nichts anderes als vorüberzugehen." Tatsächlich sollen ihn seine „multidimensionalen Forschungen" zu einer „transdisziplinären Reflexion" führen. Er lehnt jedes reduzierende und simplifizierende Denken ab und setzt sich für die Komplexität, Multidimensionalität und -disziplinität der Wissenschaft ein. Dieses Bekenntnis zu einem grundsätzlichen Überdenken des Denkens führt ihn aber erstaunlicherweise immer wieder zu einer Art sich verschlingender Sätze, von denen man mit gutem Recht behaupten dürfte, daß sie selbst die Sachverhalte allzu sehr vereinfachen, weil sie sich mit wunderbaren Formulierungskunststücken begnügen. Er, der von der „sich selbst beobachtenden Beobachtung" spricht, stellt eine „Krise der Revolution" fest in einer Welt, die sich in einer „revolutionären Krise" befindet, oder er vertritt die Auffassung, daß „unsere Welt einen Teil unserer Vision der Welt bildet, welche selbst wiederum einen Teil unserer Welt bildet". Sollte es das sein, was er unter Komplexität des Denkens versteht? Was heute von vitaler Bedeutung für uns ist, sagt er, „ist nicht nur zu lernen, nicht nur neu zu lernen, nicht nur zu verlernen, sondern unseren mentalen Apparat neu zu organisieren, um neu zu lernen zu lernen" („La méthode", Band 1).

Lernen und lernen zu lernen, das ist vielleicht *in nuce* der ganze Morin, seine lebenslange Bemühung, die ihrerseits wiederum auf das engste mit den verschiedenen Phasen und Entwicklungen, aber auch Fehlentwicklungen seines Lebens verbunden ist. Als er noch zur Schule ging, situierte sich Morin zwischen Montaigne und Dostojewski, aber als der Zweite Weltkrieg ausbrach, schloß er sich der Kommunistischen Partei und der Resistance an. Der Widerstand gegen den Nazismus schien für ihn lange Zeit den Stalinismus zu rechtfertigen, und beinahe habe er in jener Zeit, so sagte er später einmal, die Menschheit mit der Sowjetunion verwechselt. Das heißt: Natürlich kamen ihm Zweifel, die er jedoch gewaltsam unterdrückte. Aber das war nur vorübergehend möglich. Er war innerhalb der Partei an einer Fronde beteiligt, und 1951 ließ er sich aus der Partei ausschließen. Morin, der Purist und Revolutionär sein wollte, entschied sich am Ende doch für den Widerspruch und die Kritik. Er begann, eine Selbstbefragung durchzuführen, die 1959 zur Veröffentlichung seines Buchs „Autocritique" führte. 1965 folgte „Introduction à une politique de l'homme", in der er noch einmal mit dem stalinistischen und bürokratischen Sozialismus abrechnete, aber auch von der Politik zur Anthropologie einen Bogen schlug.

Seine stalinistische Periode, die Distanzierung davon und seine Auseinandersetzung mit ihr sollte sein späteres Denken prägen. Wie war es möglich gewesen, sich in den dogmatischen Verirrungen zu verstricken, wie konnte man sich davor bewahren? Zum Stalinismus konvertiere man wie zum Katholizismus: Um sein Heil zu sichern. Die Suche nach dem Heil aber war die große Verführung eines ganzen Zeitalters. Zuerst fand man es im Marxismus beziehungsweise, in Frankreich, im Stalinismus, der dort eine starke revolutionäre intellektuelle Bewegung hervorgerufen hatte. Aber nach dem Rapport Chruschtschows am XX. Parteitag verloren der Stalinismus und danach auch der Marxismus immer mehr ihre Bedeutung als universelle Erklärungsmodelle. Die Heilssucher wandten sich daraufhin dem Maoismus zu, später den Befreiungsbewegungen in der Dritten Welt, Vietnam, Cuba beziehungsweise Algerien, das für Frankreich eine besondere Stellung einnahm. Morin nannte das „die Reisen ans Ende der Sonne", das heißt, der stalinistischen, maoistischen Sonne, und so weiter. Niemand könne sich aber der Einsicht verschließen, daß es keine Hoffnung auf das Heil gibt, keine Erlösung, keine Wahrheit. Wir leben in einer entzauberten Welt, wie Morin später in „Pour sortir du vingtième siècle" schrieb, und wir müssen die Kraft aufbringen, die erforderlich ist, um zu erkennen, „daß wir uns im Herzen der Finsternis aufhalten und unseren Weg durch die Nacht suchen müssen".

Die kritische Selbstüberprüfung und Selbstinfragestellung des Denkens, die er forderte, bezog Morin ebensosehr auf die Wissenschaft, die umfassend sein muß, aber niemals absolut sein darf, wovon er sich selber keinen Augenblick lang ausnahm. „Es handelt sich immer darum, mich zu depontifizieren, mich von dem Sonnenthron herunterzureißen, auf den sich derjenige gern setzt, der unterrichtet, der schreibt, der den Beruf des Intellektuellen ausübt." In bezug auf den Marxismus erfolgte diese Revision sowohl in der Gruppe „Socialisme ou barbarie", die von 1949 bis 1966 bestand, als auch in der Zeitschrift „Arguments", die Morin während ihres Bestehens von 1957 bis 1963 leitete und die sich zum Ziel gesetzt hatte, radikale Kritik an den herrschenden Ideologien zu üben und alle Fragen des modernen Lebens zur Diskussion zu stellen.

Morins erstes Buch „L'an zéro de l'Allemagne" über das kriegsversehrte Deutschland erschien 1946. Eine Anstellung als *chercheur* am Centre National de la Recherche Scientifique erlaubte ihm, sich mit soziologischen Problemen, mit einer *sociologie du présent*, auseinanderzusetzen. Als Ergebnis davon erschienen die Bücher „L'homme et la mort" (1951), in dem er die Tatsache der Sterblichkeit des Menschen zugleich auf eine biologische und eine kulturelle Basis stellte und beide im Sinn einer geforderten Komplexität zu verbinden suchte, ferner „Le cinéma ou l'homme imaginaire" (1956) und „Les stars" (1957) über das Kino, das er mit einem anthropologischen Menschenbild in Verbindung brachte. In „L'esprit du temps" (1962) untersuchte er massenkulturelle Phänomene und das Menschenbild in der Massenkultur; 1959 hatte er übrigens zusammen mit Georges Friedmann und Roland Barthes das Centre d'Etudes de Communication de masse gegründet. Antisemitische Unruhen in Orléans, denen er nachging, ergaben das Buch „La rumeur d'Orléans" (1969).

Eine längere Krankheit in den Jahren 1962/63, die eine Hospitalisierung in New York notwendig machte, der eine längere Rekonvaleszenz in Monaco folgte, führte zum Buch „Le vif du sujet" (1969), in dem sich Morins neu entstandenes anthropo-kosmologisches Interesse manifestierte, so wie sich seine Arbeit während eines Forschungsaufenthaltes in Kalifornien im Jahr 1969, von dem er das „Journal de Californie" mitbrachte, immer deutlicher der Biologie und der Wissenschaft im allgemeinen zuwandte. In „Le paradigme perdu: la nature humaine" (1973) schrieb er: „Für eine geschlossene, fragmentierte und simplifizierende Wissenschaft des Menschen hat die Stunde geschlagen. Die Zeit der offenen, multidimensionalen und komplexen Wissenschaft beginnt."

Morins Arbeit konzentriert sich fortan sowohl auf wissenschaftliche Forschung wie auf eine wissenschaftskritische und ideologiekritische Reflexion. Dafür stehen die ersten zwei Bände seines Werks „La méthode" (Band 1 „La natur de la nature", 1977, Band 2 „La vie de la vie", 1980, drei weitere Bände sollen noch folgen) sowie „Pour sortir du vingtième siècle" (1981). Für Morin ist das 20. Jahrhundert das Jahrhundert des Dogmatismus und des Totalitarismus, zweier Weltkriege, der faschistischen Konzentrationslager und des stalinistischen Gulag. Die apokalyptischen Mythen, die diesem Jahrhundert zugrunde lagen, haben zu einem Absolutismus des Denkens geführt, dessen angebliche Tugenden sehr schnell in einen Terrorismus planetarischen Ausmaßes umschlagen mußten. Jede Wahrheit kann aber nur temporäre Gültigkeit besitzen; im besten Fall können wir negative Gewißheiten erlangen. Das Denken kann sich höchstens am Rand des Nichts bewegen. Dem Heil entsagen braucht jedoch nicht zu bedeuten, der Hoffnung auf eine Veränderung zu entsagen, nur kann eine solche Veränderung nicht mehr in einer Revolution bestehen, die nur die alten Herrschaftsverhältnisse auf den Kopf stellen würde, sondern allein in der subversiven Infiltration eines neuen, unabhängigen Denkens, das umfassend und interdependent ist. Über Billancourt, wo Jean-Paul Sartre vor den Renault-Werken Flugblätter verteilt hatte, müsse man aufhören, sich Illusionen zu machen; Engagement ist ein Versuch, die Zweifel einzuschläfern. Der Gefahr, ideologischer Verblendung zu verfallen, kann man nur durch einen langen Prozeß entgehen, der von der Selbstbefragung über die Selbstreflexion, Selbstanalyse und Selbstkritik zur Selbstkorrektur führt. Man muß sich selbst zum Gegenstand der Erkenntnis machen; in Morins Worten: *Regarder son propre regard regardant*, seinem eigenen Blick beim Sehen zuschauen.

„La méthode" ist der großangelegte Versuch, eine Antwort auf die „Hauptfrage unserer Zeit" zu finden: Wie denken? Morin untersucht das Voranschreiten der naturwissenschaftlichen Prozesse zu immer größerer Komplexität und überträgt diese Entwicklung auf den Vorgang des Denkens selbst. Dieser Prozeß verläuft nicht geradlinig, er wird bestimmt von Turbulenzen, Störungen und so weiter, es herrscht Unordnung darin, die eine Voraussetzung von Organisation ist. Morin kommt daher zu folgendem Schema:

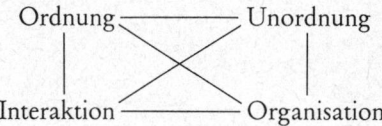

Dieses Tetragramm enthält keine abschließende Wahrheit, es soll ein paradigmatisches Schema sein, das erlaubt, die Prozesse des Lebens zu verstehen: Die Ordnung des Universums, die sich selbst hervorgebracht hat, die Entstehung von Ordnung und Unordnung durch physikalische Interaktionen, die Entwicklung zur Komplexität. Das Denken geht nicht anders vor. Morin macht deshalb geltend, daß es nicht zulässig ist, die Ungewißheit – einschließlich der Ungewißheit über den Zweifel – aus dem Spiel zu lassen. Der Zweifel über den Zweifel erzeugt die Dimension der Reflexivität. Das heißt: Der Zweifel, durch den sich das Subjekt über die Bedingungen des Auftretens und der Existenz seines Denkens Gedanken macht, erzeugt ein Denken, das über sich selbst denkt. Der Kampf für die Wahrheit ist ein Kampf gegen den Irrtum.

Warum überhaupt so viele Worte über das Denken und so viele Gedanken über alle diese Wörter? Morin hat darauf geantwortet, daß wir uns dadurch einem neuen Humanismus nähern könnten. Noch leben wir in einer Vorzeit, in einem barbarischen Zeitalter des menschlichen Geistes. Unser Denken ist reduziert, segmentiert, verkümmert, und wir benehmen uns „wie Dschingis Khan in der Bannmeile des Sonnensystems". Aber jetzt wird es vielleicht zum ersten Male möglich werden, die vielen ungenutzten Fähigkeiten des Menschen zum Blühen zu bringen.   *A. S.*

Michel Serres
oder
Der enzyklopädische Ozean

In deutscher Übersetzung liegen von Michel Serres bisher nur „Der Parasit" und das kleine Buch über „Carpaccio. Ästhetische Zugänge" vor. Das ist nicht viel. Angesichts des unvergleichlichen Blicks, den Serres auf die exakten Wissenschaften und die Humanwissenschaften wirft, mag es erstaunlich erscheinen, aber andererseits kommt es auch wieder nicht so überraschend, wenn man berücksichtigt, daß Serres selbst in Frankreich als Philosoph gilt, der in seiner ganzen Tiefe erst noch zu entdecken ist. Es kommt hinzu, daß seine leichte, schwebende, fabulierende Art – die etwas sehr Französisches hat – dem deutschen Leser einige Mühe bereitet. So bezeichnete Martin Warnke in der „Frankfurter Allgemeinen Zeitung" das Carpaccio-Buch als „undurchsichtiges Gemisch von Denkakten, mythologischen Bildungserinnerungen, Gefühlsanwandlungen und sprachlichen Eruptionen", und in der „Neuen Zürcher Zeitung" warf der Kritiker Serres' Buch vor, daß es keinen Adressaten kennen wolle und dem Leser der Nachvollzug eines „ganz in sich zirkulierenden Textes abverlangt" werde. Vielleicht war sich der Rezensent gar nicht bewußt, wie genau er damit den Kern der Sache traf, denn es geht Serres nicht – wie vielen der neueren französischen Philosophen – um Macht oder Begehren, sondern um Wärme, Zirkulation, Turbulenzen. Serres verbindet die Thermodynamik mit Lukrez und Zola, eine Fabel von Lafontaine mit der Kommunikationstheorie, darin besteht sein originärer – und origineller – Beitrag zur gegenwärtigen Philosophie.

Gern läßt Serres, den Ulrich Raulff einen „Häretiker aller Disziplinen" nannte, durchblicken, daß er zur See gefahren ist, und er spielt mit seinen Seefahrerkenntnissen. Zum Beispiel in „Le Passage du Nord-Ouest", womit die Verbindung zwischen Davisstraße und Beaufortsee, also zwischen Atlantik und Pazifik in der Arktis gemeint ist: „Ich navigiere seit dreißig Jahren in diesen Gewässern. Sie sind fast verlassen, vergessen, wie unzugänglich." Diese Gegend mit ihren Meerengen, Buchten und offenen Gewässern ist für Serres das Bild eines „Archipels des Wissens", dessen Begrenzung im Osten und Westen durch die exakten und die Humanwissenschaften gebildet wird. Es herrscht dort während der meisten Zeit Winter, Finsternis, tiefer Nebel, es ist eine schwierige Traverse, verbunden mit der Melancholie des Alleinseins. „Die Humanwissenschaften folgen den exakten Wissenschaften, sie folgen ihnen oder gehen ihnen voraus, das ist unwichtig, sie folgen, gehen voraus oder sind einander gegenübergestellt": das ist Serres' Art, sich auszudrücken.

Wenn er sagt, daß es sein Ziel sei, im Pazifik anzukommen, dann will das für ihn heißen, daß es darauf ankommt, von den Naturwissenschaften ausgehend den Zugang zu den Humanwissenschaften zu finden. Die Literatur und Philosophie wissen zu wenig von der Welt. „Wir sind, wir Literaten und Philosophen, mehr und mehr nur noch Anhängsel des Bereichs des Wissens." Serres meint allerdings, daß die Humanwissenschaften und die Kultur im allgemeinen keine erste oder letzte Instanz mehr bilden, doch auch die exakten Wissenschaften weisen keine dominante Disziplin mehr auf, der es gelänge, ihre Vernunft und ihre Normen durchzusetzen. Was es aber zwischen beiden Bereichen gibt, das sind Interferenzen und Kombinationen. Das zählt. Exakte und Humanwissenschaften müssen sich gegenseitig bereichern. Die Nordwestpassage traversieren heißt, im „enzyklopädischen Ozean" navigieren. Jean-Marie Benoist hat in diesem Zusammenhang, auf Serres bezogen, von einem „neuen Klassizismus" gesprochen.

Die Nordwestpassage folgt Serres' eigener wissenschaftlicher Laufbahn. Er studierte zunächst Geometrie und Mathematik, danach Physik und Biologie, später Geschichte, Anthropologie und Religionswissenschaften. So, wie die Seefahrt

Einfluß auf Serres' Denken gehabt hat, hat auch der Rugby es geprägt. Vor dem Bild „Der heilige Georg im Kampf mit dem Drachen" von Carpaccio sah Serres, daß der Ritter und der Drache wie in einem Rugbyspiel aufeinander losstürzen, und er entwickelte daraus seine Kommunikationstheorie. Über Rugby schrieb Serres auch in der Zeitung „Libération" und stellte fest, daß die Schönheit des Spiels faszinierender sei als der Sieg. Das gleiche gilt für seine philosophische Einstellung. Rugby ist eine Geschichte der Strategie. Wer anfängt, sich zu schlagen, ist verloren. Alles, was Polemik, Krieg, Konkurrenz ist, sei schlecht. Philosoph sein heißt für Serres, nein zu sagen, sich herauszuhalten, keiner Partei anzugehören, keiner Ideologie zu folgen. Philosophie ist der Wunsch, alledem zu entkommen.

Auf die Frage, was ihn veranlaßt habe, Philosoph zu werden, weist Serres auf zwei Ereignisse hin. In seiner Jugend kamen in seinem Elternhaus in Südfrankreich Flüchtlinge aus dem vom Bürgerkrieg heimgesuchten Spanien vorbei, einmal ein Militanter der Internationalen Brigaden, einmal ein francistischer Priester. Beide berichteten von Folterungen. Für Serres bedeutete das, daß menschliches Leiden „auf beiden Seiten der Theorie" vorkommt. Das zweite entscheidende Ereignis war Hiroshima. Es hatte für ihn zur Folge, daß er begann, die Bedingungen des Wissens, der Macht, der Wissenschaft neu zu überdenken, um über die „debile Geschichte" hinauszukommen. Er zog sich zurück, in die Einsamkeit, er wählte die Arbeit, die Stille, das Risiko. Zu einer bestimmten Zeit war die Philosophie, die Sartre repräsentierte, vielleicht richtig gewesen, meint Serres, aber neue Probleme sind inzwischen aufgetaucht, und die Antwort kann nur ein „epistemologischer Pluralismus" sein. Für Serres gilt: wenn der Wissenschaftler kein Weiser wird, sind er und die Wissenschaft verloren.

Serres ist als Strukturalist bezeichnet worden, und zumindest eine Zeitlang war er es auch, allerdings auf seine ganz und gar eigene Art. Während die meisten Strukturalisten von der Linguistik kommen und den Strukturalismus als *ars combinatoria* betrachten, gab für Serres die Mathematik den Ausschlag. Er hat weniger den Zeichen und der Sprache Bedeutung eingeräumt als den Mengen, Relationen und Übertragungen von nicht spezifizierten Elementen, die der strukturalen Analyse zugrunde liegen. Strukturiert ist also nicht die Sache, sondern die Menge der Elemente. Serres hat sich wiederholt auf Georges Dumézil berufen, der gezeigt hat, wie man in der Form des römischen Forums und einem bestimmten vedischen Feuerritual in Indien dasselbe System von Funktionen antrifft. Die Inhalte erweisen sich damit als „Modelle" der Struktur: „Bei einem gegebenen kulturellen Inhalt", schreibt Serres, „gleich ob Gott, Tisch oder Spülbecken, ist eine Analyse struktural (und nur dann struktural), wenn sie diesen Inhalt als Modell erscheinen läßt".

Vincent Descombes hat in diesem Zusammenhang von einer komparatistischen Methode gesprochen, aber der Begriff des Isomorphismus, das heißt des gleichartigen Strukturverhaltens und des gleichen Mengenverhältnisses der Elemente in einer bestimmten Formation, den Serres selber gern verwendet hat, erweist sich in diesem Zusammenhang als ergiebiger. Inseln, Archipele, Begriffe, Brücken (Hermes ist der Gott der Brükken). Der Text der Rougon-Macquart von Emile Zola bildet ein Ensemble, und es kommt darauf an, es in eine geregelte Entsprechung mit einem anderen Ensemble zu bringen, in diesem Fall: mit der Thermodynamik. Wir haben schon das Beispiel des Rugby und der Kommunikationswissenschaft im Fall von Carpaccio angeführt, wo ebenfalls ein solcher Isomorphismus hergestellt wurde. Serres hat eine größere Anzahl überraschender Beispiele dafür in seinen Büchern behandelt. Er ist dabei – und es ist wichtig, ausdrücklich darauf hinzuweisen – von einer wiederholten Lektüre ausgesuchter literarischer Werke ausgegangen, nämlich mit den Kenntnissen von heute beziehungsweise unter dem Aspekt der Kultur und Wissenschaft, die er heute in Erscheinung treten sieht.

In unserem verhältnismäßig aufgeklärten Zeitalter kann die Figur des Verführers in Molières „Don Juan" kein besonderes Interesse mehr beanspruchen. Was aber, wenn man das Stück ausgehend von Marcel Mauss' ethnologischer Arbeit „Die Gabe" über den Tausch und Gegentausch liest? Erst jetzt fällt einem auf, wieviel bei Molière von geben, nehmen, gehören, schulden, vergelten, tauschen, ausgleichen, wechseln und so weiter die Rede ist. Don Juan wird zu einem Helden der Modernität, der ein Bild der zeitgenössischen Gesellschaft als primitiver Stamm entwirft, sagt Serres. „Genèse" ist eine erneute Balzac-Lektüre, „Rome" eine solche von Titus Livius. Schließlich der häufige Hinweis bei Serres auf den Isomorphismus des Malers Turner mit der industriellen Revolution, wie er im Übergang von der Segelschiff- zur Dampfschiffahrt sichtbar wird. Die Mechanik wird durch die Thermodynamik abgelöst.

Wie sich in der Physik das Interesse von der Gravitation zur Thermodynamik verlagert hat, geht nun Serres' Interesse vom Strukturalismus – und Isomorphismus – zu physikalischen Fragen über: Wärmezirkulation, Energie, Dampfmaschinen, die er in der Sprache Zolas wiederfindet. „Zola. Feux et signaux de brumes" wird eine „Epopöe der Entropie". Seit der industriellen Revolution wird die Maschine – und die Dampfmaschine im besonderen – zum Schlüssel und Sinnbild des Zeitalters. Das Paris von Balzac wird bei Serres zu einer Dampfmaschine, ebenso das Warenhaus bei Zola; die Strategie heißt: heizen, alles muß zirkulieren, die Waren, das Lager, das investierte Kapital.

Die Maschine ist das Ergebnis dreier grundsätzlicher Operationen, die ihr Funktionieren ermöglichen: Differenz (Wärmedifferenz erzeugt Energie), Reservoir (Kapital, Arbeit, Lagerbestände, Rohstoffe, die Natur), Zirkulation (der berühmte Kreislauf: die Thermodynamik). Der Romanzyklus ist „eine riesige Zirkulation von Katastrophen, theoretisiert und in Gang gesetzt durch einen Textmotor", schreibt Serres. Die Gesetze der Maschine und der Thermodynamik gelten auch für die Familie Rougon-Macquart, Thermodynamik, Second Empire und Kapitalismus verhalten sich isomorph. Differenz: das ist die Turbulenz der Ereignisse, die Energie erzeugt; der Auszug aus Plassans; die sozialen Spannungen; Leben und Tod. Das Reservoir: die Biologie; der Stammbaum; die Familie als Sozialkörper; Produktion und Konsumation; das Geld. Zirkulation: das Blut, das Kapital, die Waren, die Menschen, die Massen. Der Kreislauf des Bluts (Stammbaum) wird zum Modell für die Ökonomie. Daraus ergibt sich der Doppelaspekt von Natur- und Sozialgeschichte.

Die beiden Hauptsätze der Thermodynamik werden auf den Romanzyklus angewendet. Erster Hauptsatz: alle Energie bleibt erhalten. Geld und Spekulation, Pleiten und Gewinne. Serres hat namentlich am Beispiel des letzten Bandes der Reihe, „Doktor Pascal", das Problem der gleichbleibenden Energiemenge auf wunderbare Weise expliziert. Er beschreibt das Arbeitszimmer als geschlossenes System im Sinn der Thermodynamik und vergleicht den Anfangszustand mit dem Zustand am Ende des Buchs. Clothilde kopiert die Manuskripte, sie wandern vom Schrank aufs Pult und vom Pult zurück in den Schrank. Was zirkuliert, sind die Manuskripte, das Leben, das Geld (die Erbschaft, die Clothilde macht). Alle Handlungen werden als Verlagerungen von Dingen, die im Reservoir enthalten sind, gedeutet: Tausch, Transport, Transformation; Vorräte werden aufgebraucht, neu angelegt, das umfaßt auch das Leben. Pascal stirbt, Clothilde bringt seinen Sohn zur Welt. Der zweite Hauptsatz: alles bewegt sich irreversibel von der Ordnung zur Unordnung; das ist das Gesetz der zunehmenden Entropie. Es ist das Thema des gesamten Zyklus: Verfall, Auflösung, Verschwendung, Verlust. Am Ende, nach Pascals Tod, wirft seine Mutter das Manuskript über die Familie, an dem er gearbeitet hat, ins Feuer. Das ist das Ende der Genealogie. Am Anfang des Buchs schien die Sonne, jetzt brennt ein Feuer. „Der Naturalismus", schreibt Serres, „ist zuerst ein Physikalismus".

In Serres' Werk konnten bisher zwei Phasen unterschieden werden: der Strukturalismus und, darauffolgend, die Entdeckung der Gesetze der Thermodynamik und ihre Applikation auf den Bereich der Humanwissenschaften. Eines Tages wurde sich Serres, wie er in einem Gespräch gestand, bewußt, daß das Problem, das ihn seit 25 Jahren interessiert hatte, die Kommunikation war. Hermes, der Gott des Handels, der Wege und Diebe, des Schlafs und der Träume, ist auch der Gott der Reisenden (Serres' Seefahrerei), der Brücken, der Übersetzung und des Austauschs (Hinweis auf den Isomorphismus) und der Technik (Hinweis auf die Thermodynamik). In seiner Auseinandersetzung mit Carpaccio nahm die Problematisierung zunächst konkrete Form an. Serres entdeckte, daß die Figuren auf den Bildern sich nicht anschauen, daß alle in eine andere Richtung sehen. So konnte er aus Carpaccios Bildern eine Kommunikationstheorie entwickeln, die erst noch in Beziehung zu seiner Beschäftigung mit Leibniz stand, dessen Monaden „keine Fenster" haben, das heißt, sich nicht sehen und völlig für sich abgeschlossen sind. Am deutlichsten ist seine Auffassung der Kommunikationsproblematik heute in der französischen Bildergeschichte von Tintin zu verfolgen. Serres selber hat in „Der Parasit" dafür eine eigene, poetische Form gefunden.

Der Parasit tritt in dreifacher Bedeutung auf. Er ist einer, der auf Kosten anderer lebt; er ist, zweitens, ein Schädling; und drittens ist er ein Lärm, eine Störung, der die Verbreitung der Nachrichten behindert, eine Unterbrechung im System. Der Parasit ist jemand, der am Tisch sitzt und auf Kosten des anderen, des Wirts, ißt. Der Wirt und der Parasit, das sind zwei, zwischen denen die Kommunikation gestört ist, es findet kein Austausch mehr statt. Die Abweichung, die Störung, die Unterbrechung, das Rauschen gehören zum System. Nicht die Mechanik, nicht die Totalität, nicht das Gleichgewicht sind dessen Gesetze, sagt Serres, sondern die Logik des Zufälligen, die Verdrängung, die Störung, der Lärm, eben: der Parasit. Vertreibt den Parasiten (das heißt, versucht die Ordnung, die Harmonie, die Eintracht herzustellen), und er wird tausendfach wiederkehren (die Unordnung, die Schwärze, der Nebel, das Rauschen werden zunehmen). Ist der Parasit also ein Hindernis für das System oder im Gegenteil dessen eigentliche Dynamik? So wird aus der Fabel des Parasiten, des ungebetenen Gasts, eine Kommunikationstheorie und aus dieser eine Erkenntnismethode.

Wahrscheinlich gehört der Parasit eher zur Dynamik des Systems. Denn der Organismus produziert Unordnung, das ist der zweite Hauptsatz der Thermodynamik, wie wir gesehen haben, aber er tut es, um zu überleben. Einerseits ist der Lärm (die Störung, der Parasit) zerstörerisch, „aber die Ordnung und die flache Wiederholung sind Nachbarn des Todes", stellt Serres fest. „Die Organisation, das Leben und das intelligente Denken sind im Zwischenbereich von Ordnung und Lärm, von Unordnung und perfekter Harmonie angesiedelt." Aber wenn die Unordnung der Anfang einer neuen Ordnung ist, die allmählich wieder in Unordnung abrutscht, dann heißt das nur, daß ein Parasit den anderen verdrängt. Alle an der Tafel sind parasitär. Serres: „Unsere Chance liegt auf dem Grat." Mit dem Modell des Parasiten kann auch Machtverhalten erklärt werden. Wer hat die Macht? Der, der über den Lärm verfügt und über den Raum, der durch den Lärm besetzt wird. Also der Parasit, nur er.

Serres geht von der Fabel der Rattenmahlzeit aus, die Äsop erzählt. Daraus entwickelt er eine Parasitenepistemologie, aber er kehrt die Erzählung des Parasiten auch um und wendet sie auf die biblische Josephsgeschichte an, in der er die erste ökonomische Abhandlung erblickt, sowie auf Rousseau und Tartuffe. In „Genèse" verfolgt er das Thema weiter. Er untersucht die Genese der Formen: wie entsteht Ordnung aus Unordnung (Lärm, Rauschen, Unbestimmtheit), wobei er wieder auf Leibniz zurückgeht, den er „meinen alten Lehrer Leibniz" nennt. Es sind atemberaubende, blitzartig aufleuchtende Gedankengirlanden, die Serres über den Köpfen seiner Leser aufhängt, fast traumwandlerisch und spielerisch. Manchmal sieht es so aus, als ob er die Dinge ein wenig forcieren würde, was er in „Le Passage du Nord-Ouest" auch indirekt zugibt, aber dann kokettiert er wieder damit, daß er aus einer alten südfranzösischen Erzähltradition kommt. Daher zum Beispiel auch sein Verzicht auf einen wissenschaftlichen Apparat. Poetische Sprache und Präzision des Stils sind wichtiger. Auf die Frage, was er erwidern würde, wenn behauptet werden sollte, daß die Zusammenführung von exakter Wissenschaft und Humanwissenschaft „nur dank des Brios von Serres" funktioniere, gab er zur Antwort: „Natürlich gibt es keinen Guide Michelin." Im übrigen hat er Geduld und läßt sich Zeit.

Serres, der Wissenschaftsgeschichte an der Sorbonne lehrt,

hat über Lukrez, Leibniz, Comte und Jules Verne geschrieben. Gegenwärtig ist er Herausgeber des „Corpus de philosophie en langue française", eines Unternehmens, durch das die wichtigsten Texte der französischen Philosophie des 16. bis 20. Jahrhunderts zugänglich gemacht werden sollen und mit dem die philosophische Tradition Frankreichs in Erinnerung gerufen werden soll, so daß aus ihr und den Wissenschaftserkenntnissen von heute die Nordwestpassage hergestellt werden kann.

A. S.

Philippe Sollers
oder
Die wechselnden Horizonte der Avantgarde

„In Frankreich sind es natürlich wir": auf die Frage nach den zeitgenössischen Avantgarden in Europa ist der 1936 in Bordeaux geborene Schriftsteller Philippe Sollers um eine Antwort nicht verlegen. Er sagt es mit seinem spitzbübischen Charme und jener Nuance an Selbstironie, die seine persönliche Anmaßung – und intellektuelle Arroganz – immer wieder erträglich machen. Denn seine avantgardistische Gruppierung und ihre Bedeutung sieht er durchaus in der Fortsetzung von Dadaismus, Futurismus, Surrealismus. Die ersten, die seine Talente lobten, waren François Mauriac – auch er ein Dichter aus Bordeaux – und Louis Aragon. Sie begeisterten sich für Sollers ersten Roman „Une curieuse solitude", der 1958 erschien und in seiner konventionellen Machart durchaus an die Tradition des Bildungsromans gemahnt. Die avantgardistische Kurve nahm Sollers 1963, als er dem 1960 gegründeten „Tel Quel"-Kollektiv beitrat und in dessen gleichnamiger Zeitschrift zu publizieren begann.

Seither hat Philippe Sollers ein weitmaschiges dichterisches und theoretisches Werk vorgelegt; er ist tatsächlich eine Symbolfigur der französischen Avantgarde seit zwanzig, bald dreißig Jahren. Er hat ihre Sprünge, ihre Irrungen und einige ihrer fatalsten Irrtümer mitgemacht. Die Theorie der Sprache gehört zu den – wenigen – Konstanten seines Tuns, und immer wieder hat er versucht, sie in Praxis umzusetzen – 1965 in einem Roman mit dem Titel „Drame". Die Einflüsse der Neuen Kritik im Sinne von Roland Barthes (der ihm den elogiösen Essay „Sollers écrivain" gewidmet hat), der Psychoanalyse – Lacan – wie Foucaults, Althussers und Derridas sind in seinem Denken und

Schreiben auszumachen. Die Geschichte wird wie ein Text behandelt, in dem man einen revolutionären Sinn zu finden sucht.

Nach all den ideologischen Wirrungen, die Sollers seit den Anfängen um „Tel Quel" hinter sich hat, wäre es allzu leicht, ihn auf seine wechselnden Positionen und konstanten Widersprüche festzulegen – ihn auf sie zu reduzieren. Er meint denn auch, daß die Verantwortung der Avantgarde gar nicht in dem, was sie sage, bestehe. Wesentlicher sind die Reaktionen auf sie: wo man sie unterdrückt, wo Malerei, Literatur, Musik verfolgt werden, da ist nicht gut leben, denn da herrscht der Faschismus. Die Avantgarde definiert sich nicht aus sich selber, sondern gegenüber dem System, das sie provoziert, in dem sie eine revolutionäre Funktion und subversive Dimension hat. Sollers: „Meiner Ansicht nach ist es revolutionär, die Sprache einer Gesellschaft in Frage zu stellen, ihre sexuellen und mentalen Repräsentationen. Nun gibt es aber politische Stellungnahmen avantgardistischer Künstler, die eindeutig faschistisch sind. Man denke nur an die italienischen Futuristen, an Pound oder Céline. Auf der anderen Seite gibt es die revolutionären Stellungnahmen, die in einer Sackgasse enden – zum Beispiel die Surrealisten."

Deshalb formuliert Sollers den Status der Avantgarde lieber anders: „Irgendeine Avantgarde erweist sich in einem gegebenen Moment als Symptom eines Widerspruchs zwischen Kultur und Politik. Obwohl Faschist, ist Pound ein bedeutender Schriftsteller. Hier kann es sogar die Aufgabe der Avantgarde sein, die politische Blindheit einer Epoche zu inkarnieren. Eine Avantgarde mag, darf sich irren – nie aber wird ein totalitäres Regime sie tolerieren können."

In diesem Sinne wird für Sollers auch die Geschichte faschistischer Stellungnahmen aufschlußreich und relevant: „Wenn man aus zeitlicher Distanz auf eine Epoche zurückblickt, erkennt man eine Anzahl von Abweichungen und Brüchen, die sich als Symptom erweisen. Schriftsteller wie Céline und Artaud, so verschieden sie sind, werden zu Gradmessern ihrer Zeit. Céline nahm faschistische Positionen ein, Artaud hat man in eine psychiatrische Klinik gesperrt. Artaud, Céline, Kafka,

Joyce, Pasolini – sie zeigen die fiebrige Temperatur einer Epoche an. Das ist nicht revolutionär, sondern subversiv und viel wesentlicher als alle politischen Stellungnahmen."

Damit wird der Widerspruch auf das System übertragen: „Die Kontradiktion zwischen Subversion und Politik ist überaus aufschlußreich. Eine Avantgarde, die sich politisch völlig unterwerfen würde (oder nur noch politisch wäre), ist nicht mehr avantgardistisch. Andererseits akzeptieren diejenigen, die Politik machen, nie eine interne Kontestation. Die Avantgarde setzt sich der Zensur aus, die unter völlig verschiedenen Regimes die gleiche ist. Kann man sagen, die Sowjetunion sei ein revolutionärer fortschrittlicher Staat, während man in Prag kaum Kafka publizieren kann? Ist dieses Land etwa fortschrittlicher als Chile, wo man die Werke von Freud verbrennt? Eine der vordringlichsten Aufgaben der zeitgenössischen Avantgarde wäre es, zu untersuchen, inwiefern jede Form von Gesellschaft möglicherweise bis zu einem gewissen Grad faschistisch ist."

Philippe Sollers, den Prototypen des französischen Avantgardismus, hat man nicht eingesperrt und auch nicht politischer Zensur unterstellt – er kann sich ausgiebig in den Medien äußern. Sollers sieht einen Gradmesser zeitgenössischer Temperaturen in der Pornographie, die er als Symptom der Freiheit bezeichnet. Daß sie ja keineswegs sehr avantgardistisch ist – zumindest in einem ästhetischen Sinne –, spielt dabei für Sollers keine Rolle: „Aber diejenigen, die sie verbieten wollen, sind automatisch Faschisten – einfach deshalb, weil sie eine Zensur akzeptieren. Da spielen politische Etiketten überhaupt keine Rolle. Es ist sinnlos, in politische Lager, linke und rechte Flügel, Splittergrüppchen zu unterscheiden. Das zentrale Problem ist jenes der Zensur, und da gibt es nur zwei Haltungen: das Ja und das Nein."

Seit den sechziger Jahren hat „Tel Quel" – mit einer Buchreihe und der Zeitschrift – die französischen Debatten beeinflußt, die Diskussionen bereichert. Alle wichtigen Etappen hat „Tel Quel" in irgendeiner Weise mitgemacht oder ausgelöst: von der „Nouvelle Critique" über die Mai-Revolte (damals war Sollers ziemlich strammer Parteikommunist) über den Maoismus der

Jahre danach – ehrfürchtig wurde der chinesischen Sonne in „Tel Quel" gehuldigt –, die Pornographie als Lackmusprobe gesellschaftlicher Repression wie Befreierin der Phantasie und den Feminismus bis zu den jüngsten philosophischen Experimenten der postmodernen Epoche (mit Abstechern zum Katholizismus und nach Europa). Sollers und seine Frau Julia Kristeva, die Linguistin und Semiologin, bildeten den geistigen Kern des Stoßtruppunternehmens, dem auch Roland Barthes und andere prominente Intellektuelle zumindest zeitweise angehörten.

Das Ende von „Tel Quel" war bezeichnenderweise die Folge von Sollers' spektakulärem Verlagswechsel: von den Editions du Seuil, einer Heimat der Avantgarden, zog es ihn zum etablierten Klassiker-Verlag Gallimard. Gleichzeitig gründete er eine neue Zeitschrift, „L'Infini", welche in der Gallimard-Filiale Denoël erscheint. Nicht einmal mehr die versprochene Bilanz von fast fünfundzwanzig Jahren „Tel Quel" wurde gezogen – doch zumindest in indirekter Form liefert sie Sollers (natürlich in der ersten Person) in seinem bislang letzten Roman, den er schlicht mit „Femmes" (Frauen) überschrieb und der für seinen neuen Verleger zum Bestseller wurde – keines seiner Bücher hat zuvor eine auch nur annähernd so hohe Auflage erreicht.

Es handelt sich um die ebenso narzißtische wie erotomanische Biographie eines eitlen Pariser Intellektuellen, der das Wesentliche seiner politischen Irrungen und ästhetischen Verwirrungen in der Summe seiner weiblichen Eroberungen und Orgasmen ausmacht: „Ich hing in den linksextremen Kreisen herum, ich war revolutionärer Statist, es war Mode, ich dachte an etwas anderes, an eine kleine Arbeit über Shakespeare, mit der größten Überzeugung ... (...) Schließlich hat man alle gegen sich, die Gläubigen, die Nichtgläubigen, Linke und Rechte, die Armen, die Reichen, die Halbarmen und die Halbreichen (...) So war ich zeitweise eher Marxist ... Leninist ... Marxist-Leninist ... Maoist (...) Es gibt heute noch Leute, die mich auf meine politischen Irrtümer ansprechen (...) Das Schicksal der Länder liegt nicht in den Händen der Waffen, es spielt sich nicht im meteorologischen Krieg, nicht zwischen den Pershing 2 und SS 20 ab – sondern im Bett. Unter den Betten. Im unfaßbaren Überborden der tausend Arten, sich zu jeder Tages- oder Nachtstunde aufs Kreuz zu legen ... In der Gehirnwäsche der Libido."

In diesem Roman, den Sollers mit pikanten – und intimen – Details der Pariser Intellektuellenszene würzt, treten Althusser, Barthes und weitere große Figuren der vergangenen Jahre als Statisten auf – auch dies natürlich eine Form der Bilanz. Stilistisch kommt der Autor, der den „Nouveau Roman" mitmachte und so ziemlich alle formalen Experimente seither, in „Femmes" auf die überaus konventionelle Erzählweise und klassische Syntax seiner schriftstellerischen Anfänge zurück. Doch auch dies hält er durchaus für das Symptom einer Zeit: „In ‚Femmes' bin ich, glaube ich, auf das Problem in seiner Tiefe mit den Mitteln des Romans eingegangen, das heißt auf die Fragen, wohin der Marxismus geführt hat, auf die Ausbreitung des Feminismus, auf die wichtigsten Vertreter dieser Bewegung, nicht zu vergessen auf den Todestrieb (pulsion de mort), der die gesamte Linke kennzeichnet und sich in spektakulärer Weise manifestiert. Wenn man die Wahrheit sagen will, kann man sie heute nur im Roman ausdrücken – die Implikationen, die Komplexität, die Personen, die vielfältigen sozialen und geheimen Facetten ... jeder sollte die Gelegenheit und individuelle Freiheit haben, sein Leben in romanhafter Form zu beschreiben, statt weiterzumachen wie bisher."

Von „L'Infini", Sollers neuer Zeitschrift, sind inzwischen mehrere Nummern erschienen. Autoren wie Aufmachung haben sich kaum geändert. Sollers führt den Abdruck seines Romans-in-Progreß „Paradis" weiter – und setzte sich kritisch mit Louis Aragon auseinander. Laurent Dispot schrieb – der neuen Konjunktur entsprechend – einen Essay mit dem Titel „Trois Führers pour Hitler" (womit drei *fureurs* gemeint sind): „Zur Eroberung des deutschen ideologischen Feldes fand Hitler drei Autobahnen vor, auf denen er nur noch Gas zu geben brauchte: die ‚voies royales' Luther, Wagner und Marx. Sie dienten ihm als wirkungsvolle Touristenführer" – als ob der deutsche Faschismus ein Sonntagsausflug in die Vergangenheit gewesen wäre. Die intellektuelle Provokation, gepaart mit dem Willen zur Unverbindlichkeit, ist geblieben, auch die Eitelkeit ihrer Animatoren (ein Heft über Dante bot Sollers Gelegenheit, sich in einem Selbstinterview mit dem italienischen Poeten zu vergleichen), doch hat der Sprung von „Tel Quel" zu den unendlichen Horizonten von „L'Infini" auch eine deutliche Einbuße an Einfluß mit sich gebracht. „L'Infini" fehlt ganz entschieden der intellektuelle Terrorismus, mit dem das „Tel Quel"-Kollektiv seine wechselnden Überzeugungen vertrat – auch dies Symptom und Ausdruck einer Epoche, die Philippe Sollers in ihrem Glanz und Elend verkörpert wie kaum ein zweiter Vertreter des literarischen Denkens. Zumindest darin ist er genial.   *J. A.*

Alain Touraine
oder
Die Soziologie des Subjekts

In „Die postindustrielle Gesellschaft" schrieb Alain Touraine 1969: „Ein neuer Gesellschaftstyp entsteht vor unseren Augen, eine programmierte Gesellschaft, wenn man sie durch ihre Aktionsmittel definieren will, eine technokratische Gesellschaft, wenn man sie mit dem Namen der Macht bezeichnet, die sie beherrscht." Im Jahr 1980 schrieb er in „L'après-socialisme": „Der Sozialismus ist tot. Das Wort kommt überall vor, in Wahlprogrammen, in der Bezeichnung von Parteien und sogar Staaten, aber es hat seinen Sinn verloren." Die beiden Sätze markieren ebenso die äußersten Punkte von Touraines Denken wie den Weg, den es zurückgelegt hat.

Wenn die Soziologie bisher über die Gesellschaft gesprochen hat, dann ist sie von der Produktion, der Arbeit, der Macht ausgegangen. Was wir heute jedoch auftauchen sehen, ist ein neuer Typus von Gesellschaft, der mehr durch die Information, den Einfluß, das Subjekt gekennzeichnet ist; an die Stelle des produktiven Handelns ist das kommunikative Handeln getreten. Das heißt, nicht mehr die Produktion von Waren ist dominierend, sondern die Produktion von Wissen, Dienstleistungen, Sprachen, von Arten, die Welt zu repräsentieren, und von Lebensarten, also ein Bereich, der von der Energieproduktion über die intellektuelle Produktion in den Universitäten bis zum Gesundheitsdienst geht. Angesichts der Entstehung neuer gesellschaftlicher Formationen mit einem beträchtlichen Wirkungsbereich und einem nicht weniger tiefgreifenden Einfluß, wenn nicht gar von einem Integrationszwang gesprochen werden muß, hat sich auch die Stellung des Menschen gewandelt. Nicht mehr der Arbeiter, der durch sein Verhältnis zur Produktion und zum Kapital definiert wird, steht im Zentrum des Interesses der Soziologie, sondern das Individuum, das von der „gelenkten Veränderung" (Touraine) abhängig ist, ihr unterworfen ist, sich aber dagegen zunehmend zur Wehr setzt. Heute läßt sich zum Beispiel deutlich beobachten, daß der Widerstand gegen die apparative Macht sich nicht so sehr in wirtschaftlichen Forderungen ausdrückt, sondern im Kampf gegen die Entfremdung und erzwungene Integration.

Das ist der Punkt, wo Touraines Analyse einsetzt. Die neuen Gesellschaftstypen haben auch neue Subjektivitäten hervorgebracht, eine neue Art des Subjekts, über sich zu denken, mit dem festen Willen, über sich selbst entscheiden, sich selbst bestimmen zu können, und diesem Subjekt gilt Touraines ganze Aufmerksamkeit. Die Gesellschaft und das Subjekt produzieren sich durch ihre Kämpfe ebenso wie durch ihre Kreationen selber, durch ihre Fähigkeit, auf sich selber einzuwirken. Davon muß der Soziologe ausgehen: von den sozialen Handlungen, von den sozialen Kräften, und nicht von irgendwelchen Modellen und Ideologien.

Das soziale Denken des 17. und 18. Jahrhunderts hielt sich an abstrakte Begriffe wie „Gerechtigkeit", „Freiheit", „Moral", und so weiter. Im sozialen Denken des industriellen Zeitalters treten diese abstrakten Begriffe in konkreten, bestimmbaren Beziehungen auf, zum Beispiel: der Arbeiter in der Fabrik. Für Touraine ist die Soziologie in dem Augenblick entstanden, als man nicht mehr von der „Gerechtigkeit" sprach, sondern von den Rechten der Arbeiter, nicht mehr von der „Freiheit", sondern vom Bürger im Verhältnis zum Staat. Für unsere Zeit drückt sich Touraine noch einmal anders aus: Akteure (von *acteur*, das heißt dem autonom handelnden, beziehungsweise im Handeln seine Autonomie erlangenden Subjekt, gelegentlich auch *sujet producteur*) stehen gegen Akteure. Wenn die Frauen heute die männliche Herrschaft anfechten, sagt er zum Beispiel, dann ist das sofort eine soziale Beziehung, kein allgemeines Prinzip mehr. „Die Soziologie fängt dann an, wenn die Werte nicht mehr von den konkreten sozialen Beziehungen abtrennbar sind", so Touraine.

Er ist fasziniert davon zu sehen, wie die alten sozialen Bewegungen, also zur Hauptsache der Sozialismus, am Zerfallen sind und wie neue soziale Bewegungen ins Blickfeld treten. Deshalb weigert er sich auch zu glauben, daß wir mitten in einer Krise stecken. Was wahrscheinlich eher zutrifft, ist die Tatsache, daß wir uns in einem fundamentalen Wandel befinden, auch einem Wandel der Werte und Wertvorstellungen. Woher kommen aber die Werte, wo und wie entstehen sie? Solange der Soziologe sich verleiten lassen sollte, sich auf irgendwelche abstrakten Prinzipien zu berufen, die Evolution, die Geschichte, die Vernunft, unterliegt er dem Trugschluß, die soziale Wirklichkeit stelle etwas Objektives dar. Das würde heißen, den Akteuren jede Fähigkeit abzusprechen, ihre eigenen Werte hervorzubringen, es würde heißen, sie als Produzenten der sozialen Wirklichkeit zu verkennen. Über die Bedeutung der gesellschaftlichen Realität können nur die Akteure selbst Auskunft erteilen. Die Akteure reagieren nicht auf eine Situation, sagt Touraine, sie geben ihr einen Sinn. Sie produzieren durch ihre Handlungen Sinn und Werte, und zwar zuallererst durch die Möglichkeit, auf sich selbst einzuwirken, also bestimmen und sagen zu können, was sie wollen und was nicht, und was sie sein wollen und was nicht.

Um dies herauszufinden, hat Touraine die Methode der „soziologischen Intervention" entwickelt und angewendet. Die Akteure können zwar sagen, was sie akzeptieren und was sie verweigern, aber sie können nicht den Sinn ihrer Handlungen definieren (sie können ihn nur erzeugen), und der Soziologe kann diesen Sinn nicht von sich aus entscheiden. Also muß zwischen beiden eine partnerschaftliche Auseinandersetzung beginnen, die etwas vom Verhältnis des Psychoanalytikers und dem Analysierten hat, aber Touraine sagt ausdrücklich: nur sehr wenig. Der Soziologe wird also den Akteuren Vorschläge unterbreiten, was ihre Handlungen bedeuten könnten, und dann versuchen herauszufinden, wie die Akteure oder die Gruppe auf diese Vorschläge reagieren und sie analysieren. Er muß, heißt das, die Selbstanalyse der Akteure analysieren, und seine erste Aufgabe wird dabei die sein, das Bewußtsein der Akteure dafür empfänglich zu machen, wie sie ihre eigenen Handlungen interpretieren. Auf diese Weise werden die Akteure nach Touraines Vorstellung von einer Ebene der sozialen Wirklichkeit zu einer anderen voranschreiten und von einer Situation der Antwort und Anpassung zu einer Situation von Projekt und Konflikt übergehen.

Touraine hat auf diese Weise – in der Ethnologie würde man von *action anthropology* sprechen – verschiedene soziale Bewegungen untersucht: die Studentenbewegung, die Frauenbewegung, die anti-nukleare Bewegung, die okzitanischen Regionalisten im südfranzösischen Languedoc, die Gewerkschaften im allgemeinen und die polnische Solidarnosc im besonderen. Es ging ihm dabei jeweils darum, diesen sozialen Bewegungen, die oft erst im Entstehen begriffen sind, aber einen unschätzbaren Beitrag zur Vitalität und Vielfalt des gesellschaftlichen Lebens leisten, bei ihrer Konstituierung zu helfen und sie nicht nur dabei zu unterstützen, eine Stimme und eine Sprache zu finden, sondern überhaupt erst einmal mit ihren Forderungen und Anliegen zu Wort zu kommen. Der anti-nuklearen Bewegung attestierte er, daß sie „an der großen Mutation von der industriellen zur postindustriellen Gesellschaft" partizipiere. Er hat allerdings auch ausdrücklich gemahnt, daß weder sie noch irgendeine andere soziale Bewegung je den Status einer Partei anstreben dürfe, weil das einem Rückfall in die alten Hierarchievorstellungen entsprechen würde.

Unter allen diesen Umständen mußte sich auch die Selbsteinschätzung der Soziologie eines Tages wandeln. Die klassische Soziologie, die für Touraine eine „Ideologie der Moderne" bildet und an die Industriegesellschaft gebunden war, suchte die Stellung der Akteure aus dem gesellschaftlichen System heraus, das von beherrschenden Vorstellungen wie Gott, Geschichte, Fortschritt und so weiter geprägt war, zu interpretieren. Aber die großen Ideologien haben ausgedient, die Werte, die sie produziert haben, gelten nicht mehr. Touraines Soziologie hält sich vielmehr daran, daß die soziale Wirklichkeit das Ergebnis des sozialen Handelns ist, der Beziehungen der Akteure, der Kämpfe, die sie führen, der Konflikte, die sie austragen, der

Kontestationen, durch die die neuen Werte entstehen. Es hat also einen Übergang von der Soziologie der Gesellschaft zu einer Soziologie der Subjekte gegeben. Zuerst die sozialen Kräfte, die Handlungen, erst dann die Politik, die Soziologie.

Dementsprechend wollen diese Akteure auch nicht mehr wissen, was der Staat, der Kapitalismus, der Sozialismus sind, sie wollen sich nicht anhören, was das Fernsehen, die Soziologie oder gar der Staat ihnen zu sagen haben, sie wollen nicht Opfer der Propaganda oder eines fremden Wissens – zum Beispiel der Medizin, der Soziologie – sein, sondern sie wollen sich zuallernächst ihren eigenen Problemen zuwenden: der Organisation des Zusammenlebens, der Umwelt, dem Urbanismus, der Gesundheit, dem Körper, der Sexualität, der Bildung und Erziehung, den Fragen der Genetik und des Todes. *Une vie différente*, ein anderes Leben. Es ist keine neue Form von Narzißmus, der sich hier ankündigt. Die sozialen Akteure wollen im Gegenteil vielmehr Herr über den Sinn ihres eigenen Lebens werden. Das ist etwas anderes. „Der soziale Akteur", schreibt Touraine, „kann nicht mehr im Namen der Geschichte sprechen, nur in seinem eigenen Namen, als bestimmtes Subjekt. Wir verlangen nicht, den Gang der Dinge zu lenken, aber wir verlangen einfach unsere Freiheit, das Recht, wir selber zu sein, ohne von den Apparaten der Macht, der Gewalt und der Propaganda erdrückt zu werden." Es ist daher nicht weiter erstaunlich, daß Touraine Abschied vom Sozialismus nimmt, freilich nicht, ohne seinen Respekt vor den Kämpfen, die geführt worden sind, zu bezeugen. Der Sozialismus war eine große Errungenschaft, heute ist er ein „politisches Museum". Aus den alten sozialen Bewegungen sind Verwaltungs- und Mitbestimmungsinstrumente geworden, die nicht mehr in der Lage sind, die Probleme von heute und morgen zu lösen. Aufgabe einer linken Regierung müßte es heute sein, für diese neuen sozialen Bewegungen einen Freiraum zur Verfügung zu stellen, damit aus den Handlungen, Kämpfen, Beteiligungen und Eingriffen eine neue Wirklichkeit entstehen und aus dieser ein neuer Sinn hervorgehen kann. In diesem Sinn plädiert Touraine für einen Nach-Sozialismus, um einen Anti-Sozialismus zu verhindern.

Ebenfalls nicht erstaunlich ist es, daß Touraine der Gegen-kultur keinen Platz einräumt. Eine oppositionelle Bewegung kann weder Produzent noch Träger eines neuen Sinns sein, und die sozialen Bewegungen sind keine oppositionellen Bewegun-gen, sondern solche, die hier und heute am Neuen arbeiten, durch ihre Einsätze. Ebenso lehnt Touraine den Pessimismus, die Krise, die Dekadenz, das Post-Histoire ab. Wir müssen, sagt er, vielmehr aus der Krise heraustreten, im Gefühl einer unmittelbar bevorstehenden Zukunft, und mit allen Mitteln für die Produktion neuen Wissens, neuer Handlungsformen und neuer Lebensweisen eintreten. Von Touraines Deutung unserer Zeit geht ein starker optimistischer Schwung aus. *A. S.*

Paul Virilio
oder
Geschwindigkeit und Ästhetik des Verschwindens

Paul Virilio wurde 1932 in Paris geboren. 1941 entging er mit seiner Familie dem Zugriff der Gestapo, dank der „kryptischen" Architektur ihres Hauses. Im Sommer 1958 entdeckte er die Bunker des Festungswalls an der französischen Atlantikküste, die ihn derart faszinierten, daß er in den darauffolgenden Jahren den Küstenstrich zu Fuß erwanderte und ein vollständiges Inventar dieser Bunker erstellte. 1976 zeigte das Centre Beaubourg in Paris seine „Bunker Archéologie". Heute ist Virilio Architekt und Urbanist und leitet die Ecole d'architecture spéciale in Paris, er ist außerdem Begründer einer Wissenschaft, die er Dromologie nennt und in der sich Technikgeschichte, Militärwissenschaft, Urbanistik, Physik und Metaphysik verbinden. Gegen die Bezeichnung Philosoph wehrt er sich entschieden – „Die Philosophie ist gestorben in ihrer städtischen Verwirklichung", sagt er –, er besteht darauf, Urbanist zu sein, nichts anderes, aber seine Überlegungen gehören heute zu den anregendsten in Frankreich. Er versucht, „per Unfall zu denken. Es ist etwas Blitzartiges, ein überraschender Zusammenstoß. Dies eigentlich ist die Modernität." Diese Modernität „taucht nur auf als Überraschung, Zufall, Unfall. Sie ist der Schimmel im Penicillin. Daher die Absage an die Bibliotheken, es sei denn, man fischt sich aus ihnen wie aus Abfalleimern Stükke von Frauen, Stücke von Lastwagen, Vaubans und Fliegenden Festungen." Unfall und Zufall heißt im Französischen beidemal *accident.* Die Ereignisse, sagt Virilio, folgen ihrer eigenen Logik: vom Urknall bis Hiroshima und Harrisburg. Er folgt Einstein, wenn er sagt, die Ereignisse seien nicht etwas, „was so daherkommt: sie sind da, und wir treffen sie im Vorbeigehen".

Vielleicht liegt hier der eigentümliche Zug seines Denkens: daß es ihm gelingt, Jules-Etienne Mareys chronophotographisches Gewehr und die Laserkanonen, Clausewitz und den Städtebau, die Entwicklung des Automobils und seine Bedeutung für die Rüstungsindustrie in Hitlers Deutschland, und anderes so in Zusammenhang zu bringen, daß sich daraus schließlich eine neue Vision der Welt ergibt. Eine Vision, die über die üblichen Schemata hinausgreift, eigene, ungewohnte Wege geht und zu überraschenden Schlußfolgerungen kommt.

Während Foucault die Moderne im Begriff der Disziplinierung und Normalisierung dachte, denkt Virilio sie in den Begriffen der Bewegung, Beschleunigung und Geschwindigkeit. Masse und Gewicht haben ihre referentielle Bedeutung verloren; wer die Welt heute verstehen will, der muß von der Geschwindigkeit ausgehen. „Alles ist Realeffekt, Effekt der Geschwindigkeit", sagt er, „alles, was erscheint, erscheint im Licht und das heißt: in der Geschwindigkeit. Denn die Geschwindigkeit ist das Licht, jede Geschwindigkeit ist eine Belichtung der Welt."

Die Geschwindigkeit hat die Vorstellung von Raum und Zeit aufgelöst. Zum Beispiel bemerkt Virilio, daß an der *Ecole militaire* keine Geographie mehr unterrichtet werde, er zitiert aber auch Heine, der 1843 schrieb: „Durch die Eisenbahn wird der Raum getötet, und es bleibt uns nur noch die Zeit übrig." Der Raum löst sich auf, wir kommen von der Geopolitik zur Chronopolitik. Der Mensch wird zum Bewohner der Zeit. „Die Leute sind keine Stadtbewohner mehr, sie sind Transitreisende", wir sind zu einer „Gesellschaft von Passagieren" geworden, der Flughafen ist die neue Stadt. Dallas Airport, sagt Virilio, macht aus den Menschen Nomaden, aber keine Nomaden wie einst, die durch die Lande streiften, sondern neue Nomaden, die durch die Zeit ziehen und dabei – paradoxerweise – seßhaft werden „im Augenblick absoluter Geschwindigkeit".

Geschichte und Politik sind nichts anderes als Erscheinungsformen der Geschwindigkeit, aus der beide hervorgehen, eine „Übersetzung von Geschwindigkeit, deren Schnellgang die Revolution ist": Die Massenbewegungen des *Ancien Régimes* nahmen „jene neue Organisation des Zirkulationsflusses vorweg, die man willkürlich die Französische Revolution nennt". Der Zusammenhang von Revolution und Straße ist eklatant. Die Aufstände des Proletariats bilden eine „kinetische Energie", Soldat und Proletarier verschmelzen in einer Figur, sie transformieren sich in „mobile Maschinen, die blind den Antrieben ihrer Führer gehorchen", was für Virilio wiederum das gebrochene Verhältnis der Linken zum Militär erklärt. Der Marxismus ist eine „militärische Proletarisierung", aber Virilio erinnert in diesem Zusammenhang auch an Ernst Jüngers „Der Arbeiter".

Wenn man die Stadt nicht unter dem Blickwinkel der Produktion und des Fortschritts sieht, sondern unter demjenigen der Wege und Bewegungen, der Mobilisierung der Massen und der Lenkung der Bewegungen, dann stößt man auf eine überraschende Übereinstimmung von Urbanistik und Kriegswissenschaft. Die Stadt ist der Ort der Bewegungen, aber auch der Kontrolle von Bewegungen, was sich von den Boulevards des Barons Haussmann bis zur Verkehrsregulierung an zahllosen Beispielen belegen läßt. Doch von dem kritischen Punkt an, wo die Beschleunigung zu rasch voranschreitet – und das ist gegenwärtig die Tendenz –, löst sich die Stadt auf, sie wird zuerst durch die Straßen, dann durch Radio, Fernsehen und heute durch die Telematik zunehmend durchlöchert, es breitet sich in ihr ein *état d'urgence* aus, was im Französischen ebenso einen Zustand der Beschleunigung meinen kann wie den Ausnahmezustand. Das betrifft aber nicht nur die Stadt als Ort möglicher Ereignisse – im Sinn von Zufall und Unfall –, sondern grundsätzlich sämtliche Erscheinungen im Raum und immer stärker auch in der Zeit und damit etwas, das Virilio „Ästhetik des Verschwindens" nennt. Nicht mehr auf Stabilität baut sich unsere Wahrnehmung auf, sondern alles ist der Flüchtigkeit, der Auflösung, dem Verschwinden untergeordnet. Deshalb ist das Kino die Kunst unserer Zeit, das heißt, die Kunst, „wo die Dinge kraft ihres Verschwindens erscheinen". Alles, was wir sehen, ist in dem Augenblick, wo wir es sehen, bereits am Verschwinden. Verschwinden heißt: Durch die Geschwindigkeit lösen sich

Raum und Zeit auf, und es tritt der beschriebene Zustand der Seßhaftigkeit, der Inertie im Augenblick höchster Mobilität ein.

Mit Verschwinden meint Virilio also „nicht den Tod, nicht die Zerstörung, denn die hat es immer gegeben". Er spricht „vom Verschwinden dessen, was ist, was existiert, vom Verschwinden als Realeffekt". Im Zeitraffer sieht man, was nicht sichtbar ist, wie sollte Virilio, wie sollte da noch irgendjemand seinen Augen trauen können. „Man sieht das Licht eines falschen Tages, des Tages der Geschwindigkeit, in diesem Fall der Geschwindigkeit der Kamera, der Aufzeichnung. In diesem energetischen Sinn spreche ich von ‚Verschwinden'."

Alles ist Geschwindigkeit. In der Antike war derjenige Feldherr der siegreiche, der die schnelleren Pferde besaß. Im Ersten Weltkrieg gab es eine Übermittlungs- und Entscheidungshierarchie, die vom Hauptmann im Schützengraben über den General zum Kriegsminister reichte und bewirkte, daß Verdun gewonnen oder verloren wurde – Virilio gibt dieses Beispiel an. Und heute? Mit den modernen Vernichtungswaffen, bei denen es nicht nur auf das Vernichtungspotential, sondern auch auf die immer kürzeren Vernichtungszeiten ankommt, ist der Entscheidungsspielraum auf Minuten gesunken, auf die Möglichkeit, das „rote Telephon" in Betrieb zu nehmen, aber auch das wird bald überholt sein. „Also wird Politik bedeuten", folgert Virilio, „daß man entweder den universalen Frieden Kants macht oder die Entscheidung über den Krieg einem automatischen Anrufbeantworter überträgt, der mit Mikroprozessoren arbeitet."

Das ist indessen nur ein Aspekt des Ganzen. Der Krieg verlagert sich immer mehr – das ist der andere Aspekt – auf seine Vorbereitung. Den Krieg gewinnt, wer die Rüstungsvorbereitungen gewinnt. Zugleich, mit dem Totalwerden der Abschreckung, richtet diese sich nicht mehr gegen den äußeren Feind, sondern immer expliziter gegen den Feind im Inneren. Von diesem Augenblick an ist jeder Bürger, jede Bürgerin potentiell ein Feind – außer den Angehörigen des Militärs, der Polizei, nicht zuletzt der Geheimdienste. Wir kommen vom Exokolonialismus zum Endokolonialismus, die Aufgaben von Militär und Polizei fallen zusammen. Längst hat das Militär wichtige Bereiche des zivilen Lebens übernommen, während die politischen Führer auch immer häufiger die militärischen werden, von Mao bis Ghaddafi. 1964 wurde in China die Parole herausgegeben: „Die Armee zum Vorbild nehmen", während es in Peru eine Zeit gab, wo das Militär eine politische Avantgarderolle spielte. Auf diese Weise verwandeln sich aber, schreibt Virilio in einem seiner letzten Bücher, „ganze Länder in Stätten der Auslöschung des Sozialen, sie werden zu Bereichen, wo die bewaffneten Kräfte, die ihre Grenzen nicht mehr überschreiten können, ihre Tätigkeit entfalten". Statt um den äußeren Feind geht es um die „innere Pazifizierung", wie sie in allen Militärdiktaturen durchgeführt wird und wie sie im „Universalpurgatorium" Kambodscha ihren sinistren Höhepunkt erreicht hat. Immer weniger bleiben auch die westlichen Demokratien davon verschont.

So überstürzt, wie alles hier aussieht, so mobil ist, dem Gegenstand angemessen, auch Virilios Denken. Jede wahre Intelligenz sei „kinematisch", sagt er selbst. Es ist nicht ganz klar, ob er von dem, was er auftauchen sieht, fasziniert ist oder eher nicht. Aber ein Futurist ist er nicht. Mehr Geschwindigkeit, sagt er, heißt weniger Freiheit, Mobilität zerstört die soziale Kollektivität, wir werden Geiseln der Geschwindigkeit. „Ich bin kein Mann des Krieges", stellt er ausdrücklich fest, „sondern ein Mann der Angst vor dem Krieg." Vor dem totalen Krieg, bei dem es zwischen Angriff und Verteidigung keinen Unterschied mehr gibt, und der sich über die ganze Erde erstreckt. Die Politik muß der Automatisierung der Entscheidungen weichen, und unter der Maske des Technologiefortschritts breitet sich die totalitäre Vereinheitlichung der Welt täglich mehr aus. In dieser Situation läuft jede Revolution darauf hinaus, Widerstand zu leisten, das heißt, an die Stelle des Aufruhrs aus früheren Zeiten hat der Generalstreik zu treten: die Lahmlegung der Bewegung und Geschwindigkeit. *A. S.*

Nachwort
Die Rückkehr des Ichs

Fünf Jahre sind eine Epoche! Am 10. Mai 1981 begannen in Frankreich die „sozialistischen Jahre", die am 16. März 1986 mit dem Sieg der bürgerlichen Parteien zu Ende gingen. Sie hatten zur allgemeinen Verblüffung ohne die Unterstützung der linken Intellektuellen begonnen, die sich nach dem neuphilosophischen Schock in einer Phase der Resignation und politischen Abstinenz befanden. Einer breiteren Öffentlichkeit wurde dieses ebenso intellektuelle wie ideologische Vakuum bewußt, als der Historiker und Schriftsteller Max Gallo, der damals Regierungssprecher war, 1983 mit seinem umstrittenen Artikel in „Le Monde" die monatelange Debatte über „Das Schweigen der linken Intellektuellen" auslöste. Im nachhinein meinte Gallo kurz vor den Wahlen des März 1986: „Ich würde den Artikel in der gleichen Situation nochmals schreiben. Sein Titel war nicht ‚Das Schweigen der linken Intellektuellen', sondern: ‚Die Intellektuellen, die Politik und die Modernität'. Ich schrieb, die Intellektuellen dürften nicht einfach, weil sie den Marxismus verworfen haben, auf jede Beziehung zur Politik verzichten. Daß dies eine Beziehung ist, an der man nicht vorbeikommt, und daß es deshalb notwendig sei, die Beziehung der Intellektuellen zur Politik und zur Modernität neu zu überdenken."

Dies ist offenbar geschehen und äußerte sich am oberflächlichsten in den verschiedenen Petitionen, mit denen sich französische Intellektuelle im Wahlkampf des Frühjahrs 1986 unvermittelt wieder für die Linke engagierten. Das war kein ideologisches Engagement mehr, sondern ein punktuelles, sachbezogenes. Es würdigte die geleistete Arbeit in Teilbereichen – zum Beispiel in der Kulturpolitik Jack Langs, die viele enttäuschte Intellektuelle mit der Linken versöhnte, oder im Bereich des Justizwesens, dessen Minister Robert Badinter zur angesehenen Persönlichkeit wurde, oder bezog bereits eine oppositionelle Position gegenüber den Rechtsparteien, die gewarnt wurden: Die Wiedereinführung der Todesstrafe ist unakzeptierbar, die Privatisierung der öffentlich-rechtlichen Fernsehstationen ein Akt kultureller Barbarei, und jede von Jean-Marie Le Pens „Front National" inspirierte Ausländerpolitik wird uns auf die Barrikaden bringen.

Umgekehrt herrscht auf der politischen Rechten eine eher unerwartete intellektuelle Funkstille. Die „Nouvelle Droite" schweigt, sofern es sie überhaupt noch gibt, und auch Le Pen kann nur gerade einen Alibi-Intellektuellen vorweisen. Es ist Bruno Gollnisch, der Doyen der literarischen Fakultät von Lyon, von der vor Jahren die französische Version der „Auschwitz-Lüge" ausgegangen war.

Angesichts der intellektuellen Tendenzwende von links nach rechts, welche in den späten siebziger Jahren eingesetzt hatte, prophezeite der Publizist Alain Duhamel in seinem Essay „Le complexe d'Astérix" für den März 86 die Niederlage der Linken: „Denn kündet der ideologische nicht den politischen Sieg an?" Doch die Linke gewann 1981 ohne ihre Intellektuellen und verlor 1986 mit ihnen, die Rechte, die mit ihnen verlor, gewann ohne sie, und dagegen spricht auch das Argument vom Rückstand der Politik gegenüber der Kultur nur sehr bedingt. Die Tendenzwende von links nach rechts war ebenso trügerisch wie die rechtsintellektuelle Renaissance und beide viel eher Symptome eines tiefgreifenden Prozesses, der politisch von den Extremen ins Zentrum führt – und philosophisch von den Exzessen zu mehr Vernunft. Die Sozialisten haben die Marginalisierung ihres extremen Flügels entschiedener vorangetrieben als die rechten Parteien, die allerdings stets etwas pragmatischer waren. Doch die ungewohnte Situation der Opposition hat sie zur unheimlichen Allianz mit Le Pen verleitet. Einige ihrer Politiker und ihre Presse lebten vor allem nach dem Wahlsieg im Rausch der neurechten Offensive, doch seither ist durchaus eine gewisse Ernüchterung festzustellen: Die radikale

Rechte befindet sich in einem ideologischen Vakuum, das mit jenem der Linken im Jahre 1981 vergleichbar ist. Es wird nur deshalb weniger empfunden, weil die Rechtsintellektuellen in den letzten vierzig Jahren – im Gegensatz zur Vorkriegszeit – eine untergeordnete Rolle spielten, die Szene eindeutig von der linken Intelligenz beherrscht wurde – bis zur „Wende" der siebziger Jahre, deren politischer Konjunkturwandel nicht darüber hinwegtäuschen kann, daß es sich um eine erdbebenartige Veränderung der kulturellen Landschaft Frankreichs handelt.

Zu diesen Veränderungen trugen die in diesem Buch behandelten Denker und Theoretiker der sechziger bis siebziger Jahre mehr bei, als gemeinhin anerkannt wird. Der Einbruch der Humanwissenschaften in das Denken hat die Kritik der philosophischen Systeme, der politischen Utopien und gesellschaftlichen Mythen, welche der allgemeinen Desillusionierung vorausging, entscheidend vorwärts gebracht. Dieser Vorgang löste andererseits ein Unbehagen aus, das seit geraumer Zeit empfunden wird: Strukturalismus und Psychoanalyse, die das intellektuelle Koordinatensystem beherrschten, haben die Autonomie des Subjekts, dem auch die lange führende Ideologie – der Marxismus – eine reduzierte Funktion (als Ausdruck der Klassenverhältnisse) zuweist, in eine Krise gestürzt: Der Mensch, den Michel Foucault eine „beiläufige Episode in der Geschichte des Wissens" nannte, verschwand in den Strukturen und Systemen. Ende 1985 ist dazu in Frankreich ein Buch erschienen, welches dieses tiefe Unbehagen thematisiert und frontal angeht – intellektuell wie politisch. Seine These: Die „68er Denker" waren (sind) Antihumanisten und darüber hinaus nicht viel mehr als Epigonen der deutschen Philosophie. Die anklagende Schrift, die in eine Zeit weitergehender Debatten um die Stellung des Ichs in der Kultur fällt, trägt den Titel „La pensée 68" und wurde von zwei Autoren verfaßt, Luc Ferry und Alain Renaut, die außerhalb von Paris – in Lyon und Nantes – lehren und auch altersmäßig bereits einen historischen, das heißt, zeitlich wie gefühlsmäßig distanzierten Blick auf die sechziger Jahre, deren philosophisches Profil sie skizzieren, werfen.

Zum Wesen dieser „Sechziger Intelligenz" – die Autoren

sprechen salopp von einer „Philosophie der Sixties" – gehört der Antihumanismus. Er äußert sich in der Ablehnung der abendländischen Tradition wie in der Auffassung, daß die Autonomie des Subjekts eine Illusion ist. Die großen Themen sind das Ende der Philosophie, das Paradigma der Genealogie, der Haß auf den Humanismus, die Auflösung der Wahrheiten, überhaupt aller Normen und Werte. Die Kriterien werden relativiert. Subversion, Transgression, Marginalisierung erscheinen als höchste Ziele eines Denkens, dessen prominenteste Vertreter sich „außerhalb" verstehen, von einem „fantasme du complot" (Ferry/Renault) beseelt sind und das Unsagbare formulieren wollen – also all das, was die Metaphysik, die Ideologie oder das Bewußtsein „vergessen oder verschleiern": Der Soziologe Pierre Bourdieu gibt sich als „nouvel entrant" aus, als Neuling im kulturellen Universum mit dem Anspruch, mit seinen Klassifizierungen hier endlich Ordnung zu schaffen und die Praxis der Kultur als Funktion einer reinen Klassenzugehörigkeit zu erklären; Foucault sieht sich in den Randzonen der Norm, die das Diktat der Vernunft geschaffen hat, Derrida in jenen der Philosophie; Lacan steht in permanenter und systematischer Opposition zur etablierten Psychiatrie. Den Gipfel dieser Systematik machen Luc Ferry und Alain Renault in Louis Althussers Schrift „Lénine et la philosophie" aus, in welcher der Guru des französischen Marxismus erklärt, die Intellektuellen seien „in ihrer Masse der bürgerlichen und kleinbürgerlichen Ideologie unterworfen". Lautstark wird der Tod des Menschen verkündet: „Da wo ‚es spricht', existiert der Mensch nicht mehr", proklamiert – apodiktisch – Foucault, und die beiden Autoren der späten Anklage insistieren geradezu genüßlich auf Jacques Derridas „les fins de l'homme", einer Äußerung, die er im ominösen Jahr 1968 machte und die Ferry/Renault zum Leitmotiv der „pensée 68" erklären – das alles nicht ohne Grund.

Den Beginn dieses Denkens sehen die Verfasser in Nietzsches und Heideggers Einzug in Frankreich (wobei sie allerdings zuwenig auf den spezifisch französischen Gebrauch, der mit dieser germanischen Substanz gemacht wird, verweisen:

Ein knapper Hinweis auf die sehr dürftigen Deutschkenntnisse vieler Pariser, Nietzscheaner und Heideggerianer könnte einiges erhellen). Für Ferry und Renault sind die prominenten 68er Denker, denen sie recht prägnante, präzise Einzeldarstellungen widmen, in einem sehr engen Sinne Epigonen der deutschen Vordenker: Derrida wird auf Heidegger reduziert, Foucault auf Nietzsche, Marx geht in Bourdieu auf und Freud in Lacan. Die 68er Denker kommen in der Analyse eindeutig zu schlecht weg, denn sie werden auf das Profil ihrer Epoche reduziert, das allerdings durchaus treffend gezeichnet wird. Die Perspektive dieser Zeit ist der Antihumanismus, und ihre intellektuellen Protagonisten versuchen in der Tat, wie Claude Lefort schrieb, „den Menschen in die Grenzen einer Funktion einzuschließen", die ihn als Ausdruck der Infrastruktur (sei es die Libido, das Unbewußte, die Klasse . . .) erfaßt. Von Roland Barthes (in seinen semiologischen Schriften zumindest) bis zu Jacques Lacan, von den führenden Geisteswissenschaftlern bis zu den Ideologen und Theoretikern des Marxismus ist dieses Verständnis des Menschen durchaus als gemeinsamer Nenner der Epoche zu sehen.

Der Titel des „Essai sur l'anti-humanisme contemporain", so der Untertitel, suggeriert einen Zusammenhang mit den Ereignissen des Mai, den die Autoren auch tatsächlich herzustellen versuchen. Sie rekapitulieren verschiedene Interpretationen der damaligen Ereignisse und unterstreichen, daß sich die „68er Philosophen" mit dem Aufstand solidarisierten, zum Teil aktiv an ihm beteiligten. Hatten die Aufständischen die Parolen der Philosophen, ihr Hohelied der Subversion und der Transgression, wörtlich genommen? Beide – der Aufstand der Studenten wie das Denken ihrer Professoren – wirken im nachhinein gleichermaßen unvernünftig und utopisch. Der radikale Antihumanismus konnte mit keiner politischen Strategie aufwarten, und das Schlußresultat fiel – zumindest mittelfristig – negativ aus.

An dieser Nahtstelle von Text und Tat geraten Ferry und Renault ins Schwimmen. Es gibt im französischen Verhältnis von Ideen und Realitäten seit geraumer Zeit merkwürdige, durchaus paradoxe Zusammenhänge – jedenfalls kann man schon lange nicht mehr von einem direkt-kausalen Einfluß des Denkens auf die Wirklichkeit sprechen. Die Autoren von „Pensée 68" vermuten zwar zu Recht einen Bezug zur Ideologie des Individualismus, welche im Begriff ist, den Marxismus zu ersetzen (etwa nach dem bekannten Mechanismus der Vereinnahmung – „von der Kritik des Konsums zur Ideologie des Konsums", bei Verwendung der gleichen Argumentation und Terminologie: dafür gibt es massenhaft Belege), und sie plädieren ebenso für eine philosophische Rückkehr zum Ich über einen „nicht-metaphysischen Humanismus" (Kant statt Heidegger). Aber sie ignorieren, daß ausgerechnet das Denken der Antihumanisten – von Althusser bis Lacan – in der sogenannten „Neuen Philosophie" des Jahrzehnts danach 1968 eine zentrale Rolle spielt. Die Neuen Philosophen wenden in ihrer ersten Phase das Denken der Antihumanisten auf die Politik an: Die Einsicht, daß die Gesetze ewig sind, jeder Staat repressiv und jede Revolution sinnlos, weil zum Scheitern verurteilt; daß man sich für die gesellschaftlichen Außenseiter – in den Gefängnissen, in den psychiatrischen Kliniken – einsetzen und für deren menschliche Würde kämpfen müsse, „unlogisch" genug, da „Menschenwürde" in den dicken Büchern der Antihumanisten nicht nur als Utopie, sondern geradezu als Schimäre, Illusion, als kleinbürgerlich-humanistische Lüge erscheint. Die Neuen Philosophen übertrugen die strukturalistische Systemkritik auf die Ideologie des Marxismus, das Engagement für die Außenseiter und Ausgeschlossenen des Systems auf die Opfer des Gulags. Auf parallelen Wegen kehrte über die Auseinandersetzung mit den Dissidenten in Ost und West, die in der Neuen Philosophie eine zentrale Rolle spielt, der Begriff der Menschenrechte, der plötzlich einen handfesten Sinn bekam, in die Diskussion zurück. Wenn er heute in den französischen Debatten zum zentralen Aspekt geworden ist, so deshalb, weil er gleichzeitig eine politische und kulturelle Dimension bekommen hat und keineswegs als leere Formel dasteht.

Politisch ist für eine „Kultur der Menschenrechte" einzig die demokratische Perspektive denkbar. Die Demokratie setzt den

Konflikt als Regel und fordert gleichzeitig Toleranz wie Autonomie, Konformismus und Kreativität, stabilisierende Macht und konstante Subversion – fordert und ermöglicht. Sie ist die Staatsform, in der sich die sozialen Notwendigkeiten und Ansprüche ständig konfrontieren: Die Anerkennung von „l'autre", des anderen, gehört ebenso dazu wie die Einsicht in die strukturierende Wirkung von Verboten und die Hoffnung, daß in der Macht die Fähigkeit zur geregelten Veränderung steckt. Zu dieser trägt auch der „Wahn" der Poesie bei.

Psychoanalytisch formuliert heißt das, daß die Demokratie gleichzeitig der Ort der Verdrängung und der Rückkehr des Verdrängten ist – und damit die einzige Alternative zu den totalitären Systemen und zur Barbarei. Sie muß jedem Individuum seinen Platz im gesellschaftlichen Gefüge sichtbar machen, die integrierende Teilnahme ermöglichen (auch die Veränderung!) und gleichzeitig Raum lassen für die Bestätigung der subjektiven „différence". Ihr – mündiger – Bürger ist ein (autonomer) Mensch, der sich nicht nur durch sein Sein und Machen auszeichnet, sondern fähig wäre, eine neue Beziehung zum Wissen herzustellen; Eugène Enriquez nannte ihn in der „Nouvelle Revue de Psychanalyse" (Nr. 24) einen „fröhlichen Narziß", der jedoch seine Schuld nicht vergißt: die Schuld gegenüber früheren Gesellschaften wie gegenüber den kommenden Generationen. Auf diese demokratische Ethik kann sich das veränderte politische Argumentieren und Agieren der Intellektuellen, die sich auf die Menschenrechte berufen, stützen.

Schon lange vor der Kritik, die Ferry und Renault am „68er Denken" formulieren, gab es vielfache Ansätze, das Unbehagen an den Geisteswissenschaften, das Bourdien scharf formulierte, generell an der „antihumanistischen" Kultur der fünfziger bis siebziger Jahre, die das Ich verdrängte, zu überwinden. Daß der Papst des Nouveau Roman, Alain Robbe-Grillet, mit „Der wiederkehrende Spiegel" eine Art Autobiographie vorlegte, ist zumindest ein Symptom – wie überhaupt in der Literatur deutliche Tendenzen zu einer individualistischen, durchaus auch humanistischen Erneuerung zu bemerken sind. Man hat keine Angst mehr vor dem konventionellen Schreiben, welches die theoretischen Formalismen und ästhetischen Experimente in einem Maß zu verdrängen scheint, daß man fast schon einen Verlust beklagen muß. Es gibt wieder Geschichten mit Menschen, die im Mittelpunkt der Handlung stehen, und einem Erzähler, der faßbar bleibt.

Spektakulär ist der plötzliche – späte – Einfluß von Emmanuel Lévinas, dessen Philosophie die Reduktionen der Humanwissenschaften überwindet. Bei Lévinas ist der Mensch autonom, sein Denken setzt ethische Maßstäbe und impliziert eine Hierarchie der Werte, in der zwischen gut und böse ein Unterschied besteht. Alain Finkielkrauts Essay „La sagesse de l'amour" ist eine Exegese von Lévinas' Denken. Während vierzig Jahren war die intellektuelle Öffentlichkeit an ihm vorbeigegangen – jetzt ist auf den Trümmern der Ideologien Platz geworden für seine Meditation, die sich auf das Judentum bezieht. Die Tatsache, daß es eine junge Generation jüdischer Denker gibt, die aktiv den Prozeß der antiideologischen Aufklärung vorantreiben (Glucksmann, Lévy) und versuchen, neue Kriterien (Finkielkraut) moralischer wie kritischer Art zu formulieren, gehört zu den interessantesten Erscheinungen im zeitgenössischen Frankreich.

Am erstaunlichsten erscheint die Entwicklung des späten Foucault, der in den Bänden zwei und drei seiner „Geschichte der Sexualität", die deutsch vorliegen, eine „Kultur des Ichs" entwirft, die durchaus eine Moral – im französischen Sinne des Worts – genannt werden muß. Foucault plädiert für die Selbstbeschränkung als Gegenteil des Ehrgeizes, die Welt in den Dienst der eigenen Triebe und Wünsche zu zwingen. Wer sich selbst beherrschen kann, ist am ehesten befähigt (und berechtigt), die anderen nicht zu beherrschen, aber doch zu leiten, zu lehren und zu regieren – philosophisch wie politisch. Auch bei Foucault weist die intellektuelle Entwicklung eine ausgeprägt gesellschaftliche Dimension auf. Sein Verständnis der individuellen Freiheit und Verantwortung kann durchaus als demokratischer Verhaltenskodex ausgelegt werden.

Wir haben bereits im einleitenden Kapitel dieses Buchs auf das Unverständnis, mit dem in Deutschland auf die französische Gegenwartsphilosophie reagiert wird, hingewiesen. Immerhin hat sich das Bedürfnis eingestellt, über die unterschiedliche Ausrichtung zu sprechen, und im Frühjahr 1986 fanden in Paris mehrere Veranstaltungen mit zahlreichen Kulturgrößen beider Länder statt. Doch im Bereich der Philosophie nahm das gegenseitige Unverständnis peinliche Ausmaße an. „Der Dialog fand nicht statt", schrieb Florian Rötzer in der „Süddeutschen Zeitung". Wenn aus deutscher Sicht an der französischen Entwicklung die Abkehr vom Rationalismus, als dessen Gralshüter sich die deutschen Denker geradezu aufspielen, besonders irritiert, muß man dazu anmerken, daß diese Entwicklung wohl auf die Erschütterung der französischen Zivilisation durch die Niederlage von 1940 zurückzuführen ist und entsprechende Anfänge der Rationalismus-Kritik bereits bei Sartre zu registrieren sind – einmal ganz abgesehen davon, daß es *die* französische Gegenwartsphilosophie nicht gibt, daß im Gegenteil unterschiedlichste Tendenzen – auch im Umgang mit der Vernunft, auch in der Beziehung zur Aufklärung – auszumachen sind. Zugegebenermaßen jedoch haben die historischen Bedürfnisse der Aufarbeitung von Faschismus- und Kollaborationsverdrängung verwirrende Formen und Formulierungen hervorgebracht, und die antihumanistischen wie irrationalen Exzesse gehören in dieses Kapitel der intellektuellen Nachkriegsgeschichte. Dieser Weg hat aber auch zu einer neuen politischen Vernunft und philosophischen Verbindlichkeit geführt – und nicht zuletzt auf ihm ist der kartesianische Zweifel (nicht nur an den ideologischen Dogmen), der ja nicht gerade das entscheidende Merkmal der letzten vierzig Jahre war, in die Kultur zurückgekehrt.

In dieser Lesart der französischen Nachkriegskultur als Verdrängung und Aufarbeitung schließen Ferry und Renault gleichsam den Kreis: Sie stehen gewissermaßen für die Aufarbeitung der Aufarbeitung, welche die Kultur an einen Nullpunkt brachte. An ihm werden Neuansätze und Neuorientierungen möglich, welche gegenwärtig die französischen Geistes- und Naturwissenschaften beschäftigen. Die Rückkehr zum Ich und die Rückkehr des Ichs gehören dabei zu den durchgehenden Tendenzen eines Umbruchs, der als radikal empfunden wird. Dazu gehört ebenfalls die Einsicht, daß heute die Fragen nach dem Letzten und Absoluten nicht mehr ohne eine Vereinigung von Natur- und Geisteswissenschaften aufgegriffen werden können. Der Biologe Henri Atlan schrieb in einem Heft, das die Zeitschrift „Le genre humain" dem Problemkreis der Wahrheit („La Vérité", Nr. 7/8) widmete: „Es gibt die Legitimität der wissenschaftlichen Methode und des Rechts. Daneben existiert eine große Zahl von Bereichen, welche von menschlichen Gemeinschaften als Legitimität erkannt und akzeptiert werden. Sie erlauben es, sich ein Urteil zu bilden, welches natürlich nur innerhalb dieses Bereichs Gültigkeit haben kann." Atlan gibt dann einige Beispiele, die sich auf einzelne humanwissenschaftliche Disziplinen beziehen und warnt implizit davor, diese zum politischen Nennwert zu nehmen und zu verabsolutieren: „Wahrheit des Subjekts oder Köder der Illusion, Wahrheit oder Bedeutung des ästhetischen Gefühls selber, welche sich wiederum in die Authentizität oder Fälschung des Kunstwerks spaltet ..." Die Wahrheiten, die aus Diskussionen und Widersprüchen, die man bejaht, aus partiellen Bereichen und Fragestellungen hervorgehen, sind fragmentarisch und skeptisch – Systeme jedenfalls kaum mehr gefragt. Doch es gibt ein mit zunehmender Dringlichkeit verspürtes Bedürfnis, Teilresultate aus verschiedenen Bereichen zwar nicht zu totalisieren oder gar zu dogmatisieren, aber doch zusammenzufassen – es besteht das Bedürfnis nach einer allgemeinen kulturellen Anthropologie, die auf sich warten läßt.

In einem Interview mit dem „Figaro littéraire" (21. April 1986) sprach der Philosoph Michel Serres von einer grundlegenden Veränderung der Wissenschaft, die zum Motor der Geschichte geworden sei, und ihrer Beziehung zur Gesellschaft. Für Serres war Sartre, an dem noch immer die Neubestimmungen vorgenommen werden, „kein großer Philosoph", bezeichnenderweise deshalb nicht, weil er allzu dogmatisch-systematisch dachte und sich politisch irrte, sondern weil er nicht über ein „enzyklopädisches Wissen" verfügte. Die Realisierung des alten Traums von der Interdisziplinarität wird als wichtigste

Bibliographie

Einleitung

Améry, Jean: Leben wir im Kerker-Archipel? Eine Strafpredigt über die Strafe, in: „Die Zeit", 13. Januar 1977.

Ders.: Archäologie des Wissens. Michel Foucault und sein Diskurs der Gegenaufklärung, in: „Die Zeit", 31. März 1978.

Barthes, Roland: Leçon/Lektion, Frankfurt 1980.

Bouveresse, Jacques: Le Philosophe chez les Autophages, Paris 1984.

Castel, Robert: Psychoanalyse und gesellschaftliche Macht, Kronberg 1976.

Descombes, Vincent: Das Selbe und das Andere. Philosophie in Frankreich 1933–1978, Frankfurt 1981.

Foucault, Michel: Un cours inédit, in: „magazine littéraire" Nr. 207, Mai 1984.

Frank, Manfred: Was ist Neostrukturalismus? Frankfurt 1983.

Habermas, Jürgen: Die Neue Unübersichtlichkeit, Frankfurt 1985.

Ders.: Der philosophische Diskurs der Moderne. Zwölf Vorlesungen, Frankfurt 1985.

Quadruppani, Serge: Catalogue du prêt-à-penser français depuis 1968, Paris 1983.

Schiwy, Günther: Der französische Strukturalismus, Reinbek 1969.

Ders.: Poststrukturalismus und „Neue Philosophen", Reinbek 1985.

Schoch, Bruno: Marxismus in Frankreich seit 1945, Frankfurt 1980.

Waldenfels, Bernhard: Phänomenologie in Frankreich, Frankfurt 1983.

van Rossum, Walter: Triumph der Leere. Zum Konvertitentum der französischen Intellektuellen, in: „Merkur", April 1985.

Les Dieux dans la Cuisine. Vingt ans de philosophie en France, Paris 1978.

Dix ans de philosophie en France, in: „magazine littéraire" Nr. 225, 1985 (Sondernummer).

Philosophien. Gespräche mit Foucault, Derrida, Lyotard u. a., Wien 1985.

Jacques Attali

- Analyse Economique de la vie politique, Paris 1973.
- Modèles politiques, Paris 1974.
- L'Anti-économie, Paris 1975.
- La Parole et l'outil, Paris 1976.

- Bruits, Paris 1977.
- La Nouvelle Economie française, Paris 1978.
- L'Ordre cannibale. Paris 1979; dt.: Die kannibalische Ordnung. Von der Magie zur Computermedizin, Frankfurt 1981.
- Les Trois Mondes, Paris 1981.
- Histoires du temps, Paris 1982.
- La figure de Frazer, Paris 1984.
- Un homme d'influence. Sir Siegmund G. Warburg 1902–1982. Paris 1985; dt.: Siegmund G. Warburg. Das Leben eines großen Bankiers, Düsseldorf 1986.

Roland Barthes

- Le Degré zéro de l'écriture, Paris 1953; dt.: Am Nullpunkt der Literatur, Hamburg 1959.
- Michelet, Paris 1954; dt.: Michelet, Frankfurt 1980.
- Mythologies, Paris 1957; dt.: Mythen des Alltags, Frankfurt 1964.
- Sur Racine, Paris 1963.
- Littérature ou l'histoire, Paris 1963; dt.: Literatur oder Geschichte, Frankfurt 1969.
- Eléments de Sémiologie, Paris 1964; dt.: Elemente der Semiologie, Frankfurt 1979/1983.
- Essais critiques, Paris 1964.
- La Tour Eiffel, Genf 1964; dt.: Der Eiffelturm, München 1970.
- Littérature et Société, Brüssel 1964.
- Critique et Vérité, Paris 1966; dt.: Kritik und Wahrheit, Frankfurt 1967.
- Systèmes de la Mode, Paris 1967; dt.: Die Sprache der Mode, Frankfurt 1984.
- S/Z, Paris 1970; dt.: S/Z, Frankfurt 1975.
- L'ancienne rhetorique, Paris 1970.
- L'empire des signes, Genf 1970; dt.: Das Reich der Zeichen, Frankfurt 1981.
- Sade, Fourier, Loyola, Paris 1971; dt.: Sade, Fourier, Loyola, Frankfurt 1974.
- Le Degré zéro de l'écriture (Avec: Nouveaux essais critiques), Paris 1972; dt.: Am Nullpunkt der Literatur, Frankfurt 1981.
- Le plaisir du texte, Paris 1973; dt.: Die Lust am Text, Frankfurt 1974.
- Barthes, Paris 1975; dt.: Über mich selbst, München 1978.
- Graphies, 1976 (Transedition).
- Fragments d'un discours amoureux, Paris 1977; dt.: Fragmente einer Sprache der Liebe, Frankfurt 1984.
- Leçon, Paris 1978; dt.: Leçon/Lektion, Frankfurt 1980.
- Arcimboldo, Genf 1978.
- Sollers écrivain, Paris 1979.

- Was singt mir, der ich höre in meinem Körper das Lied, Berlin 1979.
- La chambre claire, Paris 1980; dt.: Die helle Kammer, Frankfurt 1985.
- Erté, Paris 1980; dt.: Erté, Genf 1980.
- Le grain de la voix 1962–1980, Paris 1981; dt.: Die Rauhheit der Stimme, Frankfurt (in Vorbereitung).
- Essais critiques 3, L'Obvie et l'Obtus, Paris 1982; dt.: Kritische Essays 3, Frankfurt 1986.
- Cy Twombly, Berlin 1983.
- Essais critiques 5, Le Bruissement de la langue, Paris 1984.

Über Roland Barthes:

Altwegg, J., Die Subversion der Zeichen – von Sartre zu Roland Barthes, in: Die Republik des Geistes, München 1986.
Calvet, L.-J. Roland Barthes, un regard politique sur le signe, Paris 1973.
Fagès, J. B., Comprendre Roland Barthes, Toulouse 1979.
Heath, S., Vertige du déplacement: Roland Barthes, Paris 1974.
Sontag, S., L'Ecriture même: A propos de Roland Barthes, Paris 1982.

Zeitschriften (Sondernummern): „Tel Quel" (Nr. 47, 1971), „L'Arc" (Nr. 56, 1974), „Poétique" (Nr. 47, 1981), „Revue d'Esthétique" (Nr. 2, 1981), „Critique" (Nr. 423–424, 1982), „Communications" (Nr. 36, 1982)

Jean Baudrillard

- Le système des objets, Paris 1968; dt.: Das Ding und das Ich. Gespräche mit der täglichen Umwelt, Wien 1974.
- La société de consommation, Paris 1970.
- Pour une critique de l'économie politique du signe, Paris 1972.
- L'échange symbolique et la mort, Paris 1976; dt.: Der symbolische Tausch und der Tod, München 1982.
- Oublier Foucault, Paris 1977; dt.: Oublier Foucault, München 1978.
- A l'ombre des majorités silencieuses. Paris 1978; dt.: Im Schatten der schweigenden Mehrheiten, in: Freibeuter 1 und 2, Berlin 1979.
- Kool Killer oder Der Aufstand der Zeichen, Berlin 1978.
- Agonie des Realen, Berlin 1978.
- De la séduction, Paris 1979.
- Simulacres et simulation, Paris 1981.
- Les stratégies fatales, Paris 1983; dt.: Die fatalen Strategien, München 1985.
- Laßt euch nicht verführen, Berlin 1983.
- La gauche divine, Paris 1985; dt.: Die göttliche Linke, München 1986.
- Amérique, Paris 1986; dt.: Amerika, München 1987.

Pierre Bourdieu

- Sociologie de l'Algérie, Paris 1958.
- Esquisse d'une theorie de la pratique, Genf 1972; dt.: Entwurf einer Theorie der Praxis, Frankfurt 1976.
- Le Métier de sociologue, Paris 1973.
- L'Ontologie politique de Martin Heidegger, Paris 1975; Die politische Ontologie Martin Heideggers, Frankfurt 1976.
- Algérie 60, Paris 1977.
- La Distinction, Paris 1979; dt.: Die feinen Unterschiede, Frankfurt 1982.
- Le sense pratique, Paris 1980.
- Questions de sociologie, Paris 1980.
- Ce que parler veut dire, Paris 1982.
- Leçon sur la leçon, Paris 1982; dt.: Sozialer Raum und Klassen, Frankfurt 1985.
- Homo academicus, Paris 1984.

Pierre Bourdieu und andere

- A. Darbel/J. P. Rivet, Travail et travailleurs en Algerie, Paris 1963.
- J. C. Passeron/M. Eliard, Les Etudiants et leurs études, Paris 1964.
- A. Sayad, Le déracinement, Paris 1964.
- J. C. Passeron/M. de Saint-Martin, Rapport pedagogique et communication, Paris 1965.
- L. Boltanski, Un Art moyen, Paris 1965; dt.: Eine illegitime Kunst, Frankfurt 1981.
- J. C. Passeron, Les Héritiers, Paris 1966; dt.: Die Illusion der Chancengleichheit, Stuttgart 1971.
- A. Darbel, L'amour de l'art, Paris 1966.
- J. C. Passeron, La Reproduction, Paris 1970, dt.: Grundlagen einer Theorie der symbolischen Gewalt, Frankfurt 1973.

Gilles Deleuze/Félix Guattari

- Capitalisme et Schizophrénie I. L'Anti-Oedipe, Paris 1972; dt.: Anti-Ödipus. Kapitalismus und Schizophrenie I., Frankfurt 1974.
- Kafka. Pour une littérature mineure, Paris 1975; dt.: Kafka. Für eine kleine Literatur, Frankfurt 1976.
- Rhizome, Paris 1976; dt.: Rhizom, Berlin 1977.
- Capitalisme et Schizophrénie II. Mille Plateaux, Paris 1980.

Über Gilles Deleuze/Félix Guattari:

Anti-Ödipus, in: semiotext(e), Volume II, No 3, 1977.
Janine Chasseguet-Smirgel, Les chemins de l'Anti-Ödipe, Toulouse 1974;
dt.: Wege des Anti-Ödipus, Berlin 1978.

Gilles Deleuze

– Empirisme et subjectivité, Paris 1953.
– Nietzsche et la philosophie, Paris 1962; dt.: Nietzsche und die Philosophie, München 1976.
– La philosophie de Kant, Paris 1963.
– Marcel Proust et les signes, Paris 1964; dt.: Proust und die Zeichen, Berlin 1978.
– Spinoza et le problème de l'expression. Paris 1968.
– Différence et répétition. Paris 1969.
– Logique du sens. Paris 1969.
– Kleine Schriften. Berlin 1980.
– Spinoza. Philosophie pratique. Paris 1981.
– Cinéma I. L'Image-Mouvement. Paris 1983.
– Cinéma II. L'Image-Temps. Paris 1985.
– Foucault. Paris 1986.

Über Gilles Deleuze:

Michel Cressole: Deleuze. Paris 1973.
Zeitschrift „L'Arc" Nr. 49, 1980.

Félix Guattari

– Psychanalyse et transversalité, Paris 1972; dt.: Psychotherapie, Politik und die Aufgaben der institutionellen Analyse, Frankfurt 1976.
– la révolution moléculaire. Fontenay-sous-Bois, 1977.
– Mikro-Politik des Wunsches, Berlin 1977.
– l'inconscient machinique. essais de schizo-analyse, Paris 1979.
– Les Nouveaux Espaces de Liberté, Gourdon 1985 (zusammen mit Toni Negri).

Jaques Derrida

– L'origine de la géométrie de Husserl, Paris 1962.
– De la grammatologie, Paris 1967; dt.: Grammatologie, Frankfurt 1974.

198

- L'Ecriture et la différence, Paris 1967; dt.: Die Schrift und die Differenz, Frankfurt 1972.
- La voix et le phénomène, Paris 1967; dt.: Die Stimme und das Phänomen, Frankfurt 1979.
- La Dissémination, Paris 1972.
- Marges de la philosophie, Paris 1972; dt.: Randgänge der Philosophie, Frankfurt 1976.
- Positions, Paris 1972.
- L'Archéologie du frivole, Auvers-sur-Oise 1973.
- Glas, Paris 1974.
- Adami, Paris 1975.
- Eperons, Paris 1978.
- La vérité en peinture, Paris 1978.
- La carte postale, Paris 1980; dt.: Die Postkarte (2 Bände), Berlin 1982/1984.
- Telepathie, Berlin 1982.
- D'un ton apocalyptique adopté naguère en philosophie, Paris 1983; dt.: Apokalypse, Wien 1985.
- Otobiographies, Paris 1984.

Über Jacques Derrida:

Les fins de l'homme, Colloque de Cerisy, Paris 1981.
Zeitschrift „L'Arc", Nummer 54.

Michel Foucault

- Folie et déraison. Histoire de la folie à l'age classique, Paris 1961; dt.: Wahnsinn und Gesellschaft. Eine Geschichte des Wahns im Zeitalter der Vernunft, Frankfurt 1969.
- Naissance de la clinique, Paris 1966; dt.: Geburt der Klinik, München 1973.
- Les Mots et les choses, Paris 1966; dt.: Die Ordnung der Dinge, Frankfurt 1971.
- L'Archéologie du savoir, Paris 1969; dt.: Archäologie des Wissens, Frankfurt 1973.
- L'Ordre du discours, Paris 1971; dt.: Die Ordnung des Diskurses, München 1974.
- Ceci n'est pas une pipe, Montpellier 1973; dt.: Dies ist keine Pfeife, München 1974.
- Surveiller et punir. Naissance de la prison, Paris 1975; dt.: Überwachen und Strafen. Die Geburt des Gefängnisses, Frankfurt 1976.
- La volonté de savoir. Histoire de la sexualité I, Paris 1976; dt.: Sexualität und Wahrheit. Der Wille zum Wissen, Frankfurt 1977.

- Mikrophysik der Macht. Michel Foucault über Strafjustiz, Psychiatrie und Medizin, Berlin 1976.
- Dispositive der Macht. Michel Foucault über Sexualität, Wissen und Wahrheit, Berlin 1978.
- L'Usage des plaisirs. Histoire de la sexualité II, Paris 1984; dt.: Der Gebrauch der Lüste. Sexualität und Wahrheit 2. Frankfurt 1986.
- Le Souci de soi. Histoire de la sexualité III, Paris 1984; dt.: Die Sorge um sich. Sexualität und Wahrheit 3, Frankfurt 1986.
- Von der Freundschaft. Michel Foucault im Gespräch, Berlin o. J. (1984).

Über Michel Foucault:

Deleuze, Gilles, Foucault. Paris 1986.
Marietti, Angèle K., Michel Foucault. Archéologie et Généalogie, Paris 1974, 1985.
Veyne, Paul, Foucault révolutionne l'histoire, in: Comment on écrit l'histoire. Paris 1979; dt.: Der Eisberg der Geschichte, Berlin 1981.
Michel Foucault. Une histoire de la vérité. Paris 1985.
Zeitschriften (Sondernummern): „Magazine littéraire" Nr. 101 (1975) und Nr. 207 (1984).

René Girard

- Trois grands Hurons, Ontario 1948.
- Mesonge romantique et vérité romanesque, Paris 1961.
- Dostoïevski, du double à l'unité, Paris 1963.
- Lenz, Paris 1968.
- La violence et le sacré, Paris 1972.
- To double business bound, Baltimore 1978.
- Le Bouc émissaire, Paris 1982.
- Critiques dans un souterrain, Paris 1983.
- Des choses cachées depuis la fondation du monde, Paris 1983; dt.: Das Ende der Gewalt, Freiburg 1983.
- La route antique des hommes pervers, Paris 1985; dt.: Chaos und kollektive Gewalt, Freiburg 1985.

André Glucksmann

- Violence on the screen, London 1971.
- Discours de la guerre, Paris 1974.
- La cuisinière et la mangeur d'hommes, Paris 1975; dt.: Köchin und Menschenfresser, Berlin 1976.
- Les maîtres penseurs, Paris 1977; dt.: Die Meisterdenker, Reinbek 1978.

- Tabula Rasa, Bremen 1978.
- Cynisme et passion, Paris 1981.
- La force du vertige, Paris 1983; dt.: Philosophie der Abschreckung, Stuttgart 1984.
- La Bêtise, Paris 1985; dt.: Die Macht der Dummheit, Stuttgart 1985.

Über André Glucksmann:

Altwegg, Jürg, Vorwort in: Glucksmann, Philosophie der Abschreckung, Stuttgart 1984.
Schiwy, Günther, Poststrukturalismus und „Neue Philosophen". Reinbek 1985.

André Gorz

- Le traître, Paris 1958; dt.: Der Verräter, Frankfurt 1980.
- La Morale de l'histoire, Paris 1959.
- Stratégie ouvrière et néocapitalisme, Paris 1964; dt.: Zur Strategie der Arbeiterbewegung, Frankfurt 1967.
- Le Socialisme difficile, Paris 1967; dt.: Der schwierige Sozialismus, Frankfurt 1968.
- Réforme et révolution, Paris 1969.
- Critique de la division du travail, Paris 1973.
- Fondements pour une morale, Paris 1977.
- Ecologie et liberté, Paris 1977; dt.: Ökologie und Freiheit, Reinbek 1980.
- Ecologie et politique, Paris 1978; dt.: Ökologie und Politik, Reinbek 1978.
- Adieux au prolétariat. Au-delà du socialisme, Paris 1980; dt.: Abschied vom Proletariat, Frankfurt 1980.
- Les chemins du paradies. L'Agonie du capital, Paris 1983; dt.: Wege ins Paradies, Berlin 1983.

Jaques Lacan

- Ecrits, Paris 1966 (2 Bände 1970 und 1971); dt.: Schriften, Weinheim/ Basel 1973/1975/1979 (3 Bände), Olten 1975/1980 (3 Bände), Frankfurt 1975 (1 Auswahlband).
- Le Séminaire, Livre XI-Les quatre concepts fondamentaux de la psychoanalyse, Paris 1973; dt.: Die vier Grundbegriffe der Psychoanalyse, Weinheim/Basel 1980.
- Télévision, Paris 1974; dt.: Radiophonie/Television, Wien 1984.
- Le Séminaire, Livre XX, 2. Encore, Paris 1975; dt.: Encore. Das Seminar. Buch 20, Weinheim/Basel 1986.

Voraussetzung für den intellektuellen Fortschritt verstanden: „Ich möchte", sagt Serres, „Brücken schlagen zwischen allen Bereichen des heutigen Wissens, damit der neue Mensch entstehen kann, der gleichzeitig die Natur- wie Geisteswissenschaften beherrscht und natürlich im weitesten Sinne über die literarische Kultur verfügt." Er gibt sich optimistisch und vertritt sogar die Ansicht, daß die Aufsplitterung der Kultur überwunden werden kann: „Nachdem wir extrem äußerliche Elemente integriert haben, gehen wir auf etwas Strukturierteres zu. Ich bin davon überzeugt, denn die Zersplitterung kann nicht noch weiter gehen." Michel Serres, keinesfalls ein Mann großer Worte, zögert jedenfalls nicht, in seinem jüngsten Buch „Les cinq sens" eine neue – die Zweite – Renaissance zu prophezeien.   *J.A.*

- De la psychose paranoiaque dans ses rapports avec la personnalité, Paris 1975.
- Le Séminaire, Livre I, Les écrits techniques de Freud, Paris 1975; dt.: Freud's technische Schriften, Weinheim/Basel 1978.
- Marivaux au Allemagne, Paris 1975.
- Proposition du 9 octobre 1967, Paris 1978.
- Le Séminaire, Livre 2, Le moi dans la théorie de Freud et dans la technique de la psychoanalyse, Paris 1978; dt.: Das Ich in der Theorie Freuds und in der Technik der Psychoanalyse, Weinheim/Basel 1980.
- Das Seminar von Jaques Lacan (3 Bände), Olten 1978/1980.
- Le Séminaire, Livre 3, Les Psychoses, Paris 1981.
- Les complexes familiaux, Paris 1984.

Über Jacques Lacan:

Kremer-Marietti, A., Lacan ou la rhétorique de l'inconscient, Paris 1978.
Lang, H., Die Sprache und das Unbewußte. J. Lacans Grundlegung der Psychoanalyse, Frankfurt 1973.
Palmier, J.-M., Lacan, Paris 1972.
Rifflet-Lemaire, A., Jacques Lacan, Brüssel 1970.

Michel Leiris

- L'Afrique fantôme, Paris 1934; dt.: Phantom Afrika. Tagebuch einer Expedition von Dakar nach Djibouti 1931–1933. Band 1: Frankfurt 1980. – Band 2: Frankfurt 1984.
- L'age d'homme, Paris 1939; dt.: Mannesjahre, Neuwied 1963/Frankfurt 1975.
- Aurora, Paris 1946; dt.: Aurora, München 1979.
- Biffures. La Règle du jeu I, Paris 1948; dt.: Streichungen. Die Spielregel 1, München 1982.
- Fourbis. La Règle du jeu II, Paris 1955; dt.: Krempel. Die Spielregel 2, München 1985.
- Fibrilles. La Règle du jeu III, Paris 1966.
- Frêle bruit. La Règle du jeu IV, Paris 1976.
- Die eigene und die fremde Kultur. Ethnologische Schriften. Frankfurt 1977.
- Das Auge des Ethnographen. Ethnologische Schriften II, Frankfurt 1978 (Leiris' ethnologische Schriften in deutscher Übersetzung, gesammelt in einer zweibändigen Ausgabe).
- Le ruban au cou d'Olympia. Paris 1981; dt.: Das Band am Hals der Olympia, Frankfurt 1983.

Über Michel Leiris:

Heinrichs, Hans-Jürgen, Ein Leben als Künstler und Ethnologe. Über Michel Leiris, Frankfurt 1981.

Claude Lévi-Strauss

- Les Structures Elémentaires de la Parenté, Paris 1949; dt.: Die elementaren Strukturen der Verwandtschaft, Frankfurt 1981.
- Race et Histoire, Unesco 1952; dt.: Rasse und Geschichte, Frankfurt 1972.
- Tristes Tropiques, Paris 1955; dt.: Traurige Tropen, Köln 1974/Frankfurt 1978.
- Anthropologie structurale. Paris 1958; dt.: Strukturale Anthropologie, Frankfurt 1967.
- Le Totémisme aujourd'hui, Paris 1962; dt.: Das Ende des Totemismus, Frankfurt 1972.
- La pensée sauvage, Paris 1962; dt.: Das wilde Denken, Frankfurt 1968.
- Mythologies I, Le cru et le cuit. Paris 1964; dt.: Mythologica I. Das Rohe und das Gekochte, Frankfurt 1971.
- Mythologies II, Du miel aux cendres. Paris 1966; dt.: Mythologica II, Vom Honig zur Asche, Frankfurt 1972.
- Mythologies III, L'origine des manières de table, Paris 1968; dt.: Mythologica III. Der Ursprung der Tischsitten, Frankfurt 1973.
- Mythologies IV, L'homme nu, Paris 1971; dt.: Mythologica IV. Der nackte Mensch, Frankfurt 1972.
- Anthropologie structurale II, Paris 1973; dt.: Strukturale Anthropologie II, Frankfurt 1975.
- Le regard eloigné. Paris 1983; dt.: Der Blick aus der Ferne, München 1985.
- Paroles données. Paris 1984; dt.: Eingelöste Versprechen, München 1985.
- La Potière jalouse, Paris 1985.

Über Claude Lévi-Strauss:

Clément, Catherine, Lévi-Strauss ou La Structure et le Malheur, Paris 1970, 1974, 1985.
Lepenies, Wolf/Ritter, Hanns H. (Hrsg.), Orte des wilden Denkens. Zur Anthropologie von Claude Lévi-Strauss, Frankfurt 1970.
Marc-Lipiansky, Mireille, le structuralisme de Lévi-Strauss. Paris 1973.
Zeitschrift „magazine littéraire" Nr. 223 (1985) (Sondernummer).

Jean-François Lyotard

- Dérive à partir de Marx et Freud, Paris 1973.
- Des dispositifs pulsionnels. Paris 1973; dt. zum Teil in: Intensitäten, Berlin 1978. Und: Essays zu einer affirmativen Ästhetik, Berlin 1982.
- Economie libidinale, Paris 1974; dt.: Ökonomie des Wunsches, Bremen 1984.
- Instructions païennes, Paris 1977; dt. in: Apathie in der Theorie, Berlin 1977.
- Rudiments païens, Paris 1977; dt. zum Teil in: Apathie in der Theorie, Berlin 1977.
- La Condition postmoderne, Paris 1979; dt.: Das postmoderne Wissen, Bremen 1982/Wien 1986.
- Au juste, Paris 1979 (zusammen mit Jean-Loup Thébaud).
- Le Différend, Paris 1983.
- Toumbeau de l'intellectuel et autres papiers, Paris 1984; dt.: Grabmal des Intellektuellen, Wien 1985.

Über Jean-François Lyotard:

Zeitschrift „L'Arc" Nr. 64.

Edgar Morin

- L'An zéro de l'Allemagne, Paris 1946.
- L'Homme et la Mort, Paris 1951.
- Le Cinéma ou l'Homme imaginaire, Paris 1956.
- Les Stars, Paris 1957.
- Autocritique, Paris 1959.
- L'Esprit du temps, Tome I. Paris 1962.
- Introduction à une politique de l'homme, Paris 1965.
- La Rumeur d'Orléans, Paris 1969.
- Le vif du sujet, Paris 1969.
- Journal de Californie, Paris 1970.
- Le Paradigme perdu: la nature humaine, Paris 1973.
- L'Unité de l'homme, Paris 1974.
- L'Esprit du temps, Tome II. Paris 1976.
- La Méthode. Tome I. La Nature de la Nature, Paris 1977.
- La Méthode. Tome II. La Vie de la Vie, Paris 1980.
- Pour sortir du XXe siècle, Paris 1981.
- Science avec conscience, Paris 1982.

Über Edgar Morin:

Fages, Jean-Baptiste, comprendre Edgar Morin, Toulouse 1980.
Université de Nice: avec Edgar Morin à propos de „La Méthode", Aix-en-Provence 1980.

Michel Serres

– Le Système de Leibniz et ses modèles mathématiques, Paris 1968.
– Hermès I. La communication, Paris 1969.
– Hermès II. L'interférence, Paris 1972.
– Hermès III. La traduction, Paris 1974.
– Jouvences. Sur Jules Verne, Paris 1974.
– Feux et signaux de brume. Zola, Paris 1975.
– Esthétiques. Sur Carpaccio, Paris 1975; dt.: Carpaccio. Ästhetische Zu-gänge, Reinbek 1981.
– Auguste Comte. Leçons de philosophie positive, Paris 1975.
– Hermès IV. La distribution, Paris 1977.
– La Naissance de la physique dans le texte de Lucrèce. Fleuves et turbu-lences, Paris 1977.
– Hermès V. Le passage du Nord-Ouest, Paris 1980.
– Le Parasite, Paris 1980; dt.: Der Parasit, Frankfurt 1981.
– Genèse. Paris 1982.
– Rome. Le livre de foundations, Paris 1983.
– Détachement. Apologue, Paris 1983.
– Les Cinq Sens, Paris 1985.

Philippe Sollers

– Une curieuse solitude, Paris 1958; dt.: Seltsame Einsamkeit, Bonn 1960.
– Le Parc, Paris 1961; dt.: Der Park, Frankfurt 1963.
– L'intermédiaire, Paris 1963.
– Drame, Paris 1965; dt.: Drama, Frankfurt 1968.
– Nombres, Paris 1966.
– Logiques, Paris 1968.
– L'Ecriture et l'expérience des limites, Paris 1968.
– Entretiens avec Francis Ponge, Paris 1970.
– Lois, Paris 1972.
– H., Paris 1973.
– Sur le Matérialisme, Paris 1974.
– Paradis, Paris 1981.
– Vision à New York, Paris 1983.
– Femmes, Paris 1983.
– Portrait du joueur, Paris 1984.

Über Philippe Sollers:

Barthes, Roland, Sollers écrivain, Paris 1979.

Alain Touraine

- Sociologie de l'action, Paris 1965; dt.: Soziologie als Handlungswissenschaft, Neuwied 1974.
- La société post-industrielle, Paris 1969; dt.: Die postindustrielle Gesellschaft, Frankfurt 1972.
- Pour la sociologie, Paris 1974; dt.: Was nützt die Soziologie?, Frankfurt 1976.
- Lettres à une étudiante, Paris 1974; dt.: Briefe an eine Studentin, München 1976.
- Mort d'une gauche, Paris 1979.
- La prophétie anti-nucléaire, Paris 1980; dt.: Die antinukleare Prophetie, Frankfurt 1982.
- L'après-socialisme, Paris 1980.
- Le retour de l'acteur. Essai de sociologie, Paris 1984.

Paul Virilio

- Bunker archéologie, Paris 1975.
- L'insécurité du territoire, Paris 1976.
- Vitesse et politique, Paris 1977; dt.: Geschwindigkeit und Politik, Berlin 1980.
- Défense populaire et luttes écologiques, Paris 1978.
- Esthétique de disparition, Paris 1980; dt.: Ästhetik des Verschwindens, Berlin 1986.
- L'espace critique, Paris 1980.
- L'horizon négatif. Essai de dromoscopie, Paris 1984.
- Der reine Krieg, Berlin 1984 (zusammen mit Sylvère Lotringer).
- Logistique de la perception, Paris 1984; dt.: Krieg und Kino. Logistik der Wahrnehmung, München 1986.

Nachwort

Duhamel, Alain, Le complexe d'Astérix, Paris 1984.
Ferry, Luc/Renault, Alain, La pensée 68, Paris 1985.
Finkielkraut, Alain, La sagesse de l'Amour. Paris 1984.

Große Denker

herausgegeben von Otfried Höffe

Adorno, von Rolf Wiggershaus (BsR 510)

Albertus Magnus, von Ingrid Craemer-Ruegenberg (BsR 501)

Bacon, von Wolfgang Krohn (BsR 509)

Berkeley, von Arend Kulenkampff (BsR 511)

Camus, von Annemarie Pieper (BsR 507)

Freud, von Alfred Schöpf (BsR 502)

Galilei, von Klaus Fischer (BsR 504)

Jaspers, von Kurt Salamun (BsR 508)

Kant, von Otfried Höffe (BsR 506)

Marx, von Walter Euchner (BsR 505)

Quine, von Henri Lauener (BsR 503)

Weitere Bände in Vorbereitung

Zur Geschichte der Philosophie

Klassiker der Philosophie

Herausgegeben von Otfried Höffe. 2., verbesserte Auflage. 1985.

Band I: *Von den Vorsokratikern bis David Hume*
564 Seiten mit 23 Porträtabbildungen. Leinen

Band II: *Von Immanuel Kant bis Jean-Paul Sartre*
557 Seiten mit 23 Porträtabbildungen.
Leinen

Geschichte der Philosophie

Herausgegeben von Wolfgang Röd.

Band I: *Die Philosophie der Antike 1*
Von Thales bis Demokrit. Von Wolfgang Röd.
2. überarbeitete und erweiterte Auflage. 1987. 230 Seiten. Broschiert

Band II: *Die Philosophie der Antike 2*
Sophistik und Sokratik, Plato und Aristoteles. Von Andreas Graeser.
1983. 345 Seiten. Broschiert

Band III: *Die Philosophie der Antike 3*
Stoa, Epikureismus und Skepsis. Von Malte Hossenfelder.
1986. 252 Seiten. Broschiert

Band VII: *Die Philosophie der Neuzeit 1*
Von Francis Bacon bis Spinoza. Von Wolfgang Röd.
1978. 270 Seiten. Broschiert

Band VIII: *Die Philosophie der Neuzeit 2*
Von Newton bis Rousseau. Von Wolfgang Röd.
1984. 498 Seiten. Broschiert

Verlag C.H. Beck München